Philipp Heim

Mensch-Computer-Interaktion im Semantic Web

Philipp Heim

Mensch-Computer-Interaktion im Semantic Web

Interaktive Angleichung als Modell für die Mensch-Computer-Interaktion im Semantic Web

Südwestdeutscher Verlag für Hochschulschriften

Impressum/Imprint (nur für Deutschland/only for Germany)
Bibliografische Information der Deutschen Nationalbibliothek: Die Deutsche Nationalbibliothek verzeichnet diese Publikation in der Deutschen Nationalbibliografie; detaillierte bibliografische Daten sind im Internet über http://dnb.d-nb.de abrufbar.
Alle in diesem Buch genannten Marken und Produktnamen unterliegen warenzeichen-, marken- oder patentrechtlichem Schutz bzw. sind Warenzeichen oder eingetragene Warenzeichen der jeweiligen Inhaber. Die Wiedergabe von Marken, Produktnamen, Gebrauchsnamen, Handelsnamen, Warenbezeichnungen u.s.w. in diesem Werk berechtigt auch ohne besondere Kennzeichnung nicht zu der Annahme, dass solche Namen im Sinne der Warenzeichen- und Markenschutzgesetzgebung als frei zu betrachten wären und daher von jedermann benutzt werden dürften.

Coverbild: www.ingimage.com

Verlag: Südwestdeutscher Verlag für Hochschulschriften GmbH & Co. KG
Heinrich-Böcking-Str. 6-8, 66121 Saarbrücken, Deutschland
Telefon +49 681 37 20 271-1, Telefax +49 681 37 20 271-0
Email: info@svh-verlag.de

Zugl.: Stuttgart, Universität Stuttgart, Dissertation, 2011

Herstellung in Deutschland (siehe letzte Seite)
ISBN: 978-3-8381-3277-8

Imprint (only for USA, GB)
Bibliographic information published by the Deutsche Nationalbibliothek: The Deutsche Nationalbibliothek lists this publication in the Deutsche Nationalbibliografie; detailed bibliographic data are available in the Internet at http://dnb.d-nb.de.
Any brand names and product names mentioned in this book are subject to trademark, brand or patent protection and are trademarks or registered trademarks of their respective holders. The use of brand names, product names, common names, trade names, product descriptions etc. even without a particular marking in this works is in no way to be construed to mean that such names may be regarded as unrestricted in respect of trademark and brand protection legislation and could thus be used by anyone.

Cover image: www.ingimage.com

Publisher: Südwestdeutscher Verlag für Hochschulschriften GmbH & Co. KG
Heinrich-Böcking-Str. 6-8, 66121 Saarbrücken, Germany
Phone +49 681 37 20 271-1, Fax +49 681 37 20 271-0
Email: info@svh-verlag.de

Printed in the U.S.A.
Printed in the U.K. by (see last page)
ISBN: 978-3-8381-3277-8

Copyright © 2012 by the author and Südwestdeutscher Verlag für Hochschulschriften GmbH & Co. KG and licensors
All rights reserved. Saarbrücken 2012

Kurzfassung

Derzeit umfasst das *World Wide Web (WWW)* mehr als 23 Milliarden Webseiten, Tendenz steigend. Die Menge der in diesen Webseiten enthaltenen Informationen ist enorm und ein geeigneter Zugriff darauf daher von großem Interesse. Meist liegen Informationen im WWW jedoch nur in Form von natürlich-sprachlichen Texten, Bildern oder Videos vor; eingebettet in *HTML*-Dokumente. Auf Grund der Mehrdeutigkeit dieser Inhalte ist eine rein automatische Suche oft nur beschränkt möglich. So lassen sich z.B. Texte häufig nur auf Grundlage ihrer Syntax durchsuchen, nicht aber auf Grundlage der in den Texten enthaltenen Semantik. Dies stellt jedoch eine entscheidende Einschränkung für den Zugriff auf im WWW gespeicherte Informationen dar.

Um diesem Problem zu begegnen, wurde mit dem Semantic Web eine Erweiterung des Webs vorgeschlagen. In dieser Erweiterung sind alle Informationen mit eindeutigen Bedeutungen versehen, die von Computern interpretiert werden können. Damit wird es möglich, Inhalte auch auf Grundlage ihrer Semantik automatisch zu durchsuchen und somit die Qualität des Zugriffs auf Informationen im Web deutlich zu verbessern.

Allerdings müssen hierfür die Bedeutungen der Informationen im Web in expliziter Form, nämlich als semantische Daten, vorliegen. Automatische Verfahren zur Extraktion semantischer Daten aus bestehenden Webseiten haben jedoch nur in den wenigsten Fällen eine ausreichende Qualität. Rein manuell erstellte semantische Daten existieren hingegen nur für einen sehr geringen Teil der im Web verfügbaren Information, da die Erstellung sehr aufwendig ist.

Aus diesem Grund ist nur ein kleiner Prozentsatz der im WWW vorhandenen Informationen bereits im Semantic Web repräsentiert.

Ein weiteres Problem (neben dem Problem bei der Erstellung von semantischen Daten) ist der Zugriff auf Informationen im Semantic Web, da mit herkömmlichen Ansätzen die Bedeutung des Gesuchten nicht eindeutig definiert werden kann. Solange es Nutzern jedoch nicht möglich ist, semantisch eindeutige Suchanfragen zu formulieren, ist der Mehrwert von eindeutig definierten Informationen im Semantic Web zumindest fragwürdig.

Um diese Probleme zu lösen, wird in dieser Arbeit ein Modell der Mensch-Computer-Interaktion vorgestellt, das die besonderen Eigenschaften des Semantic Web nutzt, um sowohl die interaktive Erstellung von Informationen im Semantic Web als auch den interaktiven Zugriff darauf zu verbessern. Um dabei die Probleme der Interpretation von Informationen bei der Mensch-Computer-Interaktion in den Griff zu bekommen, verwendet das Modell die aus der Mensch-zu-Mensch-Kommunikation bekannte Strategie der *interaktiven Angleichung*. Bei dieser Strategie tauschen sich Mensch und Computer iterativ und in kurzen Intervallen darüber aus, in welcher Weise sie den jeweils anderen verstanden haben, um auf diese Weise Fehlinterpretationen schnell erkennen und somit frühzeitig korrigieren zu können.

Als Nachweis für die Tauglichkeit des Ansatzes der interaktiven Angleichung für die Mensch-Computer-Interaktion im Semantic Web werden Anwendungen vorgestellt, die das neue Modell umsetzen. Die Anwendungen bieten Lösungen zur interaktiven Erstellung von ontologischen Strukturen, zur semantischen Annotation von natürlich-sprachlichen Texten, zur Erstellung eindeutiger Suchanfragen, zum Auffinden relevanter Informationen und zur Analyse und Visualisierung von Zusammenhängen. Alle Anwendungen wurden speziell für die Mensch-Computer-Interaktion im Semantic Web entwickelt und mit Hilfe von Nutzerstudien evaluiert. Die Ergebnisse der Nutzerstudien zeigen sowohl die Vorteile der jeweiligen Anwendungen als auch das große Potential des generellen Ansatzes der interaktiven Angleichung für das Semantic Web.

Kurzfassung

In dieser Arbeit wird damit erstmalig ein generelles Modell für die Interaktion speziell im Semantic Web definiert und als Grundlage für Arbeiten in diesem Bereich vorgeschlagen. Das Modell vermittelt ein umfassendes Verständnis für die Abläufe, Abhängigkeiten und Arten der Kooperation zwischen Mensch und Computer bei der Interaktion im Semantic Web und bildet so die Grundlage für neue Ideen und Innovationen in diesem Bereich. Sobald der konkrete Nutzen von Mensch-Computer-Interaktion im Semantic Web verstanden ist, können neue Einsatzmöglichkeiten erdacht und neue Geschäftsfelder erschlossen werden. Damit sind die Vorteile dieser Technologie auch für die breite Masse nutzbar und die Erfolgsgeschichte des Semantic Web kann beginnen.

Abstract

Currently, the *WWW* includes more than 23 billion Web pages and this trend is rising. The amount of information contained in these websites is enormous and a suitable access to it therefore of great interest. Most information in the WWW, however, exists only in the form of natural language texts, images or videos; embedded in *HTML* documents. Due to the ambiguity of these contents, a purely automatic search is often limited. Thus, for example, texts can often only be searched based on their syntax but not their semantics. This, however, represents an important limitation for the access to information in the WWW.

To address this problem, the Semantic Web was proposed as an extension of the WWW. All information in this extension is provided with a clear meaning, which can be interpreted by computers. This allows to automatically search for information based on its semantic and thus to improve the quality of information access in the Web considerably. However, it requires the semantic of all the information in the Web to be available in explicit form, namely as semantic data. The problem is that, on the one hand, automatic methods for extracting semantic data from existing websites have a satisfactory quality only in very few cases; on the other, purely manually created semantic data exist only for a small fraction of the available information in the Web, because the creation is very time-consuming. For this reason, only a small percentage of the information that is available in the WWW is already represented in the Semantic Web.

Another problem, besides the difficulty to create semantic data, is the difficulty to access information in the Semantic Web. By using conventional approaches, users are often not able to clearly define the meaning of what they are looking for. But as long as users are not able to formulate semantically unambiguous search queries, the value of clearly defined information in the Semantic Web is at least questionable.

In order to solve these problems, this work presents a model of human-computer interaction, which exploits the special properties of the Semantic Web to improve both the interactive creation of information in the Semantic Web as well as the interactive access to it. The model builds on the strategy of *interactive alignment*, which is well-known from human-to-human communication and especially suitable to solve the problem of misinterpretation in human-computer interaction. According to this strategy, human and computer iteratively and in short intervals exchange information about how they have understood each other's in order to quickly recognize misinterpretations and thus be able to correct them at an early stage.

As proof of the suitability of the approach of interactive alignment for human-computer interaction in the Semantic Web, several applications are presented that implement the new model. The applications offer solutions for the interactive creation of ontological structures, for the semantic annotation of natural language texts, for the creation of unique search queries, for finding relevant information, and for the analysis and visualization of relationships. All applications are developed specifically for human-computer interaction in the Semantic Web and evaluated by means of user studies. The results of the user studies show both the advantages of the respective applications and the great potential of the general approach of interactive alignment for the Semantic Web.

In this work, a general model for the interaction in the Semantic Web is defined for the first time and proposed as the basis for work in this area. The model provides a comprehensive understanding of the processes, dependencies and ways of cooperation between human and computer in the interaction in the Semantic Web and thereby

Abstract

forms the basis for new ideas and innovations in this area. Once the concrete value of human-computer interaction in the Semantic Web is understood, new applications can be designed and new business areas can be developed. This allows the benefits of this technology to also be used by the masses and the success story of the Semantic Web can begin.

Inhaltsverzeichnis

Abkürzungsverzeichnis   **13**

1 Einleitung   **17**
    1.1 Das World Wide Web 18
    1.2 Das Semantic Web 20
    1.3 Interaktion im Semantic Web 22
    1.4 Aufbau der Arbeit 23

2 Grundlagen und Stand der Technik   **25**
    2.1 Semantic Web: Grundlagen 25
       2.1.1 Resource Description Framework 26
       2.1.2 Ontologien 29
       2.1.3 Zentrale Datensätze 33
       2.1.4 Datenanfrage 35
       2.1.5 Semantische Annotation 39
       2.1.6 Zusammenfassung 42
    2.2 Probleme bei der Nutzung des Semantic Web 44
       2.2.1 Probleme bei der automatischen Erstellung . 46
       2.2.2 Probleme beim automatischen Zugriff 47
       2.2.3 Schlussfolgerung 50
    2.3 Mensch-Computer-Interaktion: Grundlagen 52
       2.3.1 Wie kann der Mensch den Computer verstehen? 53
       2.3.2 Wie kann der Computer den Menschen verstehen? 59
       2.3.3 Visual Analytics 62
       2.3.4 Modelle der Mensch-Computer-Interaktion . 66

2.4 Bestehende Ansätze im Semantic Web 72
    2.4.1 Ansätze zur interaktiven Erstellung semantischer Daten 74
    2.4.2 Ansätze für den interaktiven Zugriff auf semantische Daten 77
    2.4.3 Bewertung 85

3 Ein Modell für die Mensch-Computer-Interaktion im Semantic Web   **87**
3.1 Ansatz und Aufgabenstellung 88
3.2 Interaktive Angleichung im Mensch-zu-Mensch-Dialog 90
3.3 Interaktive Angleichung im Semantic Web 93
    3.3.1 Modelldefinition 95
    3.3.2 Bewertung 105

4 Interaktive Angleichung bei der Erstellung semantischer Daten   **109**
4.1 Kollaboration mit Hilfe semantischer Wikis 109
    4.1.1 Einleitung 110
    4.1.2 Ein semantisches Wiki für das Anforderungsmanagement 113
    4.1.3 Diskussion 119
4.2 Interaktive Extraktion aus Textbeständen 120
    4.2.1 Einleitung 121
    4.2.2 Der InteractiveExtractor 122
    4.2.3 Diskussion 128

5 Interaktive Angleichung beim Zugriff auf semantische Daten   **131**
5.1 Eindeutige Suchanfragen mit Facet Graphs 132
    5.1.1 Einleitung 132
    5.1.2 Verwandte Arbeiten 135
    5.1.3 Facet Graph 137
    5.1.4 Evaluation 150
    5.1.5 Facet Graphs auf mobilen Endgeräten 153
5.2 Auffinden von Zusammenhängen mit dem RelFinder 158

		5.2.1	Einleitung	159
		5.2.2	Prozessdefinition	161
		5.2.3	RelFinder: Eine Umsetzung des ORVI-Prozesses	164
		5.2.4	Evaluation	175
		5.2.5	Diskussion.	179
	5.3	Auffinden relevanter Informationen im Projekt SemSor		182
		5.3.1	Einleitung	183
		5.3.2	Verwandte Arbeiten	185
		5.3.3	Projekt SemSor	187
		5.3.4	Interaktiver Zugriff	190
	5.4	Visualisieren von Zusammenhängen mit dem Chain-Graph		195
		5.4.1	ChainGraph – Die generelle Idee	198
		5.4.2	Erstellung einer ChainGraph-Visualisierung .	200
		5.4.3	Einsatzmöglichkeiten des ChainGraphen . . .	209
		5.4.4	Evaluation	213
		5.4.5	Diskussion.	218

6 Zusammenfassung und Diskussion — **221**

    6.1 Zusammenfassung 221

    6.2 Diskussion. 224

        6.2.1 Potential 224

        6.2.2 Grenzen 228

Abbildungsverzeichnis   **235**

Literaturverzeichnis   **243**

Abkürzungsverzeichnis

AR	Augmented Reality
ASCII	American Standard Code for Information Interchange
BNE	Bruttonationaleinkommen
CAD	Computer-Aided Design
CEO	Chief Executive Officer
COM	Component-Object-Model
CSCW	Computer Supported Cooperative Work
DBLP	Digital Bibliography & Library Project
DFKI	Deutsches Forschungszentrum für Künstliche Intelligenz
DOLCE	Descriptive Ontology for Linguistic and Cognitive Engineering
EN	Europäische Norm
ESWC	Extended Semantic Web Conference
EU	Europäische Union
FOAF	Friend Of A Friend
GGG	Giant Global Graph
GUI	Graphical User Interface
HTML	Hypertext Markup Language
HTTP	Hypertext Transfer Protocol
IEEE	Institute of Electrical and Electronics Engineers
IFIP	International Federation for Information Processing
IJSWIS	International Journal on Semantic Web and Information Systems
IKT	Informations- und Kommunikationstechnologie
ISBN	International Standard Book Number

ISO	International Organization for Standardization
ISP	Information Seeking Process
ISWC	International Semantic Web Conference
IUI	International Conference on Intelligent User Interfaces
KI	Künstliche Intelligenz
KLM	Keystroke-Level Model
LOD	Linking Open Data
MCI	Mensch-Computer-Interaktion
N3	Notation3
OECD	Organisation for Economic Co-operation and Development
ORVI	Objekt-Zuordnung, Relationssuche, Visualisierung und interaktive Exploration
OWL	Web Ontology Language
PC	Personal Computer
PDF	Portable Document Format
RDF	Resource Description Framework
RDFS	Resource Description Framework Schema
RIA	Rich Internet Application
RIF	Requirements Interchange Format
SEMAIS	Semantic Models for Adaptive Interactive Systems
SemDis	Semantic Discovery
SemSor	Semantic Sensor
SIGART	Special Interest Group on Artificial Intelligence
SIGCHI	Special Interest Group on Computer-Human Interaction
SIOC	Semantically-Interlinked Online Communities
SKOS	Simple Knowledge Organization System
SOM	Self-Organizing Map
SPARQL	SPARQL Protocol and RDF Query Language
SQL	Structured Query Language
SUMO	Suggested Upper Merged Ontology
SWORE	SoftWiki Ontology for Requirements Engineering
SWUI	Semantic Web User Interaction

Abkürzungsverzeichnis

TANIA	Taktil-Akustische Navigations- und Informationsassistent
UML	Unified Modeling Language
URI	Uniform Resource Identifier
URL	Uniform Resource Locator
VAST	Visual Analytics Science and Technology
VISSW	Visual Interfaces to the Social and the Semantic Web
W3C	World Wide Web Consortium
WIMP	Windows, Icons, Menus und Pointer
WWW	World Wide Web
WYSIWYG	What You See Is What You Get
XHTML	Extensible HyperText Markup Language
XML	Extensible Markup Language
YAGO	Yet Another Great Ontology

Information ist die Verringerung von Ungewissheit.
Gernot Wersig (1942-2006)

1 Einleitung

Die Welt, in der die Menschen leben, wird immer komplexer. Durch die stetig wachsende Erdbevölkerung und die immer neuen und mächtigeren Möglichkeiten der Menschen, die Welt zu verändern, wird es für jeden Einzelnen immer schwieriger, sein Lebensumfeld zu verstehen und Entwicklungen vorherzusagen. Um diese Ungewissheit zu verringern, benötigen die Menschen Informationen; Informationen über die Aktivitäten anderer Menschen, die dahinter stehenden Motivationen, deren Aus- und Wechselwirkungen sowie Informationen über die eigenen Handlungsmöglichkeiten.

In dem Maße, in dem Informationen die Voraussetzung für ein erfolgreiches Leben sind, steigt auch der Wert von Informationen in einer Gesellschaft. Mit dem Wert wächst der Anteil derjenigen, die sich primär mit dem Erkennen, Sammeln und Austauschen von Informationen beschäftigen und damit auch ihren Lebensunterhalt bestreiten. Wenn dieser Anteil eine bestimmte Größe erreicht hat, spricht man auch von einer *Wissens-* oder *Informationsgesellschaft*[1]. Die meisten Industrieländer befinden sich auf dem Weg in eine solche Informationsgesellschaft oder haben diesen Zustand bereits erreicht.

1.1 Das World Wide Web

Um umfangreiche Informationen auch über große Distanzen, also weltweit, in kürzester Zeit austauschen zu können, wurde 1989 von Tim-Berners Lee das World Wide Web (WWW) erfunden und am 6. August 1991 zur allgemeinen Benutzung freigegeben. Seit dieser Zeit hat das WWW eine beispiellose Erfolgsgeschichte durchlaufen und enthält heute eine riesige und ständig steigende Menge an Informationen. Dieser Erfolg begründet sich auf den Vorteilen des WWW gegenüber herkömmlichen Methoden des Informationsaustausches; die Wichtigsten sind im Folgenden aufgezählt [HKRS08]:

- *Aktualität*: Neue Informationen können jederzeit ins WWW eingestellt und daraufhin quasi in Echtzeit (die Übertragungszeit zum Empfänger ist so gut wie vernachlässigbar) von Menschen in aller Welt abgerufen werden.

- *Verfügbarkeit*: Auf Grund des einfachen und kostengünstigen Zugriffs auf das WWW von fast jedem Ort auf der Welt aus, sind wichtige Informationen für die breite Masse zugänglich.

- *Liberalisierung*: Jeder kann Informationen im WWW veröffentlichen. Anfänglich wurden Informationen zwar meist nur von großen Organisationen (wie z.B. Nachrichtenargenturen, Firmen oder Regierungen) ins WWW gestellt, mit der Transformation hin zum sogenannten *Web 2.0* werden aber immer

---

[1]Laut *OECD* wird eine Gesellschaft als Informationsgesellschaft bezeichnet, wenn mehr als die Hälfte ihres *Bruttonationaleinkommens (BNEs)* in dem Bereich der *Informations- und Kommunikationstechnologie (IKT)* erwirtschaftet wird und zusätzlich mehr als die Hälfte der arbeitenden Bevölkerung in diesem Bereich beschäftigt ist (eine genauere Definition findet sich auf den Seiten der OECD: www.oecd.org/sti/measuring-infoeconomy/guide).

mehr Inhalte von den Nutzern des Webs selbst veröffentlicht. Man spricht daher auch vom „Mitmach-Web".

- *Kommerzielles Potential*: Durch die Menge an Nutzern und die geringen Investitionskosten bietet das WWW ein enormes Potential für kommerzielle Anwendungen. Populäre Beispiel für die Nutzung dieses Potentials sind Suchmaschinen in Kombination mit kontextsensitiver Werbung, wie z.B. *google.de*, E-Commerce-Seiten, wie z.B. *amazon.de*, oder Internetauktionshäuser, wie z.B. *ebay.de*.

Der bereits enorme und stetig steigende Umfang an Informationen im WWW hat zur Folge, dass zum einen zwar das Web immer öfter als universelle Anlaufstelle bei der Suche nach beliebigen Informationen gesehen wird, zum anderen sich aber das gezielte Auffinden von Information immer öfter als schwierig oder unmöglich erweist. Die gesuchten Informationen sind im Web zwar vorhanden, können aber mit geringem Aufwand und innerhalb einer zumutbaren Zeitspanne nicht in gewünschter Qualität und Umfang aufgefunden werden.

Das beschriebene Problem resultiert aus der Tatsache, dass Informationen im Web meist durch natürlich-sprachliche Texte oder Bilder repräsentiert sind. Deren Bedeutung kann zwar leicht von Menschen verstanden und zu anderen Informationen in Bezug gesetzt werden, Computer sind dazu in aller Regel aber nicht im Stande. Da aber eine rein manuelle Suche nach Informationen im Web viel zu lange dauert, werden dennoch häufig Suchmaschinen, wie z.B. Google, eingesetzt, die, basierend auf eingegebenen Suchtermen, automatisch Suchergebnisse zurückliefern.

Herkömmliche Suchmaschinen finden allerdings nur die Webseiten, die die eingegebenen Suchterme auch wirklich enthalten; unterschiedliche Wortformen und Synonyme werden z.B. nicht berücksichtigt. Dadurch werden möglicherweise relevante Seiten nicht gefunden und die Trefferquote sinkt. Gleichzeitig werden zu mehrdeutigen Suchtermen, wie z.B. "Bank", alle entsprechenden Webseiten zurückgegeben, unabhängig von der Bedeutung der verwendeten

Terme. Dies kann zu sehr vielen irrelevanten Suchergebnisse führen und damit zu einer geringen Präzision.

Darüber hinaus sind relevante Informationen oftmals über viele unterschiedliche Webseiten verteilt und können automatisch nur sehr ungenügend für die individuellen Bedürfnisse in einer Sicht zusammengefasst und übersichtlich dargestellt werden. Die Nutzer müssen entweder versuchen, auf bereits durch andere Nutzer zusammengestellte Webseiten zurückzugreifen oder sich die Informationen zeitaufwändig selbst zusammensuchen und die notwendigen Verknüpfungen herstellen.

In den meisten Fällen fehlt hierfür allerdings die Zeit, und so werden Entscheidungen getroffen, ohne alle dafür relevanten Informationen zu berücksichtigen. Insbesondere das Zusammenfassen von bestehenden Informationen und das logische Schlussfolgern, um neue Informationen zu generieren, ist im herkömmlichen Web automatisch gar nicht oder nur sehr bedingt realisierbar. Die Limitationen automatischer Suche im WWW können dazu führen, dass wichtige Informationen in entscheidenden Situationen nicht zur Verfügung stehen und auf diese Weise Schäden entstehen, die ansonsten hätten verhindert werden können.

1.2 Das Semantic Web

Um diesen Problemen zu begegnen, skizzierte Tim Berners-Lee die Vision eines Webs, in dem es Computern möglich sein soll, alle darin enthaltenen Informationen zu verstehen und daher Aufgaben zu übernehmen, die bisher nur von Menschen ausgeführt werden konnten [BLF99]. In einem solchen Semantic Web wäre es intelligenten Agenten damit möglich, Informationen automatisch auf Grund ihrer Bedeutung ausfindig zu machen, auszutauschen und durch deren Verknüpfung neues Wissen zu generieren.

Um Bedeutung explizit und maschinenlesbar zu repräsentieren, reicht die natürliche Sprache jedoch nicht aus. Hierfür werden künstliche Metasprachen benötigt, die formal definiert und dadurch eindeutig sind. Bedeutung wird darin durch semantische Strukturen re-

Das Semantic Web 21

präsentiert, die in ihrer Gesamtheit einen sogenannten *Giant Global Graph (GGG)*[2] formen. Die Strukturen in diesem Graphen enthalten Aussagen über virtuelle oder reale Dinge, wie „Berlin" oder „Bundesrepublik Deutschland", repräsentiert durch *Objekte* mit eindeutigen *Uniform Resource Identifiers (URIs)*, zugewiesenen ontologischen *Klassen*, wie „Stadt" oder „Land", und einer beliebigen Anzahl an sogenannten *Properties*[3], die Verbindungen zwischen den Objekten definieren, wie „ist Hauptstadt von".

Der bis heute fehlende Durchbruch des Semantic Web, als wichtige Ergänzung und Weiterentwicklung des WWW, resultiert in erster Linie aus seinem bis jetzt noch nicht offensichtlichen und zu großen Teilen auch noch nicht vorhandenen Vorteilen für den durchschnittlichen Nutzer. Dies liegt zum einen daran, dass nur ein Bruchteil der im bestehenden Web verfügbaren Information bzw. deren Bedeutung im Semantic Web repräsentiert ist, und zum anderen, dass auf die im Semantic Web bereits vorhandenen semantischen Strukturen oftmals nicht geeignet durch den Menschen zugegriffen werden kann.

Beide Probleme resultieren letztlich aus der bereits durch Aristoteles erkannten Tatsache, dass reale Dinge, die sie repräsentierenden Symbole und deren Bedeutungen nicht eindeutig zusammengehören (vgl. semiotisches Dreieck) und somit z.B. natürlich-sprachliche Texte, Bilder oder Gesten, automatisch nicht eindeutig interpretiert werden können. So kann die implizite Bedeutung von Informationen aus dem bestehenden Web oftmals überhaupt nicht oder nur in geringer Qualität automatisch in semantische Strukturen mit expliziter Bedeutung übersetzt werden, und eine manuelle Überführung ist auf Grund der großen Menge an Informationen im Web zu aufwändig. Auf der anderen Seite führen Anfragen von Nutzern mit impliziter Bedeutung, z.B. natürlich-sprachliche Anfragen, selten zu den gewünschten Ergebnissen, da auf Seiten des Computers nicht klar

---

[2]Artikel über den GGG: http://dig.csail.mit.edu/breadcrumbs/node/215.

[3]Mit dem Begriff „Property" wird in dieser Arbeit eine Eigenschaft einer ontologischen Klasse oder eines Objekts bezeichnet, die eine eindeutige URI und damit eine eindeutig festgelegte Bedeutung hat.

wird, wonach gesucht werden sollte.

1.3 Interaktion im Semantic Web

Als Lösung für die beschriebenen Probleme sowohl bei der automatischen als auch bei der manuellen Interpretation, bietet sich mit der Mensch-Computer-Interaktion ein Zwischenweg an, der die jeweiligen Schwachstellen von manuellen und automatischen Ansätzen ausgleichen und ihre Stärken bündeln kann. Da aber die Thematik der Mensch-Computer-Interaktion im Semantic Web erst seit wenigen Jahren stärkere Beachtung findet, beschränken sich bestehende interaktive Ansätze meist nur auf konkrete und domänenspezifische Fragestellungen. Ein allgemeingültiges Modell der Mensch-Computer-Interaktion im Semantic Web, das die Abläufe verständlich und das Potential erkennbar macht, existiert noch nicht.

Ein Ziel dieser Arbeit ist es daher, ein erstes allgemeines Modell der Mensch-Computer-Interaktion im Semantic Web aufzustellen und damit zum einen ein Verständnis für die bei der Interaktion im Semantic Web ablaufenden Mechanismen, Zusammenhänge und daraus resultierenden Anforderungen zu schaffen, zum anderen aber auch das enorme Potential von Interaktion im Semantic Web aufzuzeigen. Dazu werden bestehende Modelle der Mensch-Computer-Interaktion in einer Art und Weise weiterentwickelt, die der speziellen Eigenschaft des Semantic Web, nämlich dem Vorhandensein von eindeutig semantischen Repräsentationen, Rechnung trägt.

Um ein geeignetes Modell zu erstellen, wird das aus der Mensch-zu-Mensch-Kommunikation bekannte Konzept der interaktiven Angleichung für die Mensch-Computer-Interaktion im Semantic Web angepasst und mit bestehenden Modellen kombiniert. Das daraus resultierende neue Modell der interaktiven Angleichung im Semantic Web bildet folglich eine Mischform aus der technikorientierten Sicht der Informatik und der mehr psychologieorientierten Sicht der Kognitionswissenschaft. Wie sich gezeigt hat, ist es genau diese Mischung, die es der Mensch-Computer-Interaktion ermöglicht, das Potential des Semantic Web ausschöpfen zu können.

1.4 Aufbau der Arbeit

Die Arbeit untergliedert sich in sechs Kapitel. In Kapitel 1 wurde bereits eine kurze Einleitung in die Thematik des WWW, des Semantic Web und der Interaktion im Semantic Web gegeben. In Kapitel 2 erfolgt eine ausführliche Beschreibung aller Grundlagen, die für das Verständnis der nachfolgenden Kapitel notwendig sind. Dazu gehören die Grundlagen des Semantic Web, bestehende Probleme bei der Nutzung des Semantic Web, die Grundlagen der Mensch-Computer-Interaktion sowie bestehende Ansätze der Interaktion im Semantic Web.

Die in Kapitel 2 identifizierten Lücken und Probleme dienen in Kapitel 3 als Motivation für den eigenen Ansatz und damit als Grundlage für das in diesem Kapitel aufgestellte Modell der Mensch-Computer-Interaktion im Semantic Web. Hierfür wird das beim Dialog zwischen Menschen beobachtete Konzept der interaktiven Angleichung vorgestellt, für die Mensch-Computer-Interaktion umgewandelt und zur Definition eines neuen Modells der Interaktion im Semantic Web eingesetzt. Die Anwendbarkeit des Modells und die damit verbundenen Vorteile werden in Kapitel 4 und Kapitel 5 demonstriert.

Dafür werden in Kapitel 4 zwei konkrete Umsetzungen des Modells vorgestellt. Sowohl das semantische Wiki im Abschn. 4.1 als auch das Extraktionstool im Abschn. 4.2 dienen dabei zur interaktiven Erstellung von semantischen Daten. Die Umsetzungen zeigen, wie durch die Anwendung des Modells der interaktiven Angleichung im Semantic Web die Überführung von Informationen mit impliziter Bedeutung, wie z.B. natürlich-sprachlichem Text, in Informationen mit expliziter Bedeutung, also semantische Daten, verbessert werden kann.

In Kapitel 5 werden vier weitere Umsetzungen des Modells vorgestellt. Alle vier Umsetzungen unterstützen den interaktiven Zugriff auf semantische Daten. Die erste Umsetzung erlaubt die eindeutige Formulierung auch komplexer Suchanfragen (Abschn. 5.1), die zweite unterstützt die Suche nach Zusammenhängen zwischen beliebigen Elementen (Abschn. 5.2), die dritte erlaubt das Auffinden von, für eine bestimmte Situation relevanter Informationen in großen Datenmengen (Abschn. 5.3) und die vierte Umsetzung demonstriert eine neue Methode zur Visualisierung von Zusammenhängen (Abschn. 5.4). Die Tauglichkeit der Umsetzungen gegenüber anderen Ansätzen wird mit Hilfe von Nutzerstudien demonstiert.

Im letzten Kapitel erfolgt dann eine Zusammenfassung der gesamten Arbeit und eine Diskussion über das Potential aber auch die Grenzen des hier vorgestellten Modells der Mensch-Computer-Interaktion im Semantic Web.

2 Grundlagen und Stand der Technik

Sowohl zum Thema Semantic Web als auch zum Thema Mensch-Computer-Interaktion existieren bereits umfangreiche Vorarbeiten, die als Grundlage für diese Arbeit dienen. Neben einer ausführlichen Beschreibung der Vorarbeiten findet in diesem Kapitel auch eine umfassende Bewertung bestehender Arbeiten statt, die deren Probleme und Limitationen aufdeckt. Die dabei erlangten Erkenntnisse bilden den Ausgangspunkt und die Motivation für die eigene Arbeit.

2.1 Semantic Web: Grundlagen

Die grundsätzliche Idee des Semantic Web ist es, die Bedeutung von Informationen explizit in Form von semantischen Strukturen vorzuhalten und somit auch für den Computer eine eindeutige Interpretation der Information zu ermöglichen. Um die Bedeutung von Informationen eindeutig beschreiben zu können, werden standardisierte Metasprachen benötigt, die formal definiert sein müssen. Die beiden populärsten Sprachen hierfür sind das *Resource Description Framework (RDF)*[1] und die *Web Ontology Language (OWL)*[2], welche vom *World Wide Web Consortium (W3C)*[3] auch als Standards zur formalen Beschreibung von Bedeutung im Semantic Web festgelegt wurden.

2.1.1 Resource Description Framework

Ein *RDF-Modell* beschreibt einen gerichteten Graphen (einen *RDF-Graph*), bestehend aus Knoten und gerichteten Kanten. Dieser kann in drei unterschiedlichen Formaten abgespeichert sein: *RDF/XML* (dem auf der *Extensible Markup Language (XML)* basierenden W3C-Standard), *Notation3 (N3)* (einer menschenlesbare Repräsentation) oder in einem sogenannten *Triplestore* (einer spezielle Datenbank, die in Abschn. 2.1.4 näher beschrieben wird).

Die Kanten in einem RDF-Graph stehen für *Aussagen* über sogenannte *Ressourcen*, die durch ovale Knoten repräsentiert werden. Sowohl Kanten als auch Ressourcen sind durch eindeutige URIs gekennzeichnet. Eckige Knoten stehen für *Literale* und sind nicht durch URIs gekennzeichnet. Sie stellen Datenwerte als Zeichenketten dar und bilden die äußeren Knoten im RDF-Graph (d.h. von Literalen gehen nie gerichtete Kanten aus, sondern nur von Ressourcen).

In Abb. 2.1 wurden beispielsweise Aussagen über das Buch „The Glass Palace" in einem RDF-Graph dargestellt[4]. Das Buch selbst wird als Ressource repräsentiert, über das Aussagen wie „das Buch hat den Titel X", oder „das Buch hat den Autor Y" getroffen werden.

---

[1] RDF: http://www.w3.org/RDF/.
[2] OWL: http://www.w3.org/TR/owl-ref/.
[3] W3C-Webseite: http://www.w3.org/.
[4] Dieses Beispiel setzt auf Ideen aus dem Semantic Web Tutorial von Ivan Herman auf (http://www.w3.org/People/Ivan/CorePresentations/SWTutorial/).

Semantic Web: Grundlagen

Da die *ISBN* des Buchs eine eindeutige Identifikationsmöglichkeit bietet, wurde sie als URI für die Buchressource genutzt (vgl. Abb. 2.1, ovaler Knoten mit Beschriftung http://...isbn/000651409X).

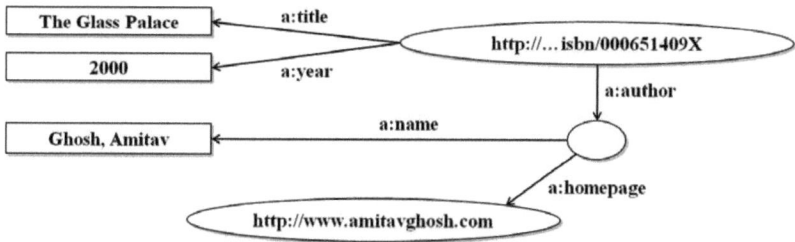

Abbildung 2.1: RDF-Graph zur Repräsentation von Informationen über das Buch „The Glass Palace" und den Autor „Amitav Ghosh".

Jede Aussage ist als *Tripel* formuliert, bestehend aus den 3 Elementen: Subjekt, Prädikat und Objekt. So hat beispielsweise das Tripel, das die Aussage über das Erscheinungsjahr des Buches repräsentiert, als Subjekt die Buchressource selbst, als Prädikat das Property mit der URI a:year und als Objekt den Datenwert „2000". Jede Aussage und damit jedes Tripel beschreibt somit eine binäre Relation zwischen zwei Knoten im RDF-Graph. Auf diese Weise repräsentiert z.B. ein anderes Tripel in Abb. 2.1, unter Verwendung des Property a:author als Prädikat und einer so genannten *blank node*[5] als Objekt, eine Aussage über den Autor des Buches. Ausgehend von dieser blank node, wird der Name des Autors als Literal („Ghosh, Amitav") und dessen Webseite als Ressource mit der URI http://www.amitavghosh.com repräsentiert. Da die *URL* der Webseite eindeutig ist, kann diese, genau wie die ISBN-Nummer auch, als URI genutzt werden.

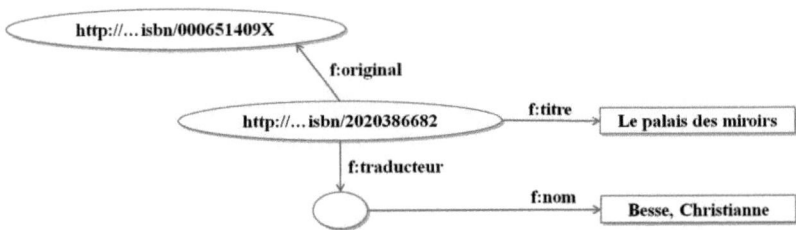

Abbildung 2.2: RDF-Graph zur Repräsentation von Informationen zur französischen Übersetzung mit dem Titel „Le palais des miroirs", sowie der Übersetzerin „Christianne Besse".

Aggregation von RDF-Graphen

Abb. 2.2 zeigt nun einen weiteren RDF-Graphen, der Informationen über eine französische Übersetzung des Buchs enthält. Unabhängig von der Erstellung des RDF-Graphs in Abb. 2.1, wurden hier Informationen über die ISBN-Nummern sowohl der französischen Übersetzung als auch des Originals sowie Titel der Übersetzung und Name der Übersetzerin in Form von Aussagen in einem RDF-Graphen repräsentiert. Informationen über beispielsweise den Titel des Originals oder den Autor des Originals sind allerdings nicht im RDF-Graphen in Abb. 2.2 vorhanden und können daher auch nicht zugegriffen werden.

Erst durch die Zusammenführung der beiden RDF-Graphen aus den Abb. 2.1 und 2.2 in einen neuen RDF-Graphen (Abb. 2.3) sind die entsprechenden Informationen zugreifbar. Die semantisch korrekte Zusammenführung der Informationen ist allerdings nur möglich, da durch die in beiden RDF-Graphen vorhandene URI des Originalbuchs eine eindeutige Überschneidung existiert und somit ein zusammenhängender Graph automatisch erstellt werden kann.

Die Zusammenführung der zwei RDF-Graphen in einen neuen, aggregierten Graphen erlaubt jedoch nicht nur den Zugriff auf die

---

[5]Blank nodes ist keine URI zugewiesen, sie dienen nur zur Gruppierung von Informationen.

Semantic Web: Grundlagen

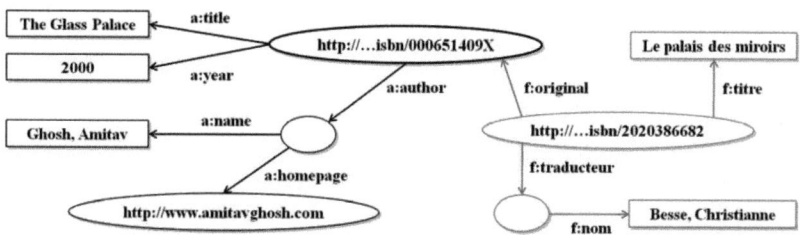

Abbildung 2.3: Ein aus den RDF-Graphen aus Abb. 2.1 und Abb. 2.2 aggregierter RDF-Graph.

Summe der Informationen beider Teilgraphen, sondern auch den Zugriff auf neue Informationen, die in keinem der beiden Teilgraphen alleine enthalten waren. So enthält der aggregierte Graph in Abb. 2.3 beispielsweise auch die Information über den Namen des Autors, der das Original geschrieben hat, dessen französische Übersetzung den Titel „Le palais des miroirs" trägt. Oder auch Informationen darüber, wer das Buch mit dem Titel „The Glass Palace" ins Französische übersetzt hat. So entsteht durch die Aggregation von Teilinformationen weit mehr als die Summe dieser Informationen vermuten lässt.

Wie in Abb. 2.3 zu sehen, scheint es jedoch noch Uneinigkeit über das zu verwendende Vokabular zu geben. So scheint mit `a:title` und `f:titre` zwar die gleiche Bedeutung gemeint zu sein, für den Computer lässt sich diese Gemeinsamkeit jedoch auf Grund der unterschiedlichen URIs nicht automatisch erschließen. Daher wird versucht, für möglichst viele Domänen ein standardisiertes Vokabular in Form von Ontologien vorzugeben.

2.1.2 Ontologien

Ontologien bieten die Möglichkeit, sowohl allgemeine als auch domänenspezifische Vokabulare einheitlich zu definieren. Häufig werden Ontologien von Experten in den jeweiligen Domänen erstellt, um dann als Standard in dieser Domäne verwendet zu werden. Um Vokabulare zu definieren, wurde das *Resource Description Framework Schema (RDFS)*[6] entworfen. RDFS ist eine Metasprache für RDF und ermöglicht es, z.b. bestimmte Ressourcen als Klassen zu kennzeichnen (z.B. über `rdfs:class`) sowie Beziehungen und Hierarchien zwischen Klassen zu definieren (z.B. über `rdfs:subClassOf`). Andere Ressourcen können einer Klasse zugewiesen werden und so zu Objekten dieser Klasse werden. Auch bietet RDFS die Möglichkeit, für Ressourcen ein repräsentatives *Label* zu definieren (über `rdfs:label`), das auch von Menschen verstanden werden kann (im Gegensatz zu einer URI, die möglicherweise verwirrend ist).

Beispielsweise beschreibt das *Friend Of A Friend (FOAF)* Vokabular[7] alle wichtigen Klassen und Properties bezüglich Menschen und deren Verbindungen. Darin werden Klassen wie „Person", „Gruppe" und „Organisation" zusammen mit den dazugehörenden Properties wie „Alter", „Name" oder „kennt" (zur Beschreibung von Beziehungen zwischen Personen) definiert. Die abstrakte Definition von einheitlichen Vokabularen durch ontologische Klassen und deren Beziehungen erlaubt deren breite Verwendung bei der Speicherung von Informationen und macht dadurch Wissen kompatibel.

In Abb. 2.3 ist für uns Menschen zwar klar, dass sowohl `a:author` als auch `f:traducteur` auf eine Person verweisen. Da kein einheitliches Vokabular verwendet wird, ist diese Information aber für den Computer nicht zugreifbar. Dieses Problem kann durch die Verwendung der Klasse „Person" des FOAF-Vokabulars gelöst werden. Um diese Klasse für ein Objekt zu verwenden, muss die URI der Klasse dem Objekt als Typ zugewiesen werden. In Abb. 2.4 kann so, durch die Verknüpfung der zwei Objekte mit der bestehenden Klasse `foaf:Person`, eine maschinenlesbare Repräsentation der Bedeutung dieser Objekte innerhalb des RDF-Graphs bereitgestellt werden (`r:type` ist in Abb. 2.4 eine Kurzform für `rdfs:type`).

Zu vielen weiteren Domänen existieren bereits einheitliche Vokabulare, wie z.B. *GeoNames*[8] für geografische Informationen oder die

---

[6] http://www.w3.org/TR/rdf-schema/
[7] FOAF-Spezifikation: http://xmlns.com/foaf/spec/
[8] GeoNames: http://www.geonames.org/

Semantic Web: Grundlagen 31

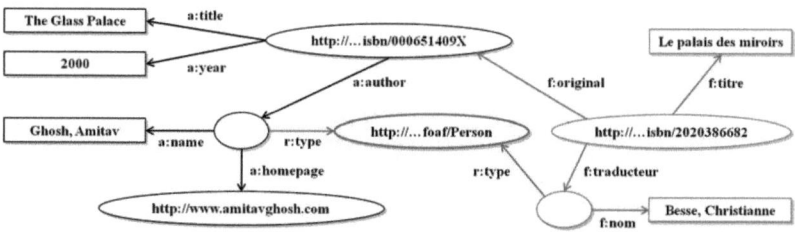

Abbildung 2.4: RDF-Graph, in dem die Klasse „Person" zur einheitlichen Auszeichnung von Ressourcen verwendet wird.

SoftWiki Ontology for Requirements Engineering (SWORE)[9] für die Domäne der Anforderungsanalyse. Solche Domain-Ontologien werden häufig über das *Simple Knowledge Organization System (SKOS)*[10] organisiert, das eine einfache Erstellung und Veröffentlichung einheitlicher Vokabulare erlaubt. Neben Domain-Ontologien gibt es noch sogenannte *höhere Ontologien* (upper ontologies), die Klassen und Properties definieren, welche in einer Vielzahl unterschiedlicher Domain-Ontologien benötigt werden. Beispiele hierfür sind *Dublin Core*[11] (für Text, Musik und Video), *Suggested Upper Merged Ontology (SUMO)*[12] (für allgemeines Wissen) oder *Descriptive Ontology for Linguistic and Cognitive Engineering (DOLCE)*[13] (für natürliche Sprachen und Kognition).

Web Ontology Language (OWL)

Eine Vielzahl der aufgezählten Ontologien verwendet allerdings nicht RDFS zur Definition von Klassen und Properties, sondern OWL. Im Gegensatz zu RDFS bietet OWL eine größere Ausdrucksmäch-

---

[9]SWORE: http://softwiki.de/SWORE/
[10]SKOS: http://www.w3.org/2004/02/skos/
[11]Dublin Core: http://dublincore.org/
[12]SUMO: http://www.ontologyportal.org/. Ist eine der größten zusammenhängenden Ontologien und bietet Verknüpfungen zu *WordNet* (http://wordnet.princeton.edu/)
[13]DOLCE: http://www.loa-cnr.it/DOLCE.html

tigkeit. So können in OWL auch Ausdrücke ähnlich der Prädikatenlogik formuliert und somit Inferenz- und Integritätsregeln definiert werden. Solche Regeln erlauben es, automatisch Schlussfolgerungen zu ziehen und Aussagen auf deren Gültigkeit hin zu überprüfen.

Um solche Aussagen zu formulieren, stehen in OWL diverse vordefinierte Properties zur Verfügung. So kann z.B. mit dem Property `owl:disjointWith` zwischen zwei Klassen festgelegt werden, dass Objekte der einen Klasse nicht auch Objekt der anderen Klasse sein dürfen. Oder es kann die Kardinalität eines Property über `owl:cardinality` definiert werden, um auf diese Weise z.B. die Kardinalität der Geburtstage für die Klasse „Person" auf genau einen zu beschränken. Eine interessante Aussage erlaubt auch das Property `owl:sameAs`. Mit Hilfe dieses Properties können z.B. zwei Objekte als äquivalent definiert werden.

Häufig kommt es nämlich vor, dass ein Objekt, das in einem Datensatz neu definiert wird, bereits in einem anderen semantischen Datensatz vorhanden war. Wenn dies später festgestellt wird, wurde die URI des neuen Objekts jedoch möglicherweise schon in unterschiedlicher Weise verwendet und kann daher nicht mehr oder nur mit großem Aufwand korrigiert werden. Oder eine Korrektur ist aus anderen Gründen nicht möglich oder gewollt. Dann bietet die von beiden Datensätzen losgelöste Aussage über die Äquivalenz beider Objekte via `owl:sameAs`, eine Lösung dieses Problems.

Dem Problem von Dopplungen ist jedoch mit der `owl:sameAs`-Strategie auch nur bedingt beizukommen. Da zu bestimmten Domänen nämlich von vielen unterschiedlichen Personengruppen Informationen in das Semantic Web eingespeist werden, führt dies schnell zu einer unüberschaubaren Anzahl unterschiedlicher Bezeichnungen für ein und dieselbe Bedeutung. Die vielen unterschiedlichen Bezeichnungen immer wieder durch `owl:sameAs`-Ausdrücke manuell in Verbindung zu bringen, ist ein sehr mühsames und insbesondere fehleranfälliges Unterfangen.

Semantic Web: Grundlagen 33

2.1.3 Zentrale Datensätze

Aus diesem Grund können in Ontologien neben allgemeinen Klassen und deren Properties, auch Objekte definiert werden. Dies macht vor allem dann Sinn, wenn bestimmte Objekte häufig gebraucht werden und ohne eine einheitliche Definition daher an vielen verschiedenen Stellen in möglicherweise unterschiedlicher Weise definiert würden. Neben der Vermeidung von Widersprüchen wird durch eine einheitliche Objektdefintion, genau wie bei der einheitlichen Definition von Klassen, zusätzlich auch noch Aufwand gespart. So werden beispielsweise in der GeoNames-Ontologie neben den Klassen „Land" und „Stadt" auch alle Länder und größeren Städte der Welt als Objekte dieser Klassen definiert und müssen somit nicht immer wieder neu erstellt werden. Wenn nun von einer bestimmten Stadt die Rede ist, kann auf das entsprechende Objekt in dieser Ontologie mittels seiner eindeutigen URI verwiesen werden.

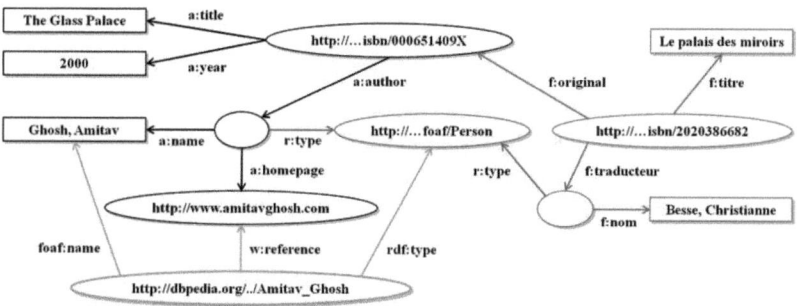

Abbildung 2.5: RDF-Graph, der durch ein in DBpedia definiertes Objekt erweitert wird.

Es gibt schon jetzt eine beträchtliche Anzahl an zentralen Datensätzen, die frei im Internet zugreifbar sind und in denen sehr viele Objekte zu den unterschiedlichsten Domänen eindeutig semantisch definiert sind. Populäre Datensätze sind z.B. *FOAF pro-*

files[14] (mit einheitlichen Beschreibungen von Personen), *DBpedia*[15] [BLK+09] (mit aus Wikipedia[16] extrahierten Klassen und Objekten) oder *Digital Bibliography & Library Project (DBLP) on the Semantic Web*[17] (mit bibliografischen Objekten wie z.B. konkreten Veröffentlichungen oder Autoren).

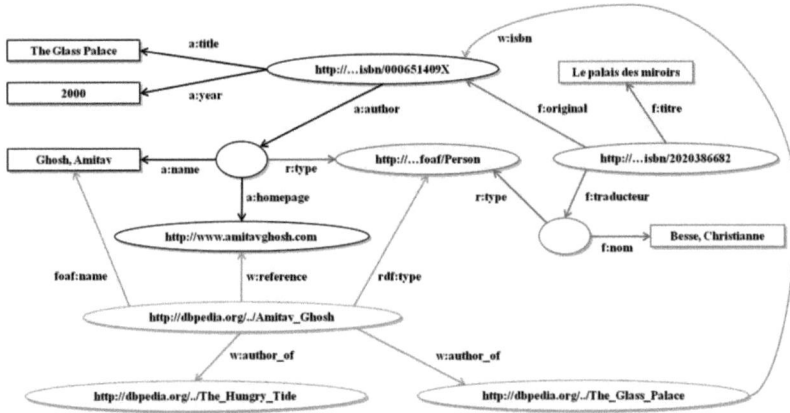

Abbildung 2.6: RDF-Graph, der durch mehrere in DBpedia definierte Objekte und Properties erweitert wird.

In Abb. 2.5 wird neben der einheitlich definierten Klasse „Person" auch der in DBpedia bereits einheitlich definierte Autor „Amitav Ghosh" (vgl. Abb. 2.5, http://dbpedia.org/../Amitav_Ghosh) verwendet. Durch die Verwendung von einheitlich definierten Objekten wird ein Link in einen entfernten Datensatz gesetzt (hier DBpedia), über den auf weitere Informationen aus diesem Datensatz zugegriffen werden kann. So können in Abb. 2.6 z.B. über Properties wie w:author_of verbundene Objekte und Literale (hier weitere Buchveröffentlichungen) zusätzlich in den RDF-Graphen integriert wer-

---

[14]FOAF profiles: http://www.foaf-project.org/
[15]DBpedia: http://dbpedia.org
[16]Wikipedia: http://wikipedia.org
[17]DBLP on the Semantic Web: http://www4.wiwiss.fu-berlin.de/dblp/

den. Durch die Verknüpfung unterschiedlicher RDF-Graphen kann somit Schritt für Schritt immer mehr Information integriert werden und so auch immer mehr zusätzliche Information (über die Summe der Informationen hinaus) entstehen.

Neben DBpedia existieren noch viele weitere öffentlich zugreifbare Datensätze, die in der so genannten *Linking Open Data (LOD)-Cloud*[18] organisiert und dort in aggregierter Form zugreifbar gemacht werden (vgl. Abb. 2.7). In der LOD-Cloud wird versucht, über Gemeinsamkeiten in den einzelnen Datensätzen Verlinkungen und dadurch Aggregationen herzustellen, um so einen global vernetzen Wissenspool (einen GGG) zu schaffen. Gemeinsamkeiten automatisch zu erkennen, ist dabei keine triviale Aufgabe. So reicht beispielsweise in Abb. 2.6 die gleiche Klasse (Person) und der gleiche Name (Amitav Ghosh) nicht aus, um eine hinreichende Sicherheit darüber zu erhalten, ob hier wirklich von der selben Person die Rede ist. Erst durch die eindeutige Verbindung auf Grund der ISBN-Nummer des Buches (http://...isbn/000651409X), konnte eine automatische Aggregation der Daten in Abb. 2.4 mit Daten aus DBpedia stattfinden. Eine detailliertere Beschreibung dieser und weiterer Herausforderungen und Probleme im Semantic Web finden sich in Abschn. 2.2.

2.1.4 Datenanfrage

Um an die großen und stark vernetzen Datensätze im Semantic Web Anfragen stellen zu können, bedarf es der folgenden zwei Voraussetzungen:

1. Es wird eine formal definierte Sprache benötigt, um semantisch eindeutige Anfragen formulieren zu können.

2. Es werden Server benötigt, die die angefragten Informationen schnell in großen Datensätzen finden und zurückliefern können.

---

[18]LOD-Cloud: http://linkeddata.org

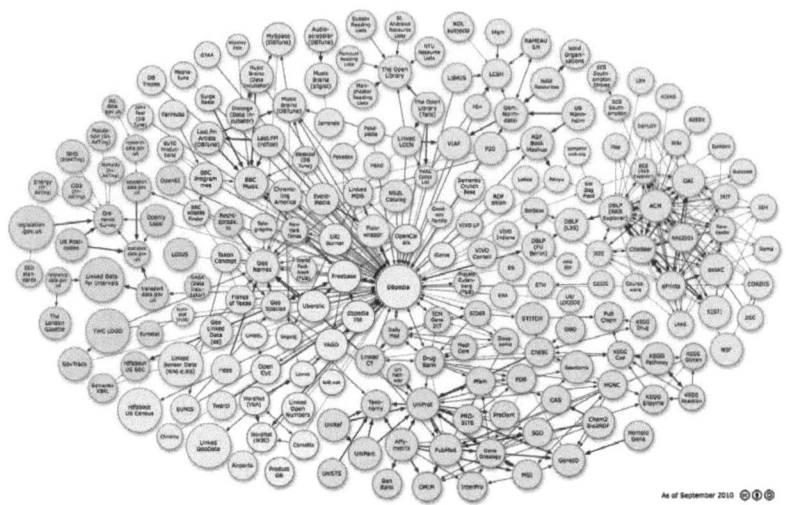

Abbildung 2.7: Die LOD-Cloud besteht aus RDF-Datensätzen unterschiedlicher Domänen mit insgesamt über 4.2 Milliarden Tripeln.

SPARQL

Mit der *SPARQL Protocol and RDF Query Language (SPARQL)*[19] existiert bereits eine formal definierte Anfragesprache, die vom W3C als Standard festgelegt wurde. Mit Hilfe von SPARQL können semantisch eindeutige Anfragen verfasst und an einen Server geschickt werden. Ähnlich wie in *Structured Query Language (SQL)*, werden auch in SPARQL Befehle wie SELECT, WHERE und ORDER verwendet, um damit Datenstrukturen zu definieren, Datenbestände zu manipulieren oder Daten abzufragen. Variablen werden mit einem vorangestellten „?" gekennzeichnet. So findet die folgende SPARQL-Anfrage z.B. alle Personen, die vor 1900 in Berlin geboren wurden:

PREFIX xsd: <http://www.w3.org/2001/XMLSchema#>

---

[19]SPARQL: http://www.w3.org/TR/rdf-sparql-query/

Semantic Web: Grundlagen

```
PREFIX foaf: <http://xmlns.com/foaf/0.1/>
PREFIX dbpedia: <http://dbpedia.org/resource/>
PREFIX dbpedia2: <http://dbpedia.org/property/>
PREFIX dbo: <http://dbpedia.org/ontology/>

SELECT ?name ?birth ?death ?person
WHERE {
  ?person dbpedia2:birthPlace dbpedia:Berlin .
  ?person dbo:birthDate ?birth .
  ?person foaf:name ?name .
  ?person dbo:deathDate ?death
  FILTER (?birth < "1900-01-01"^^xsd:date) .
}
ORDER BY ?name
```

Die Eindeutigkeit einer solchen Anfrage wird dabei, genau wie auch bei der Erstellung eines RDF-Graphs, durch die Verwendung von URIs gewährleistet. Da URIs aber oft lang sind (z.B. http://dbpedia.org/resource/Berlin) und daher die Lesbarkeit einer SPARQL-Anfrage vermindern können, werden Präfixe definiert (z.B. PREFIX dbpedia), die als Platzhalter eingesetzt werden, um die SPARQL-Anfragen zu verkürzen.

Anfragen in SPARQL können an alle Datensätze im Semantic Web gestellt werden, die einen so genannten *SPARQL-Endpoint* zur Verarbeitung von SPARQL-Anfragen anbieten. Eine Liste aktiver Endpoints wird vom W3C zur Verfügung gestellt.[20] Soweit die SPARQL-Endpoints über das Internet erreichbar sind, können beliebige Anwendungen durch die Übermittlung von SPARQL-Anfragen in einer semantisch eindeutigen Art und Weise auf Informationen zugreifen und bekommen das Ergebnis in Form einheitlicher Formate zurückgeliefert (z.B. im *SPARQL Query Results XML Format*[21]).

---

[20] Liste mit SPARQL-Endpoints: http://esw.w3.org/SparqlEndpoints
[21] SPARQL Query Results XML Format: http://www.w3.org/TR/rdf-sparql-XMLres/

Triplestore

Die in vielen großen Datensätzen des Semantic Web gespeicherte Menge an Informationen, deren ständiges Wachstum sowie die stetig steigende Anzahl an Anfragen auf diese Datensätze führen jedoch zu Problemen bei der Speicherung und dem performanten Zugriff auf diese Daten. Durch die Verwendung von speziell für die Speicherung von und den Zugriff auf RDF-Tripel ausgelegten *Triplestores*[22] (Datenbanken) wird versucht, diese Problematik in den Griff zu bekommen. Es existieren unterschiedliche Implementierungen von Triplestores, die Anfragen in unterschiedlicher Geschwindigkeit verarbeiten und beantworten können. Wichtige Vertreter hierfür sind z.B. *Virtuoso*[23], *Jena*[24] und *Sesame*[25].

Die Verwendung von Triplestores oder allgemein von Datenbanken ermöglicht zwar die zentrale Speicherung von und den performanten Zugriff auf große Mengen semantischer Daten, sie erzeugt jedoch häufig eine zusätzliche und separate Repräsentation von oftmals bereits in HTML-Seiten vorliegenden Informationen. So werden die semantischen Daten in DBpedia z.B. ausschließlich aus Wikipedia-Artikeln extrahiert und bilden dadurch eine Doppelung der darin enthaltenen Informationen. Nachteile einer solchen Trennung von Orginalinformationen und semantischer Repräsentation sind:

1. Eine zusätzliche Infrastruktur wird benötigt, für die Extraktion, die Speicherung und den Zugriff auf die semantischen Repräsentationen.

2. Durch die Trennung von Quelle und semantischer Repräsentation bedarf es Mechanismen, die die Repräsentationen auch bei sich verändernden Quelldaten aktuell halten.

3. Auch wenn die Daten öffentlich zugreifbar sind, können sie in

---

[22]Triplestore: http://www.w3.org/2001/sw/Europe/events/20031113-storage/positions/rusher.html
[23]Virtuoso: http://virtuoso.openlinksw.com/
[24]Jena: http://openjena.org/
[25]Sesame: http://www.openrdf.org/

Semantic Web: Grundlagen

den meisten Fällen nur von wenigen authentifizierten Personen verändert oder erweitert werden.

4. Auf Grund der fehlenden Verbindung zwischen Quelle und Repräsentation werden meist weder die semantischen Repräsentationen genutzt, um die Quellen verständlicher darzustellen, noch die Quellen als Referenz für die semantischen Repräsentationen aufgeführt.

Eine Möglichkeit, diese Nachteile zu umgehen und dennoch die Bedeutung von Informationen eindeutig zu beschreiben, bietet die semantische Annotation.

2.1.5 Semantische Annotation

Die Idee der semantischen Annotation ist, Informationen direkt in der Quelle mit semantischen Daten zu annotieren und so keine separate Kopie der Informationen anlegen zu müssen. Semantische Daten, die beispielsweise die Informationen in einem HTML-Dokument beschreiben, werden dabei als XHTML-Code mit in das Dokument geschrieben. Einzelne Wörter, Ausdrücke, Bilder oder Videos können entsprechend ihrer Bedeutung eindeutig annotiert werden, um so den Inhalt von Webseiten besser auffinden und verstehen zu können. Beispielsweise ließe sich die Bedeutung des Wortes „Essen" innerhalb eines bestimmten Textes auf einer HTML-Seite durch den Verweis auf die Ressource mit der URI `http://dbpedia.org/resource/Essen` eindeutig definieren. Der W3C-Standard für solche semantischen Annotationen von HTML-Seiten ist *RDFa*[26].

RDFa

RDFa (das „a" steht für Attribut) ist ein Ansatz, bei dem RDF/XML direkt mit in das XHTML-Dokument eingebettet wird. So können sowohl neue semantische Daten innerhalb eines XHTML-Dokuments erstellt als auch bestehende semantische Daten verwendet werden,

---

[26]RDFa: `http://www.w3.org/TR/xhtml-rdfa-primer/`

um die Bedeutung von Elementen darin eindeutig zu beschreiben. Das folgende Beispiel zeigt, wie ein einfaches XHTML-Dokument mit Hilfe von RDFa semantisch annotiert werden kann:

```
<html
    xmlns="http://www.w3.org/1999/xhtml"
    xmlns:dbpedia="http://dbpedia.org/resource/"
    xmlns:dbpedia2="http://dbpedia.org/ontology/"
    xmlns:dc="http://purl.org/dc/elements/1.1/"
    xmlns:rdfs="http://www.w3.org/2000/01/rdf-schema#">
    xmlns:foaf="http://xmlns.com/foaf/0.1/"
    <head>
      <title>Meine Webseite</title>
      <base href="http://example.org/max_mustermann/" />
      <meta property="dc:creator" content="Max Mustermann" />
    </head>
    <body about="http://www.example.com/max_mustermann/#me">
      Ich heiße
      <cite property="foaf:name">Max Mustermann</cite>
      <span rel="dbpedia2:birthPlace" resource="dbpedia:Essen">
        und ich bin in
        <span about="dbpedia:Essen">
          <cite property="rdfs:label">Essen</cite>
        </span> geboren
      </span>.
    </body>
</html>
```

Wie bereits in Abschn. 2.1.4 über SPARQL-Anfragen beschrieben, werden auch bei RDFa Präfixe definiert, um die URIs nicht zu lang werden zu lassen. Da zur semantischen Annotation der XHTML-Seiten vollwertiges RDF verwendet wird, ist die Mächtigkeit dementsprechend hoch. Dadurch steigt jedoch auch der Aufwand und das Wissen, das benötigt wird, um die Annotationen vorzunehmen. So lassen sich mit RDFa Informationen über die Webseite selbst (wie z.B. den Ersteller mit `dc:creator`), neue Objekte

Semantic Web: Grundlagen

(wie z.B. `http://www.example.com/max_mustermann/#me`), sowie Properites von Objekten (wie z.b. deren Name mit `foaf:name`) definieren. Soweit Objekte im Semantic Web bereits vorhanden sind, wie z.B. bei `dbpedia:Essen` der Fall, ist ein Verweis auf dieses Objekt möglich (z.B. über das Property `dbpedia2:birthPlace`). Auch können für bereits existierende Objekte Properties definiert werden, wie z.B. `rdfs:label`.

Die Integration von semantischen Annotationen in HTML verhindert eine Duplikation und separate Abspeicherung der Information und kann so die Erstellung und Aktualisierung von semantischen Daten erleichtern. Nachteile von dieser relativ einfach zu verwirklichenden Lösung sind Limitationen beim Zugriff und damit verbunden, Schwierigkeiten bei der Vernetzung semantischer Daten. So werden die semantischen Daten durch die Annotationen in den einzelnen HTML-Dokumenten über viele verschiedene Webseiten verteilt. Die Suche und damit der Überblick über alle schon bestehenden semantischen Daten wird damit deutlich erschwert, da die Dokumente erst nach solchen Annotationen durchsucht werden müssen. Da die Schreibrechte für die einzelnen Webseiten jedoch nicht einheitlich organisiert sind, können z.B. bei der Veränderung oder Neuerstellung von relevanten semantischen Daten auf einer Webseite die entsprechend auf einer anderen Webseite liegenden semantischen Daten nicht aktualisiert werden. Auch ist eine performante Verarbeitung von eindeutig definierten Suchanfragen, im Gegensatz zu Triplestores mit SPARQL-Endpoints, so nicht, oder nur teilweise möglich.

Das Problem der Aktualität semantischer Daten ist somit sowohl bei der separaten Speicherung in Triplestores ein Problem als auch bei der integrierten Speicherung via semantischer Annotation. Ein erster Ansatz, wie das Problem der Aktualität zwischen Quelle und separater Repräsentation der Informationen in Triplestores gelöst werden kann, findet sich im *DBpedia Live Extraction Framework* [HSLA09]. Dabei werden die semantischen Daten enger mit der Quelle gekoppelt und können so bei einer Änderung der Informationen in der Quelle unmittelbar aktualisiert werden. Durch die engere

Kopplung von Wikipedia und DBpedia ergeben sich aber nicht nur Vorteile für die Aktualität der semantischen Daten sondern auch für die Quelle selbst. So können neu in Wikipedia erstellte Informationen durch deren unmittelbare Überführung in DBpedia automatisch über die in DBpedia vorhandenen Ontologien auf Konsistenz getestet oder mit bereits bestehenden semantischen Daten abgeglichen werden, um so Fehler und Dopplungen frühzeitig zu erkennen und damit die Qualität der Wikipedia-Artikel zu verbessern.

2.1.6 Zusammenfassung

In Abschn. 2.1 wurden die Grundlagen des Semantic Web vorgestellt. Der *Semantic Web Stack*, in dem die grundlegende Architektur des Semantic Web, die darin enthaltenen unterschiedlichen Ebenen und die in den Ebenen verwendeten Sprachen darstellt werden, verschafft einen Überblick darüber, wie die vielen angesprochenen Komponenten zusammenarbeiten. Abb. 2.8 zeigt einen solchen Semantic Web Stack, wie er von Tim Berners-Lee in seiner Keynote „WWW at 15 Years: Looking Forward"[27] bei der internationalen *World Wide Web (WWW) Konferenz* 2005 vorgestellt wurde.

Durch die standardisierte Definition formaler Sprachen wie RDF, OWL und SPARQL kann die Bedeutung von Informationen in eindeutiger und maschinenlesbarer Weise im Semantic Web repräsentiert und entsprechend ihrer Bedeutung auch angefragt werden. Durch global eindeutige URIs können bestehende Klassen, Objekte und Properties auf einfache Weise verwendet und neue Daten hinzugefügt werden. Durch die Rückverweise in Form von Properties auf bereits existierende semantische Daten bilden sich keine losgelösten Informationsinseln, sondern ein immer weiter wachsender GGG, der das gesamte Wissen des Semantic Web enthält. Dadurch werden Informationen zugänglich, die über die Summe der Einzelinformationen weit hinausgehen.

Die LOD-Cloud enthält bereits einen großen Teil der öffentlich zugänglichen Daten im Semantic Web und vermittelt damit einen

---

[27]Folien zur Keynote: http://www.w3.org/2005/Talks/0511-keynote-tbl/

Semantic Web: Grundlagen 43

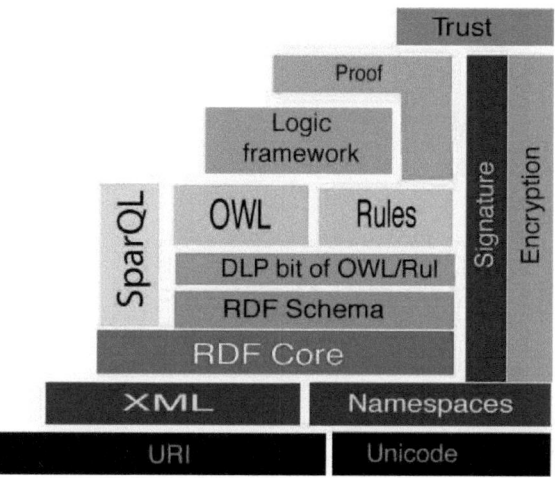

Abbildung 2.8: Der Semantic Web Stack, wie er 2005 von Tim Berners-Lee vorgestellt wurde.

guten Eindruck davon, was unter dem GGG zu verstehen ist. Die Daten in der LOD-Cloud sind über einen frei im Web verfügbaren SPARQL-Endpoint zugreifbar und können so von jedermann angefragt und in Anwendungen weiterverarbeitet werden. Dabei erlaubt die Verwendung von Triplestores eine performante Verarbeitung auch komplexer Anfragen auf große Datenmengen. Diese Tatsachen, zusammen mit einer hohen strategischen Forschungsförderung für weitere Innovationen im Themenfeld „Semantic Web"[28], bilden gute Voraussetzungen für eine erfolgreiche Umsetzung der Idee des Semantic Web.

Im Moment bestehen allerdings noch große Probleme bei der Nutzung des Semantic Web, die im Folgenden näher beschrieben sind.

---

[28] Allein die EU hat bereits 2831 Forschungsprojekte zum Thema Semantic Web gefördert oder fördert diese im Moment (Stand: 9.November 2010, Quelle: http://cordis.europa.eu).

2.2 Probleme bei der Nutzung des Semantic Web

Die Nutzung des Semantic Web durch den Menschen besteht aus zwei unterschiedlichen Aktivitäten:
Der *Erstellung* von semantischen Daten und dem *Zugriff* darauf.

Da sehr viel Wissen bereits als natürlich-sprachlicher Text, also als Information mit impliziter Bedeutung, innerhalb von Web-Seiten und Textdokumenten vorliegt (Abb. 2.9, A) und Menschen auch in Zukunft ihr Wissen so ablegen werden, stellt diese Art von Information die Hauptquelle für das Semantic Web dar. Um aus Informationen mit impliziter Bedeutung semantische Daten mit expliziter Bedeutung zu extrahieren, muss die Information allerdings erst automatisch interpretiert werden (Abb. 2.9, B). Dies ist mit einigen Problemen verbunden, auf die wir näher im Abschn. 2.2.1 eingehen werden.

Auf der anderen Seite ist die direkte manuelle Erstellung und Bearbeitung von semantischen Daten mittels semantisch eindeutiger Sprachen wie RDF oder *SPARQL/Update*[29] (Abb. 2.9, C) zwar frei von den Problemen automatischer Interpretation, erfordert aber Expertenwissen und viel Zeit. Daher ist die manuelle Erstellung von semantischen Repräsentationen von im Web bereits verfügbaren Informationen oftmals zu aufwändig.

Genau wie bei der Erstellung präferieren Menschen auch beim Zugriff auf semantische Strukturen natürliche gegenüber künstlichen Sprachen. Sowohl die Formulierung von Anfragen (Abb. 2.9, A) als auch die Repräsentation der Ergebnisse (Abb. 2.9, E) soll in vertrauter Weise erfolgen. Jedoch bereitet sowohl die automatische Interpretation der Anfragen (Abb. 2.9, B) als auch die automatische Überführung semantischer Daten, wie z.B. der Ergebnisse einer Anfrage, in Informationen mit impliziter Bedeutung, also z.B. in einen natürlich-sprachlichen Text, (Abb. 2.9, D) Probleme. Ein Zugriff über künstliche Anfragesprachen, wie z.B. SPARQL, (Abb. 2.9, C) und künstliche Ausgabesprachen, wie z.B. RDF/XML oder

---

[29]SPARQL/Update: http://www.w3.org/Submission/SPARQL-Update/.

Probleme bei der Nutzung des Semantic Web 45

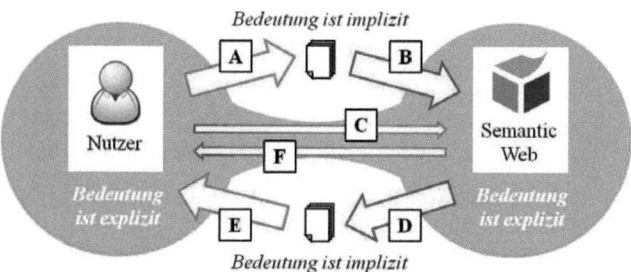

Abbildung 2.9: Die Nutzung des Semantic Web beinhaltet die Erstellung semantischer Daten (A, B und C) und den Zugriff darauf (D, E und F).

N3, (Abb. 2.9, F) verhindert zwar diese Probleme, setzt aber, wie bei der Erstellung auch, enorme Fachkenntnisse voraus und wird daher nur von Experten durchgeführt. Neben einer Differenzierung zwischen Erstellung und Zugriff wird in dieser Arbeit daher auch zwischen manueller und automatisierter Nutzung unterschieden.

Definition 1 (Manuelle Nutzung). *Unter dem Begriff der manuellen Nutzung werden alle Erstellungs- und Zugriffsmethoden verstanden, bei denen der Mensch den Großteil der praktischen und kognitiven Arbeit selbst leisten muss. Darunter fallen die manuelle Formulierung von Anfragen in Sprachen wie z.B SPARQL (Abb. 2.9, C) und der Konsum von Ergebnissen in Sprachen wie z.B. RDF/XML (Abb. 2.9, F).*

Definition 2 (Automatisierte Nutzung). *Unter dem Begriff der automatisierten Nutzung werden Methoden verstanden, bei denen der Computer den Großteil der praktischen und kognitiven Arbeit leisten muss (in Form von automatischer Interpretation). Darunter fallen z.B. die automatische Interpretation von natürlich-sprachlichen Anfragen (Abb. 2.9, B) und die Überführung von semantischen Daten in natürlich-sprachliche Ausgaben (Abb. 2.9, D).*

Da die riesigen im Web vorhandenen Informationen nicht manuell in semantische Daten überführt werden können – dies würde zu viel Zeit in Anspruch nehmen – und der manuelle Zugriff das Erlernen einer künstlichen Anfragesprache voraussetzt (z.B. SPARQL), kommen manuelle Methoden nur äußerst selten bei der Nutzung des Semantic Web zur Anwendung. Daher werden im Folgenden speziell die Probleme bei der automatischen Erstellung und die Probleme beim automatischen Zugriff näher analysiert.[30]

2.2.1 Probleme bei der automatischen Erstellung

Bei der automatischen Übersetzung von Daten mit implizierter Bedeutung, wie beispielsweise Textdokumente, Bilder oder Videos, in semantische Daten mit expliziter Bedeutung lassen sich die folgenden Probleme feststellen:

- *Erstellungsproblem 1 (EP1)* Für die automatische Übersetzung von Informationen mit impliziter Bedeutung aus einer bestimmten Domäne, z.B. Finanzdaten, in Objekte und Properties des Semantic Web, ist es enorm hilfreich, wenn die ontologischen Klassen und Verbindungen hierfür bereits im Vorfeld modelliert worden sind (z.B. Bank, Konto, Geld, Kontoinhaber etc.). Wie in Abschn. 2.1.2 beschrieben, existieren bereits ausgefeilte und standardisierte Klassenhierarchien (Ontologien), die hierfür verwendet werden können. Dies gilt allerdings nur für sehr populäre Domänen (wie z.B. zu sozialen Netzwerken oder Geo-Daten), für weniger populäre Domänen existieren jedoch sehr häufig noch keine einheitlichen Ontologien. Zwar gibt es Verfahren zur automatischen Extraktion von neuen Klassen und Verbindungen (Ontologien) aus textuellen Informationen [BC08, Won09], diese sind in ihrer Mächtigkeit aber noch stark beschränkt.

- *Erstellungsproblem 2 (EP2)* Doch auch wenn eine entsprechende Ontologie existiert, können unstrukturierte Daten, wie

---

[30] Eine erste Beschreibung dieser Analyse findet sich in [HSE10].

natürlich-sprachliche Texte, meist nur in unzureichender Qualität automatisch interpretiert werden. Die Ergebnisse automatischer Verfahren bei der Übersetzung sind in vielen Fällen unvollständig oder fehlerhaft, da die Semantik natürlicher Sprache zumeist nicht in ausreichendem Maße automatisch erkannt werden kann [MRS08].

- *Erstellungsproblem 3 (EP3)* Je höher der Grad der Strukturiertheit von Informationen, desto mehr Vorgaben für deren Interpretation sind verfügbar und umso besser ist die Qualität der daraus automatisch extrahierbaren semantischen Daten. Beispiele hierfür sind *Triplify*[31] [ADL+09], das die Strukturen in Datenbanken ausnutzt, und *DBpedia*[32] [BLK+09], das die Tabellenstruktur der Infokästen in Wikipedia-Artikeln verwendet, um automatisch entsprechende semantische Daten zu generieren. Leider liegen die meisten Daten unstrukturiert vor und auch bei strukturierten Daten führt die automatische Erstellung immer wieder zu fehlerhaften semantischen Daten.

- *Erstellungsproblem 4 (EP4)* Ein häufiges Problem bei der automatischen Erstellung semantischer Daten ist auch, dass bestehende Ontologien, bzw. deren Klassen und Objekte, nicht verwendet, sondern immer wieder neu erstellt werden. Oftmals werden die gleichen Objekte, Klassen oder Verbindungen mehrmals an unterschiedlichen Stellen erstellt, was zu redundanten, widersprüchlichen oder unvollständigen semantischen Daten führen kann. Dies liegt daran, dass bestehende Ontologien nicht in einer Weise automatisch durchsucht werden können, die Überschneidungen immer zweifelsfrei erkennt.

2.2.2 Probleme beim automatischen Zugriff

Für den automatischen Zugriff auf semantische Daten existiert der Wunsch, dass der Mensch sein Informationsbedürfnis in einer mög-

---
[31]Triplify: http://triplify.org
[32]DBpedia: http://dbpedia.org/

lichst menschengerechten Form ausdrücken können soll. So soll der Nutzer seine Anfrage z.B. in natürlich-sprachlicher Form formulieren können. Daraufhin soll der Computer die Anfrage geeignet interpretieren, die gewünschten Informationen im Semantic Web automatisch auffinden und als Ergebnis zurückliefern. Ein solches System des vollständig automatischen Zugriffs auf semantische Daten wurde z.B. im Forschungsprojekt *SmartWeb*[33] entwickelt. Abb. 2.10 zeigt den gesamte Verarbeitungsprozess und die Hauptschwachstellen (repräsentiert durch Blitze) des automatischen Zugriffs, bei denen Probleme sowohl auf Seiten des Computers als auch des Nutzers bei der Interpretation von Informationen auftreten können.

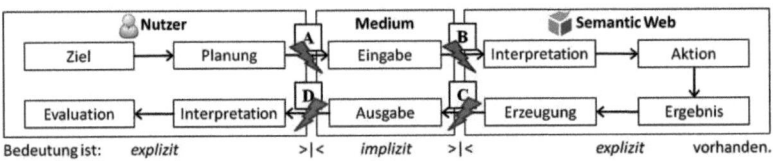

Abbildung 2.10: Um ein bestimmtes Ziel zu erreichen, tätigt der Nutzer eine Eingabe (A), die automatisch mit Hilfe des Semantic Web interpretiert (B) und ausgewertet wird. Daraufhin wird eine entsprechende Ausgabe erzeugt (C), welche wiederum vom Nutzer interpretiert (D) und im Abgleich mit dem Ziel evaluiert wird.

Auf Grund der mehrfachen Übergänge zwischen Informationen mit expliziter Bedeutung und Informationen mit impliziter Bedeutung (vgl. Abb. 2.10, unten) lassen sich die folgenden Probleme beim automatischen Zugriff auf semantische Strukturen identifizieren:

- *Zugriffsproblem 1 (ZP1)*: Der Mensch formuliert die Anfrage unpräzise oder falsch. Schon bei der Formulierung des Informationsbedürfnisses als natürlich-sprachliche Frage können Fehler auftreten (Abb. 2.10, A: Übergang: Planung-Eingabe).

---

[33]SmartWeb (Information Retrieval in offenen Domänen durch ubiquitären mobilen Zugriff auf das Semantische Web): www.smartweb-projekt.de

- *Zugriffsproblem 2 (ZP2)*: Die automatische Interpretation der Anfrage schlägt fehl. Die implizite Bedeutung der Anfrage muss erst automatisch interpretiert werden, bevor entsprechende Aktionen durchgeführt werden können. Natürliche Sprache, Bilder und Gesten sind jedoch oft nicht eindeutig automatisch einer Bedeutung zuordenbar und daher schwierig zu verarbeiten (Abb. 2.10, B: Übergang: Eingabe-Interpretation).

- *Zugriffsproblem 3 (ZP3)*: Die angefragten Daten sind nicht, nur teilweise oder fehlerhaft im Semantic Web vorhanden. Auf Grund der beschriebenen Probleme bei der Erstellung (vgl. Abschn. 2.2.1) sind viele Inhalte nicht, oder nur unzureichend im Semantic Web repräsentiert. Somit reicht die Qualität auf Grund redundanter, fehlender, falscher oder widersprüchlicher Klassen, Objekte oder Verbindungen nicht aus, um immer verlässliche Ergebnisse zu ermöglichen. Eine automatische Kompensation durch Auswahl geeigneter Ersatzdaten ist schwierig.

- *Zugriffsproblem 4 (ZP4)*: Die gefundenen semantischen Strukturen werden falsch oder unvollständig dargestellt. Die gefundenen Daten mit expliziter Bedeutung müssen in geeigneter Weise ausgegeben und dargestellt werden. Hierfür werden häufig im Vorhinein für bestimmte Datentypen bestimmte Darstellungsweisen (Templates) festgelegt, die geeignet erscheinen [PBKL06, ADD10]. Oder es wird abhängig vom aktuellen Kontext eine bestimmte Visualisierung präferiert [HB11]. Diesen Auswahlprozessen liegen jedoch immer bestimmte Annahmen und Modelle zu Grunde, die von Menschen erdacht wurden. Je nach Alter, Kultur und Erfahrung können diese Annahmen und Modelle stark variieren (Abb. 2.10, C: Übergang: Erzeugung-Ausgabe).

- *Zugriffsproblem 5 (ZP5)*: Die dargestellten Inhalte werden falsch vom Menschen interpretiert. Genau wie bei ZP4 liegen der Interpretation bestimmte Annahmen und Modelle zu Grunde, die von Mensch zu Mensch stark unterschiedlich sein können. Damit kann ein und dieselbe Darstellung auf sehr unterschiedliche Weise interpretiert werden (Abb. 2.10, D: Übergang: Ausgabe-Interpretation).

Jedes der angesprochenen Probleme kann dazu führen, dass das Ergebnis nicht mit den Zielvorstellungen, dem Informationsbedürfnis des Menschen, übereinstimmt. Auf Grund der Linearität des Prozesses (vgl. Abb. 2.10) können die Probleme unkontrolliert akkumulieren da eine direkte Rückmeldung an den Nutzer beim Auftreten des ersten Problems nicht möglich ist und somit ein zufriedenstellendes Ergebnis immer unwahrscheinlicher machen. Auch kann nicht nachvollzogen werden, welche konkreten Probleme zum falschen Ergebnis beigetragen haben, damit entsprechend gegengesteuert werden kann.

2.2.3 Schlussfolgerung

Die Nutzung des Semantic Web bietet potentiell viele Vorteile gegenüber der Nutzung des herkömmlichen Web. Dies lässt sich gut an einem Beispiel zeigen. So könnte ein angehender Student beispielsweise nach Städten in Europa suchen, die mehr als eine halbe Millionen Einwohner haben und über eine Universität mit mindestens einem Informatik-Lehrstuhl verfügen. Die Suche im Web über eine herkömmliche Suchmaschine wie Google wäre jedoch ein kompliziertes und langwieriges Unterfangen. Obwohl die gesuchte Information prinzipiell im Web verfügbar ist, müsste sich der angehende Student diese erst mühsam durch das Kombinieren vieler verschiedener Suchergebnisse zu Stichworten wie „Stadt", „Einwohnerzahl", „Europa" und „Informatik Lehrstuhl", zusammensuchen. Der Aufwand wäre hoch, die benötigte Zeit auch und die gefundenen Informationen wären möglicherweise dennoch nicht vollständig.

Das Semantic Web bietet hier die Möglichkeit, auf Grund der maschinenlesbaren Beschreibung der Bedeutung gewisse Schritte zu automatisieren und so dem Menschen Arbeit und Zeit zu ersparen. Die Antwort auf eine spezifische Anfrage muss nicht im Vorhinein von Menschen in Form von HTML-Seiten zusammengestellt worden sein (z.B. von anderen Studenten), sondern kann auf Grund der

Probleme bei der Nutzung des Semantic Web 51

Verbindungen im Semantic Web automatisch extrahiert werden. Dadurch lassen sich Informationen auf vielfältigere Weise nutzen und individuelle Bedürfnisse können besser berücksichtigt werden.

Wie im Abschn. 2.2.1 und 2.2.2 gezeigt, stößt jedoch die komplett automatisierte Nutzung an ihre Grenzen und zwar auf Grund der mangelnden Qualität automatisch extrahierter semantischer Daten und des geringen Umfangs von aus dem Web überführten Informationen. Auch die rein manuelle Nutzung ist stark eingeschränkt, da sie große Vorkenntnisse voraussetzt (wie in Abschn. 2.1.4 beschrieben) oder aber auf Grund der enormen Mengen an Information zu viel Zeit und zu viel kognitiven Aufwand benötigt.

Teil- aktivitäten:	Erstellung semantischer Daten			Zugriff auf semantische Daten		
	Klassen definieren	Instanzen erstellen	Annotieren	Anfrage formulieren	Suchen	Relationen finden
Automatisch	-	-	0	-	+	0
Interaktiv	+	+	+	+	0	+
Manuell	+	-	-	0	-	-

Abbildung 2.11: Sowohl die Erstellung von, als auch der Zugriff auf semantische Daten lässt sich in verschiedene Teilaktivitäten untergliedern. Eine erfolgreiche Durchführung dieser Teilaktivitäten lässt sich jedoch in den wenigsten Fällen weder vollständig manuell noch vollständig automatisch bewältigen. Daher werden geeignete interaktive Ansätze benötigt.

Abb. 2.11 gibt einen Überblick über das Potential und die Schwierigkeiten sowohl automatischer als auch manueller Verfahren bei der Erstellung von (links) und dem Zugriff auf semantische Daten (rechts). In der Abbildung wird für die unterschiedlichen Teilaktivitäten mit Hilfe einer Farbkodierung angezeigt, wo die Stärken (grüne Farbe, bzw. +) und Schwachstellen (rote Farbe, bzw. -) der verschiedenen Automatisierungsstufen liegen. So eignen sich manuelle Verfahren am ehesten für die Definition von ontologischen Klassen und deren Verbindungen, da bei der Modellierung auf abstrakter Ebene komplexe kognitive Fähigkeiten und umfangreiches Wissen über den entsprechenden Informationsraum benötigt werden [SS10]. Automatische Verfahren eignen sich hingegen mehr für die Annotation und die Suche, da hier sehr große Datenmenge verarbeitet werden müssen.

Neben den Schwächen und Stärken von automatischen und manuellen Verfahren zeigt Abb. 2.11 aber vor allem, dass eine erfolgreiche Nutzung des Semantic Web interaktiver Ansätze bedarf, die in unterschiedlichem Ausmaß fehlende automatische Möglichkeiten durch die Einbeziehung des Menschen kompensieren können. Im Folgenden werden daher die Grundlagen der Mensch-Computer-Interaktion vorgestellt, um darauf aufbauend dann im Abschn. 2.4 das Thema der Mensch-Computer-Interaktion im Semantic Web angehen zu können.

2.3 Mensch-Computer-Interaktion: Grundlagen

Ziel der Mensch-Computer-Interaktion ist es, Computersysteme nutzbar und nützlich für den Menschen zu machen, damit er seine Ziele schneller und mit weniger Aufwand erreicht. Damit berührt die Mensch-Computer-Interaktion neben der Informatik auch Bereiche aus der Psychologie, der Kognitionswissenschaft, der Ergonomie, der Soziologie und dem Design [DFAB98].

Nachdem gegen Ende der 1950er Jahre mehr und mehr Menschen mit Computern zu tun hatten und somit die Frage nach besseren Steuer- und Bedienmöglichkeiten aufkam, gewann auch das Forschungsfeld Mensch-Computer-Interaktion immer stärker an Bedeutung [Sha59, Lic60]. In seinem Vortrag beim *IFIP*-Kongress forderte Frederick P. Brooks 1965, dass der Mensch und seine Bedürfnisse bei der Entwicklung von Computern und Computerprogrammen die gleiche Aufmerksamkeit erhalten sollten, wie Cockpits bei der Entwicklung von Militärflugzeugen [Bro65].

Die Frage nach einer menschengerechten Gestaltung der Mensch-Computer-Schnittstelle war damit gestellt und führte in den folgenden 50 Jahren bis heute zu großen Fortschritten in diesem Bereich. Doch auch wenn in dieser Zeit eine Vielzahl von erfolgversprechenden Ansätzen vorgestellt wurde, tauchen durch die stetig fortschreitende technologische Entwicklung immer wieder neue Herausforderungen und Möglichkeiten auf, und so ist eine abschließende Beantwortung der Frage auch in Zukunft nicht absehbar.

Die verschiedenen Ansätze zur Verbesserung der Mensch-Computer-Interaktion lassen sich auf Grund ihrer Herangehensweisen in zwei Gruppen einteilen. Die Herangehensweise der ersten und größeren Gruppe verfolgt das Ziel, Computersysteme zu entwickeln, die von Menschen intuitiv verstanden und daher optimal bedient werden können. Die Fragestellung dabei lautet: Wie kann der Mensch den Computer verstehen?

Im Gegensatz dazu versucht die zweite und später entstandene Gruppe, Computersysteme zu entwickeln, die den Menschen optimal verstehen und so seine Ziele und Wünsche vorhersagen können. Bei dieser Herangehensweise lautet die Fragestellung daher: Wie kann der Computer den Menschen verstehen? Im Folgenden werden diese beiden Gruppen sowie wichtige Ansätze innerhalb dieser Gruppen, näher beschrieben.

2.3.1 Wie kann der Mensch den Computer verstehen?

Damit Computersysteme intuitiv vom Menschen verstanden und bedient werden können, müssen ihre Schnittstellen optimal an die psychologischen und physiologischen Eigenschaften des Menschen angepasst sein. Man spricht hierbei auch von benutzerfreundlichen, gebrauchstauglichen oder ergonomischen Computersystemen.

Mit der Norm *EN ISO 9241*[34] wurden die ergonomischen Anforderungen an die Mensch-Computer-Interaktion einheitlich festgelegt. Vor allem in den Teilen *EN ISO 9241-110* „Grundsätze der Dialoggestaltung" und *EN ISO 9241-11* „Anforderungen an die Ge-

---

[34]Wikipedia-Artikel zu EN ISO 9241: `http://de.wikipedia.org/wiki/EN_ISO_9241`

brauchstauglichkeit" finden sich einige Kriterien für die ergonomische Gestaltung interaktiver Computersysteme. Darin beschrieben sind Grundsätze zur Aufgabenangemessenheit, Selbstbeschreibungsfähigkeit, Lernförderlichkeit, Steuerbarkeit, Erwartungskonformität, Individualisierbarkeit und Fehlertoleranz.

Entwicklung in fünf Generationen

Angefangen von sehr rudimentären Ansätzen, wurden über die Zeit immer ausgefeiltere Ein- und Ausgabetechniken entwickelt, die immer besser an die menschlichen Bedürfnisse und Fähigkeiten angepasst sind. Im Folgenden beschreiben wir die wichtigsten Entwicklungen, aufgeteilt in fünf Generationen [Zie96].

Teletype-Interfaces (1): Die Teletype-Interfaces boten zum ersten Mal die Möglichkeit, eine Vielzahl an unterschiedlichen Kommandos direkt über eine einheitliche Schnittstelle, eine Tastatur, einzugeben und Rückmeldungen des Computers als Textausgabe zu erhalten. Dabei konnte die Ausgabe von Text immer nur zeilenweise erfolgen. Abb. 2.12a zeigt die *ASR 33*, die zwischen 1965 und 1976 von der *Teletype Corporation* hergestellt wurde (ASR steht dabei für „Automatic Send and Receive").

Vor den Teletype-Interfaces lief die Interaktion zwischen Mensch und Computer ausschließlich über das Drücken von Knöpfen, das Ablesen von Lichtern und das Einlegen oder Herausnehmen von Lochstreifen, Magnetbändern oder Papier ab.

Alphanumerische Dialogsysteme (2): Die ersten, nicht auf eine Zeile beschränkten Textausgaben erfolgten auf den so genannten Glas-Teletypes. Diese verwendeten Schwarz-weiß-Bildschirme, die auf die Darstellung alphanumerischer Zeichen beschränkt waren. Die Eingabe von Kommandos erfolgte immer noch ausschließlich über die Tastatur, diese hatte aber bereits Funktionstasten.

Mensch-Computer-Interaktion: Grundlagen 55

(a) (b)

Abbildung 2.12: a) Teletype ASR 33 von 1965 und b) Sketchpad von 1963.

Grafische Benutzungsschnittstellen (3): Mit dem *Sketchpad* (Abb. 2.12b) wurde 1963 der erste Computer mit einer grafischen Benutzungsschnittstelle vorgestellt [Sut63]. Zur Darstellung wurde bereits ein Röhrenbildschirm verwendet und die Interaktion erfolgte neben Tastaturen über einen so genannten Lichtgriffel.

Mit Sketchpad legte Ivan Sutherland den Grundstein für die Entwicklung von PCs mit grafischer Benutzungsschnittstelle, wie z.B. *Xerox Star* (1981), *Apple Macintosh* (1984) oder *Microsoft Windows* (1985). Im Zuge dieser Entwicklung entstanden auch neue Eingabegeräte, wie die Computermaus (1965) [EEH65] und Interaktionsparadigmen wie die *direkte Manipulation* (1983) [Shn83], das *What You See Is What You Get (WYSIWYG)*-Prinzip, die *Desktop*-Metapher und das *Windows, Icons, Menus und Pointer (WIMP)*-Paradigma. Auch war mit Sketchpad ein erster Schritt gemacht in Richtung *Computer-Aided Design (CAD)*.

Die von PCs unterstützten Ein- und Ausgabetechniken waren lange Zeit beschränkt auf die Eingabe über Tastatur und Maus sowie die Ausgabe über den Bildschirm. Da der Mensch aber über deutlich mehr Sinnesmodalitäten verfügt und auch gewohnt ist, diese bei der Kommunikation mit Menschen einzusetzen, ist eine Beschränkung auf nur wenige dieser Modalitäten bei der Interaktion mit Computern nicht menschengerecht.

Multimodale Benutzungsschnittstellen (4): Um menschengerechtere Benutzungsschnittstellen anbieten zu können, werden heute Computersysteme entwickelt, die möglichst viele menschliche Sinnesmodalitäten unterstützen. Zu den dabei am meisten unterstützen Eingabemodalitäten zählen Sprache, Stift, Berührung, Gestik, Mimik, sowie Kopf- und Körperbewegungen. Die populärsten Ausgabemodalitäten multimodaler Systeme sind, neben visuellen und akustischen, haptische Ausgaben und Geruchsausgaben.

Neben der Tatsache, dass Menschen multimodal sind und eine Beschränkung der Mensch-Computer-Interaktion auf wenige Modalitäten daher eine natürliche Art der Kommunikation unterbindet, haben multimodale Benutzungsschnittstellen noch weitere Vorteile. So sind manche Modalitäten für gewisse Aufgaben besser geeignet als andere und können sich somit in multimodalen Systemen ergänzen. Auch ermöglicht der Einsatz mehrerer Modalitäten bei der Übermittlung von Informationen, sowohl bei der Ein- als auch der Ausgabe, Fehler durch Abgleich der Informationen zu erkennen und zu korrigieren. Letztlich kann die Unterstützung weiterer Modalitäten für Menschen mit Behinderungen die Mensch-Computer-Interaktion in einer besseren Weise oder überhaupt erst möglich machen.

Ein Beispiel für ein System zur multimodalen Blindenunterstützung ist der *Taktil-Akustische Navigations- und Informationsassistent (TANIA)* [SHSE09]. Wie in Abb. 2.13a zu sehen, verwendet TANIA eine Stereokamera auf einem Fahrradhelm, um quasi das Sehen zu übernehmen, und eine vibrationsfähige *Wii*[35]-Fernbedienung im Blindenstock sowie akustische Ausgaben, um Informationen über Hindernisse und Richtungen an die blinde Person weiterzugeben. Durch die Verwendung von neuen Modalitäten können blinde Personen auf diese Weise bei der Navigation im öffentlichen Raum un-

---

[35]Wii ist eine fernsehgebundene Videospiel-Konsole der japanischen Firma Nintendo: http://www.nintendo.de/NOE/de_DE/wii_54.html.

Mensch-Computer-Interaktion: Grundlagen 57

terstützt werden.

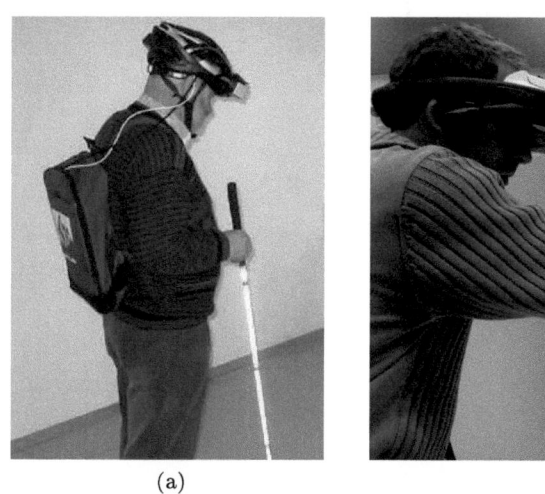 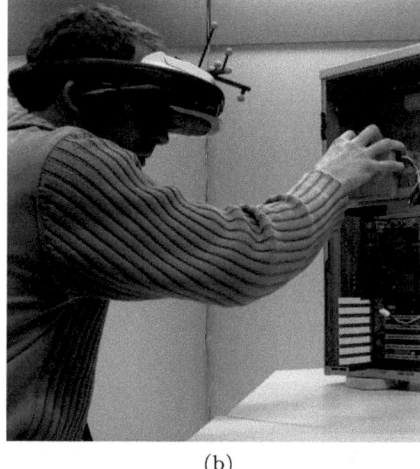

(a) (b)

Abbildung 2.13: a) Multimodale Blindenunterstützung [SHSE09] und b) AR-System [ESE06].

Virtuelle Benutzungsschnittstellen (5): Durch Fortschritte bei der Grafik-Hardware, der Rechenleistung, den Bildschirmen und Projektoren sowie den Computergrafik-Algorithmen [WE98] können immer realistischere virtuelle Welten erschaffen und in hoher Auflösung auf großen Flächen dargestellt werden. In Verbindung mit 3D-Technologien und Trackingsystemen ist es möglich, täuschend echte Effekte zu erzielen und somit für Menschen hoch attraktive virtuelle Parallelwelten zu erschaffen (z.B. Spielwelten).

Auf der anderen Seite finden virtuelle Welten immer öfter auch ihren Weg in die reale Welt. Durch *Augmented Reality (AR)* (erweiterte Realität) kann die über Kameras aufgenommene reale Welt, unter dem Einsatz von komplexen Bildverarbeitungsverfahren, virtuelle Objekte in einer Weise in die aufgenommene reale Welt integrieren, die eine Unterscheidung zwischen Realität und Virtualität beinahe unmöglich macht.

Auf diese Weise können in einer bestimmten Situation wichtige Informationen, wie z.B. Erklärungen zu bestimmten Hardware-Komponenten, direkt im Blickfeld der Person und mit dem richtigen Bezugspunkt im realen Bild angezeigt werden [ESE06] (vgl. Abb. 2.13b). Durch den Einsatz von AR-Techniken können somit insbesondere bei schwierigen oder kritischen Aufgaben, wie z.B. bei medizinischen Operationen, Fehler vermieden werden.

Bewertung

Heute existieren ausgefeilte Ein- und Ausgabetechniken, um die Bedienung von Computersystemen intuitiver und damit menschengerechter zu gestalten. Menschen wird es so in immer größerem Maße möglich, in unterschiedlichen Situationen und unabhängig von ihren Fähigkeiten und individuellen Einschränkungen mit dem Computer in einer Weise zu interagieren, die sie nicht erst mühsam erlernen müssen.

Doch auch wenn die Bedienung von Computern immer intuitiver wird, werden bei dieser Herangehensweise an die Mensch-Computer-Interaktion auch große Anforderungen an den Nutzer gestellt. So muss der Nutzer sich über sein Ziel klar sein, die zum Erreichen des Ziels notwendigen Aktionen planen, diese in konkrete Handlungen übersetzten und die Rückgaben des Computers bewerten. Zusammengenommen muss der Nutzer die folgenden Fragen beantworten können [Kob90]:

1. Welche Informationen sind relevant für das Erreichen eines bestimmten Ziels?

2. Auf welche Informationen kann mit Hilfe des vorliegenden Computersystems zugegriffen werden?

3. Wie können die relevanten Informationen gefunden werden?

Da es Nutzern oft schwer fällt, diese Fragen erschöpfend zu beantworten, wurde eine zweite Herangehensweise an die Mensch-Computer-Interaktion entwickelt. Dieser zweite Ansatz sieht vor, dass der Computer den Menschen verstehen soll und nicht der Mensch den Computer [Kob90]. Die dabei zentrale Fragestellung lautet: Wie kann der Computer den Menschen verstehen?

2.3.2 Wie kann der Computer den Menschen verstehen?

Damit Menschen von Computern verstanden werden können, benötigen die Computer ein Modell vom Menschen, ein so genanntes *Nutzermodell*. Mit Hilfe des Nutzermodells wird es Computern möglich, während der Interaktion Hypothesen über alle relevanten Aspekte der Interaktion aufzustellen [Kob90], wie z.B. über:

1. Das Ziel des Nutzers.

2. Den Plan, mit dem der Nutzer dieses Ziel erreichen will.

3. Das Wissen des Nutzers über relevante Themengebiete.

In der Interaktion mit dem Nutzer wird dafür nach Mustern gesucht, die mit Hilfe der Nutzermodelle dann gewisse Schlussfolgerungen zulassen. Durch Lernverfahren kann früheres Verhalten in das Nutzermodell einfließen und so die Qualität der Schlussfolgerungen laufend verbessern. Die Idee für diese Herangehensweise kommt aus dem Forschungsbereich *Künstliche Intelligenz (KI)*.

Eines der ersten interaktiven Computersysteme, das Nutzermodelle verwendete, um automatisch passende Aktionen abzuleiten, war 1979 das *WEST*-System [BB79]. Das WEST-System konnte im Spiel „How the West was Won" die Verhalten der Spieler (der Nutzer) überwachen und im Falle einer nicht optimale Strategie entsprechende Verbesserungsvorschläge unterbreiten. Anfänglich auf geschlossene Welten mit wenigen Regeln beschränkt, wurden Nutzermodelle später auch in komplexeren Situationen eingesetzt, z.B. um aus natürlich-sprachlichen Äußerungen auf mögliche Intentionen zu schließen [All83, KF88].

Allerdings gibt es beim automatischen Lernen von Nutzermodellen zur Verbesserung der Mensch-Computer-Interaktion auch diverse Probleme. So gibt es beim automatischen Lernen immer die Möglichkeit, dass falsche Muster gelernt werden und dadurch die Qualität der Schlussfolgerungen abnimmt. Ein anderer Kritikpunkt ist, dass die automatische Anpassung und die damit verbundene Veränderung des Computerverhaltens für den Nutzer oft nicht nachvollziehbar und möglicherweise nicht gewollt ist. Automatische Anpassungen erfordern nämlich von den Nutzern, dass sie sich immer wieder auf das neue Verhalten einstellen und die Bedienung des Computers immer wieder neu lernen müssen.

2004 stellte Martin Müller daher die Frage, in wie weit Nutzermodelle überhaupt automatisch erlernt werden können und sollen [Mül04]. Er argumentiert, dass es für Nutzer von essentieller Bedeutung ist, zumindest das Gefühl zu haben, das Verhalten des Computers zu verstehen. Dafür muss der Nutzer wissen, welche Informationen dem Computer bereits vorliegen und was für Schlussfolgerungen der Computer daraus ableitet, insbesondere im Bezug auf den Nutzer. Auf diese Weise würde der Nutzer verstehen, wie der Computer zu seinen Schlussfolgerungen gelangt und könnte so automatische Änderungen des Nutzermodells nachvollziehen.

Viele Systeme in diesem Bereich trennen jedoch noch stark zwischen der *Mensch-Computer-Interaktion (MCI)* und den verwendeten Ansätzen aus der KI. So laufen die KI-Prozesse meist komplett im Hintergrund ab und nur die Ergebnisse dieser Prozesse sind für den Nutzer des Systems sichtbar. Ein Beispiel hierfür sind *Recommender Systeme*, die basierend auf bestimmten KI-Ansätzen eine automatische Vorauswahl für den Nutzer treffen, um somit die Suche nach relevanten Informationen in großen Datenmengen zu verkürzen. Dabei sind die Gründe für die automatische Vorauswahl in den allermeisten Fällen nicht vollständig für den Nutzer einsehbar. Das liegt zum einen daran, dass die Visualisierung aller berücksichtigten Gründe wegen deren großen Anzahl oftmals schwierig ist, zum anderen liegt es aber auch an dem Unwillen der Systembetreiber, diese Gründe vollständig offen zu legen.

Größere Anstrengungen in Richtung einer stärkeren Verflechtung von MCI und KI wurden erst 1997 mit der Gründung der *International Conference on Intelligent User Interfaces (IUI)* unternommen. Sowohl die *Special Interest Group on Computer-Human Interaction (SIGCHI)* als auch die *Special Interest Group on Artificial Intelligence (SIGART)* unterstützen die Konferenz und versuchen so, die beiden Forschungsbereiche näher zusammenzubringen. So finden sich IUI-Veröffentlichungen, die Ansätze vorstellen, um die Gründe für automatisch generierte Vorschläge für den Nutzer transparenter zu machen [VSR09, Bil05]. Diese beziehen sich jedoch nur auf einzelne Anwendungen und stellen keine generellen Modelle auf, die zeigen, wie eine transparente Interaktion zwischen Nutzern und intelligenten Systemen ablaufen kann.

Bewertung

Heute existieren ausgefeilte Algorithmen und Lernverfahren, um basierend auf dem Nutzerverhalten Schlussfolgerungen über das mögliche Ziel, das geplante Vorgehen oder den Kenntnisstand des Nutzers zu ziehen. Auf diese Weise versuchen Computersysteme eine der Situation angemessene Vorauswahl zu treffen, geeignete Optionen anzubieten oder Ergebnisse zu präsentieren, um damit den Nutzer bei der Mensch-Computer-Interaktion zu entlasten. Verhaltensweisen anderer Nutzer werden dabei verwendet, um auch in neuen Situationen ein möglichst angepasstes Interaktionsverhalten des Computers zu erreichen.

Um den Nutzer aber nicht zu verwirren, sollten alle Anpassungen und auch die Gründe hierfür für den Nutzer transparent und nachvollziehbar sein. Dem Nutzer sollte es stets möglich sein, vom System getätigte Änderungen rückgängig zu machen und generell den Grad der automatischen Anpassung zu steuern. Sich automatisch anpassende Computersysteme ohne diese Funktionen laufen Gefahr, vom Nutzer nicht verstanden zu werden und so die Mensch-Computer-Interaktion tendenziell zu erschweren als zu verbessern.

2.3.3 Visual Analytics

Aus den Anstrengungen für eine stärkere Integration menschlicher Fähigkeiten und automatischer Analyseverfahren entwickelte sich in den letzten Jahren der Forschungsbereich der *Visual Analytics*. Prägend für den Begriff „Visual Analytics" sowie das damit bezeichnete Forschungsgebiet ist insbesondere das Buch „Illuminating the Path: The Research and Development Agenda for Visual Analytics" [TC05] von Thomas und Cook. Darin wird Visual Analytics wie folgt definiert:

> „Visual analytics is the science of analytical reasoning facilitated by interactive visual interfaces" [TC05], Seite 9.

Durch die Kombination von Visualisierungs- und Interaktionstechniken mit automatischen Analyseverfahren der KI sowie unterschiedlichen Ansätzen der Generierung, Repräsentation und Transformation von Daten (vgl. Abb. 2.14a) soll eine erfolgreiche Analyse – also die Extraktion von Erkenntnissen – auch in sehr großen und hochdimensionalen Datensätze unterstützt, bzw. überhaupt erst möglich gemacht werden. Die dabei ablaufenden Analysetätigkeiten sind in Abb. 2.14b dargestellt: Zuerst werden Informationen zusammengestellt (Gather Information). Diese Informationen werden dann in einer Weise repräsentiert, die eine Analyse der Informationen unterstützt (Re-represent). Durch die Manipulation der Repräsentation lassen sich Erkenntnisse gewinnen (Develop Insight), die dann zu konkreten Ergebnissen in Form von neuem Wissen führen können (Produce Results). Der Prozess kann iterativ wiederholt werden, um so weitere Erkenntnisse zu gewinnen und Wissen anzusammeln.

Der in Abb. 2.14b dargestellte Kreis beschreibt den generellen Prozess, der beim Gewinnen neuer Erkenntnisse durchlaufen wird. Das Ziel des Forschungsgebiets Visual Analytics ist es, diesen Prozess der Erkenntnisgewinnung durch den Menschen möglichst gut zu unterstützen. Abb. 2.15 zeigt, wie dies mit Hilfe von Visual Analytics gelingen kann. Dabei ist die zentrale Idee eine enge Verzahnung von menschlichen Analysefähigkeiten („Visual Data Exploration")

Mensch-Computer-Interaktion: Grundlagen 63

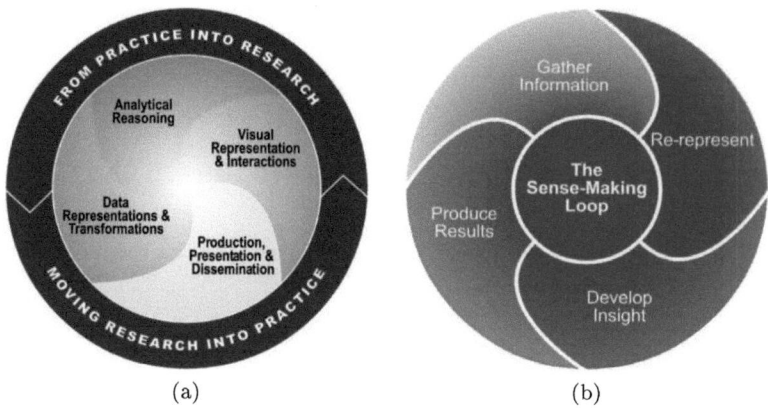

(a) (b)

Abbildung 2.14: a) Visual Analytics Forschungsbereiche und b) der Erkenntnisprozess bei der Analyse (Quelle: [TC05]).

mit den Fähigkeiten des Computers („Automated Data Analysis"). Der Analyst kann sowohl visuelle als auch automatische Analysemethoden verwenden, um Modelle der Originaldaten zu erstellen und diese zur Visualisierung einzusetzen. Die Visualisierung erlaubt eine Evaluation des aufgestellten Modells und führt möglicherweise zu neuen Erkenntnissen, die wiederum zu Anpassungen des Modells führen können.

Seit 2006 gibt es ein eigenes *IEEE* Symposium zum Thema Visual Analytics auf der *VisWeek*[36], das seit 2010 den Status einer Konferenz bekommen hat; der *IEEE Conference on Visual Analytics Science and Technology (VAST)*[37]. Die meisten innerhalb der VAST-Aktivitäten veröffentlichten Arbeiten beschäftigen sich mit der interaktiven visuellen Analyse von umfangreichen hochdimensionalen Datensätzen, wie z.B. Daten in relationalen Datenbanken. Durch den Einsatz von geeigneten Projektionen dieser hochdimen-

---
[36]VisWeek: http://visweek.org/.
[37]VAST: http://vis.computer.org/VisWeek2010/vast.

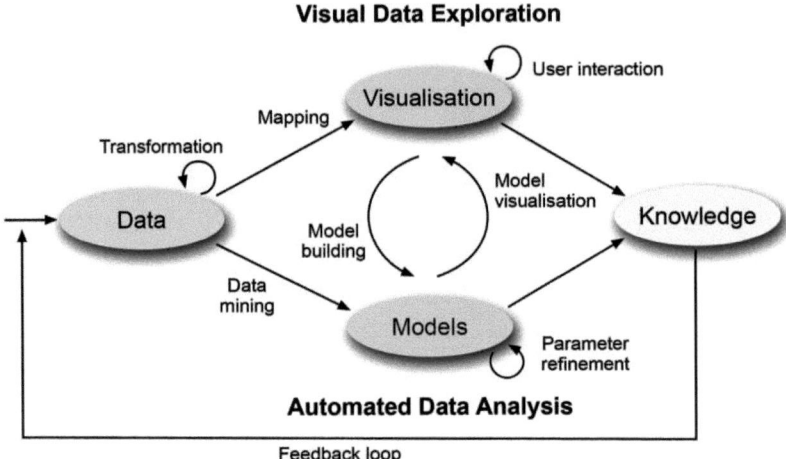

Abbildung 2.15: Der Visual Analytics Prozess (Quelle: [KKEM10]).

sionalen Daten auf 2D- oder 3D-Visualisierungen können sie von Menschen überblickt und Erkenntnisse auf Grundlage der Visualisierungen gewonnen werden. Über entsprechende Eingabemöglichkeiten lassen sich diese Erkenntnisse dann als Parameter für automatische Datenanalyse-Verfahren verwenden und die Ergebnisse dieser Verfahren dann zur Verbesserung der Visualisierung verwenden. Somit findet eine iterative Verbesserung der Parameter zur Steuerung automatischer Analyseverfahren statt, bis zufriedenstellende Erkenntnisse erzielt wurden.

Nur wenige Arbeiten innerhalb der Visual Analytics beschäftigt sich jedoch mit der Analyse von Text-Datensätzen. Der speziell bei der Analyse von Texten ablaufende Prozess läuft aber ähnlich ab wie der visuelle Analyseprozess von beliebigen hochdimensionalen Datensätzen:

1. Die Text-Daten werden in einer abstrakten Form dargestellt, z.B. als *TileBars* [TH09] oder *Tag Clouds* [CVW09] (vgl. Abb. 2.16).

Mensch-Computer-Interaktion: Grundlagen 65

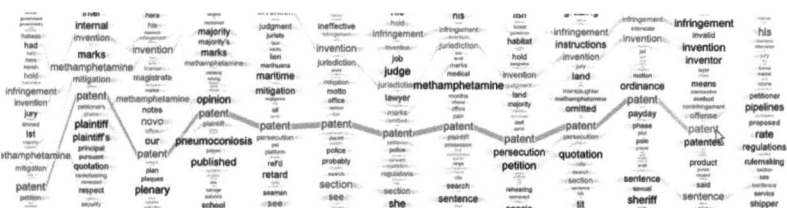

Abbildung 2.16: Parallele Tag Cloud zeigt Veränderungen über die Zeit: Textgröße repräsentiert Signifikanz, die Reihenfolge der Tags in den Spalten ist alphabetisch (Quelle: [CVW09]).

2. Möglichkeiten der Exploration und des Zoomens werden angeboten, z.B. in Form von *Fokus-und-Kontext-Techniken* [VCPK09], um dem Nutzer auf diese Weise die Chance zu geben, auch größere Text-Daten zu überblicken und so neue Erkenntnisse zu gewinnen.

3. Diese Erkenntnisse können dann in Form von Parameter-Eingaben zur Steuerung von automatischen Analysetechniken, wie z.B. statistischen oder syntaktischen Verfahren [KO07], verwendet werden.

4. Die Ergebnisse der automatischen Analysetechniken führen zu einer Veränderung der Datendarstellung und erlaubt damit die Gewinnung weiterer Erkenntnisse.

5. Die Schritte 1-4 lassen sich beliebig oft wiederholen, bis das angestrebte Ziel erreicht ist.

Die in diesen Arbeiten verwendeten Textkorpora bestehen in den allermeisten Fällen aus natürlich-sprachlichem Text, wie z.B. Texten aus der Bibel [TH09]. Ziel ist es, mit Hilfe von Visual Analytics Ansätzen darin Muster und Zusammenhänge zu erkennen, wie z.B. enthaltene Themen, Ähnlichkeiten zwischen Textabschnitten oder Argumentationsverläufen. Damit bieten diese Arbeiten eine hervorragende Ausgangsbasis für die Erstellung von Anwendungen zur interaktiven Extraktion semantischer Daten aus natürlich-sprachlichem Text, da sie den Nutzer dabei unterstützen, die in den Texten enthaltenen Informationen zu verstehen. Entsprechend bauen die in Kapitel 4 beschriebenen eigenen Ansätze zur interaktiven Angleichung bei der Erstellung semantischer Daten in vielen Punkten auf die hier beschriebenen Techniken auf. Die wenigen bestehenden Arbeiten, die neben der Möglichkeit der visuellen Analyse der Bedeutung von natürlich-sprachlichen Texten (vgl. z.B. [KMOZ08]) auch noch eine Überführung der gewonnenen Erkenntnisse in semantische Strukturen, also eine Extraktion der Erkenntnisse z.B. in RDF, anbieten, werden in Abschn. 2.4.1 vorgestellt.

In umgekehrter Richtung, also nicht bei der interaktiven Erstellung sondern beim interaktiven Zugriff auf semantische Daten, finden sich ebenfalls nur sehr wenige bestehenden Arbeiten, die Visual Analytics Techniken einsetzen. Diese werden in Abschn. 2.4.2 zusammen mit anderen bestehenden Arbeiten für den interaktiven Zugriff auf semantische Daten vorgestellt. Generell beschränken sich die Veröffentlichungen zum Thema Visual Analytics jedoch häufig entweder auf die Entwicklung von konkreten Anwendungen zur Lösung von konkreten Problemstellungen oder auf die Beschreibung der dabei ablaufenden Prozessschritte (vgl. [TC05, KKEM10], bzw. Abb. 2.15). Ein allgemeines Modell der Mensch-Computer-Interaktion insbesondere unter Verwendung von semantischen Daten wird aber keines aufgestellt. Um Anhaltspunkte für ein solches Modell zu finden, werden im folgenden Abschnitt daher generelle Modelle der Mensch-Computer-Interaktion betrachtet und auf ihre Tauglichkeit hin untersucht.

2.3.4 Modelle der Mensch-Computer-Interaktion

Den in den letzten Abschnitten beschriebenen interaktiven Computersystemen liegen unterschiedliche Modelle und Theorien zu Grunde. Die verwendeten Modelle lassen sich in prädiktive und explanatorische Modelle unterteilen.

Prädiktive Modelle

Mit Hilfe von prädiktiven Modellen können Leistungsparameter interaktiver Computersysteme, wie Ausführungszeiten, Lernaufwand oder Fehlerraten vorhergesagt werden. So erlaubt beispielsweise das *Fitts' Gesetz* [Fit54] eine Vorhersage von Ausführungszeiten für zielgerichtete Bewegungen abhängig von der Entfernung und der Größe des Ziels. Auch lässt sich z.b. mit Hilfe des *Steering Gesetzes* [AZ97] die Zeit für die Durchsteuerung von geraden oder gebogenen Bereichen, so genannten Tunneln berechnen (z.b. mit einer Computer-Maus).

Ein erstes umfangreicheres Bündel an Modellen wurde 1983 von Stuard Card, Thomas P. Moran und Allen Newell mit dem *GOMS-Ansatz* [CMN83] vorgestellt. Das Kürzel GOMS steht dabei für „goals, operators, methods, selection". Bei dem GOMS-Ansatz werden für bestimmte Aufgaben notwendige Nutzeraktionen in ihre elementaren Bestandteile zerlegt und über die Summe der Ausführungszeiten ihrer Teilaktivitäten, somit in ihrer Gesamtausführungszeit vorhersagbar. Zu dem ursprünglichen Ansatz gibt es verschiedene Weiterentwicklungen, die für unterschiedliche Situationen und Systeme optimiert sind. So bietet das *Keystroke-Level Model (KLM)* [CMN83] beispielsweise eine vereinfachte Form des GOMS-Ansatzes, die auch von Nicht-Experten verstanden und eingesetzt werden kann.

Generell versuchen prädiktive Modelle die psychologischen und physiologischen Eigenschaften von Menschen in Formeln festzuhalten, um so Leistungsparameter bei der Nutzung von beliebigen interaktiven Computersystemen vorhersagen zu können. Prädiktive Modelle erlauben es somit, Benutzungsschnittstellen im Voraus auf ihre Bedienbarkeit hin zu testen und leisten damit einen wichtigen Beitrag für die Verbesserung der Ergonomie von interaktiven Computersystemen.

Explanatorische Modelle

Mit Hilfe von explanatorischen Modellen lässt sich ein beobachtetes Nutzerverhalten erklären. Dabei neigen diese Modelle dazu, stärker konzeptuell und abstrakt orientiert zu sein und nicht wie die prädiktiven Modelle praxisnah und konkret.

Um das Verhalten von Nutzern zu erklären, muss jedoch zuerst verstanden werden, wie Nutzer Informationen verarbeiten. Diese Erkenntnis führte Anfang der 1980er Jahre zu einer neuen Perspektive auf die Mensch-Computer-Interaktion, die kognitive Aspekte stärker in den Vordergrund stellte [Boo89]. Am nachhaltigsten geprägt und vorangetrieben wurde diese kognitive Perspektive auf die Mensch-Computer-Interaktion wohl von Donald Norman. In seinem Artikel „cognitive engineering" [Nor86] zeigt er, wie sich sehr viele Probleme der Mensch-Computer-Interaktion auf Schwierigkeiten bei der Übersetzung von Nutzerzielen in konkrete Aktionen auf der Benutzungsschnittstelle zurückführen lassen. Mit dem Ausdruck „gulf of execution" bezeichnet Norman dabei die notwendige Transformation des Nutzerziels in passende Eingabeaktionen und mit „gulf of evaluation" die notwendige Transformation in der entgegengesetzten Richtung, nämlich Computerausgaben richtig zu interpretieren und im Hinblick auf das Nutzerziel zu evaluieren (vgl. Abb. 2.17).

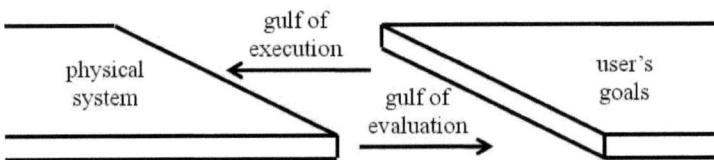

Abbildung 2.17: Der „gulf of execution" und der „gulf of evaluation" (nach Abb. aus [Nor86]).

Norman unterteilt die Aktionen, die zur Überbrückung der Kluft zwischen Computersystem und Nutzerzielen notwendig sind, in 3 Phasen je Richtung. Zur Überbrückung des „gulf of execution" sind die drei Phasen ausgehend von einem bestimmten Nutzerziel: Formung der Intentionen, Planung und Ausführung der Aktionen. Zur Überbrückung des „gulf of evaluation" sind die Phasen: Wahrnehmung, Interpretation und Evaluation im Hinblick auf das Nutzerziel. Dabei lässt sich feststellen, dass in jeder Richtung unterschiedliche Abstraktionslevel durchlaufen werden. Beim „gulf of execution" wird auf einer abstrakten Ebene gestartet (Nutzerziel) und dann in immer konkretere Ebenen abgestiegen (Eingabeaktionen). Beim „gulf of evaluation" wird dagegen auf konkreter Ebene begonnen (Computerausgabe) und immer weiter abstrahiert (Abgleich mit Nutzerziel).

Abstraktionsebenen: Eine Unterscheidung von unterschiedlichen Abstraktionsebenen bei der Mensch-Computer-Interaktion wurde aber schon vor Norman vorgeschlagen. Beispielsweise unterscheidet Moran [Mor81] die folgenden sechs Ebenen: Ziel, Semantik, Syntax, Interaktion, Layout und Gerät.[38] In einer späteren Arbeit von Ziegler wurde die Anzahl der Ebenen von sechs auf die folgenden drei reduziert: Konzeptuelle Ebene, Dialog-Ebene und Eingabe-/Ausgabe-Ebene [ZF88]. Wie in Abb. 2.18 dargestellt, werden diese drei Ebenen bei Ziegler zur Klassifikation der unterschiedlichen Phasen und Aktivitäten sowohl auf Seiten des Nutzers als auch auf Seiten des Computers eingesetzt.

Wichtig für die Mensch-Computer-Interaktion ist dabei eine geringe Distanz zwischen den Zielen und Intentionen des Nutzers und den semantischen Konzepten und Operatoren auf Seiten des Computers. Hutchins, Hollan und Norman sprechen hierbei von der *semantischen Direktheit* [HHN85].

Definition 3 (semantische Direktheit). *Semantic directness concerns the relation of the meaning of an expression in the interface language to what the user wants to say (vgl. S. 100 in [HHN85]).*

---

[38] Diese Einteilung in unterschiedliche Ebenen ist vergleichbar mit der GOMS-Einteilung. Bei der GOMS-Technik war allerdings nicht das Verständnis für ein bestimmtes Nutzerverhalten im Vordergrund, sondern die Vorhersage von Ausführungszeiten.

Jedoch ermöglicht erst eine verständliche Repräsentation der auf Seiten des Computers implementierten Konzepte und Operatoren deren sinnvolle Verwendung durch den Nutzer. Entscheidend ist hierbei, dass der Nutzer sofort versteht wie er mit der Benutzungsschnittstelle des Computers interagieren muss, um sein Ziel möglichst schnell zu erreichen. Man spricht hier von *artikulatorischer Direktheit* [HHN85]. Sowohl semantische als auch artikulatorische Direktheit sind Voraussetzungen für eine direkte Mensch-Computer-Interaktion.

Definition 4 (artikulatorische Direktheit). *Articulatory directness has to do with the relationships between the meanings of expressions and their physical form (vgl. S. 109 und 110 in [HHN85]).*

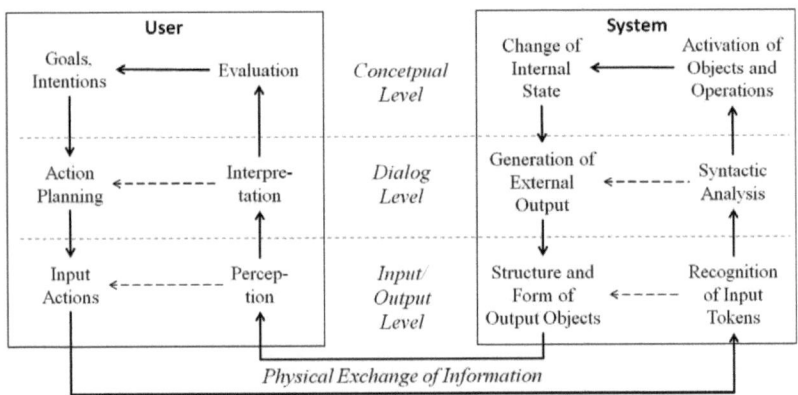

Abbildung 2.18: Ein Modell der Abstraktionsebenen bei der Mensch-Computer-Interaktion basierend auf einer Abb. aus [ZF88].

Allerdings haben Nutzer unterschiedliche Zielvorstellungen, unterschiedliche Intentionen und unterschiedliche Strategien, wie diese in konkrete Aktionen auf Ebene der Benutzungsschnittstelle übersetzt werden. Grafische Repräsentationen werden unterschiedlich interpretiert und führen daher zu einem unterschiedlichen Verständnis für die Konzepte und Operatoren, die der Computer anbietet.

Letztlich resultiert ein unterschiedliches Verständnis in einem unterschiedlichen Nutzerverhalten und somit zu einer von Mensch zu Mensch unterschiedlichen Mensch-Computer-Interaktion.

Mentale Modelle: Ein wichtiges Ergebnis der kognitiven Perspektive auf die Mensch-Computer-Interaktion ist daher die Erkenntnis, dass ein Verständnis für bestimmte Nutzerverhalten nur erreicht werden kann, wenn berücksichtigt wird, wie der jeweilige Nutzer bestimmte Dinge sieht und wahrnimmt. Diese individuelle und von vielen Faktoren abhängige Sichtweise auf die Welt nennt man in der Psychologie das *mentale Modell* eines Menschen. Während Menschen mit ihrer Umgebung, mit anderen Menschen und mit Computersystemen interagieren, formen sie ein internes mentales Modell von sich selbst und von den Dingen, mit denen sie interagieren [Nor83].

Dabei ist das Bild des Nutzers, das dieser von den Komponenten des Computersystems, deren Zusammenhängen und den Möglichkeiten, diese zu verändern, hat, auch Teil seines mentalen Modells. Dieses Bild ist aber die Grundlage für die Auswahl bestimmter Aktionen und damit auch eine der Ursachen für mögliche Missverständnisse und Fehler bei der Mensch-Computer-Interaktion [CO88]. Da die mentalen Modelle von Nutzer zu Nutzer verschieden sind und sich auch laufend ändern, ist eine starr festgelegte Benutzungsschnittstelle mit fixen Repräsentationen der Konzepte und Operatoren nicht zielführend. Wie in Abschn. 2.3.2 beschrieben, hat aber eine vollautomatische Anpassung von Computersystemen an jeden einzelnen Nutzer bzw. deren Nutzermodelle durch den Einsatz von KI-Algorithmen auch entscheidende Nachteile.

Daher baut das in dieser Arbeit aufgestellte Modell der Mensch-Computer-Interaktion im Semantic Web auf den Dialog zwischen Mensch und Computer und eine iterative interaktive Angleichung der Modelle auf beiden Seiten. Um die richtige Basis für die eigenen Arbeiten zu legen, werden im Folgenden erst einmal die bestehenden Ansätze für die Mensch-Computer-Interaktion im Semantic Web zusammengefasst.

2.4 Bestehende Ansätze im Semantic Web

Das Thema Mensch-Computer-Interaktion im Semantic Web spielte zu Beginn der Entwicklung des Semantic Web so gut wie keine Rolle und erhält erst allmählich die notwendige Aufmerksamkeit. Dennoch wird z.b. auch heute noch von einer Gruppe von Akteuren bezweifelt, ob es überhaupt notwendig ist, das Thema Mensch-Computer-Interaktion aus der Perspektive des Semantic Web in spezieller Weise zu betrachten. Sie verstehen das Thema Semantic Web als völlig losgelöst vom Thema Mensch-Computer-Interaktion und sehen daher eine separate Betrachtung der beiden Themen als völlig ausreichend an.

Dass diese Meinung heute jedoch nicht mehr von der großen Mehrheit der Akteure im Semantic Web vertreten wird, lässt sich an mehreren Fakten ablesen. So gibt es z.b. seit 2004 die *Semantic Web User Interaction (SWUI)* Workshop-Serie[39] und seit 2009 den *Visual Interfaces to the Social and the Semantic Web (VISSW)* Workshop auf der IUI. Die großen Konferenzen im Bereich Semantic Web, wie z.B. die *ISWC*[40] und die *ESWC*[41], haben in den letzten Jahren alle einen „Semantic-Web-In-Use Track" eingeführt, in dem konkrete Anwendungen meist mit interaktiven Funktionen vorgestellt werden. Bereits 2005 forderte Naeve in seinem im *International Journal on Semantic Web and Information Systems (IJSWIS)*[42] erschienen Artikel „The Human Semantic Web Shifting from Knowledge Push to Knowledge Pull" [Nae05] eine Kombination von Nutzer-Semantik, repräsentiert durch UML-Diagramme, und Computer-Semantik, repräsentiert durch RDF, um auf diese Weise nutzerfreundlichere Formen der Interaktion zu ermöglichen. Seit 2006 existiert ein Buch mit dem Titel „Visualizing the Semantic Web" [GC02], in dem viele Arbeiten zur Interaktion im Semantic Web zusammen-

---

[39] SWUI: http://swui.webscience.org/
[40] ISWC: http://iswc2011.semanticweb.org/
[41] ESWC: http://www.eswc2011.org/
[42] IJSWIS: http://www.ijswis.org/

gefasst werden. Und ebenfalls 2006 wurde der in Abschn. 2.1.6 vorgestellte Semantic Web Stack durch die zusätzliche Ebene „User Interface and Applications" [BLHH+06] erweitert (vgl. Abb. 2.19) und damit auch formal der steigenden Bedeutung der Mensch-Computer-Interaktion im Semantic Web Rechnung getragen.[43]

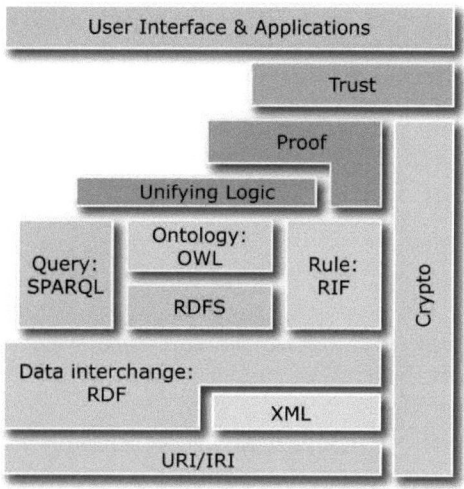

Abbildung 2.19: Die um die Ebene „User Interface and Applications" erweiterte Version des Semantic Web Stack, wie sie 2006 von Tim Berners-Lee vorgestellt wurde [BLHH+06] (vgl. erste Version des Stack in Abb. 2.8).

Die Aussage von Ora Lassila:
„After 10+ years of work into various aspects of the Semantic Web... I am now fully convinced that most of the remaining challenges to realize the Semantic Web vision have nothing to do with the underlying technologies... Instead, it all comes down to user in-

---

[43] Die aktuelle Version des Semantic Web Stack (http://en.wikipedia.org/wiki/Semantic_Web_Stack) unterscheidet sich nur unwesentlich von der Version von 2006.

terfaces and usability."[44]

im März 2007 in seinem Beitrag „Semantic Web Soul Searching" scheint hingegen etwas zu weit zu gehen, da sie wichtige Problemfelder, wie z.B. die Leistungsfähigkeit semantischer Serversystem, die Standardisierung aller Domainontologien und die weltweite Integration semantischer Daten, ausklammert. Sie zeigt aber auf eindrucksvolle Weise die Veränderung, die in der Bewertung der Bedeutung von Mensch-Computer-Interaktion für die Entwicklung des Semantic Web in den letzten 3 Jahren stattgefunden hat.

2.4.1 Ansätze zur interaktiven Erstellung semantischer Daten

Eine der am weitest verbreiteten Anwendungen zur interaktiven Erstellung semantischer Daten ist *Protégé*[45] [NSD+01]. Protégé ist ein Editor, geeignet für Experten, zur Modellierung von ontologischen Klassen, Objekten und Relationen und unterstützt alle wichtigen Formate, wie z.B. RDF/XML und OWL. Obwohl es im Gegensatz zu kommerziellen Tools, wie z.B. *OntoStudio*[46], eine Open Source Anwendung ist, existiert für Protégé eine Vielzahl von Erweiterungen (z.B. für die Visualisierung und automatische Analyse), die die Nutzer bei der Erstellung semantischer Daten unterstützen.

Um möglichst viele Nutzer und damit auch Nicht-Experten zur Mitarbeit bei der Erstellung semantischer Daten zu bewegen, eignet sich Protégé allerdings nicht. Die Notwendigkeit einer kompletten Neuinstallation sowie die komplizierte Bedienung von Protégé verhindert dessen breiten Einsatz zur Generierung von semantischen Daten. Daher setzen Projekte, wie z.B. das FOAF-Projekt, auf den Einsatz von einfachen Webformularen[47], um semantische Daten zu bekommen. Die Bedienung dieser Webformulare ist bereits von anderen Webseiten her bekannt und erfordert daher keine besonderen

---

[44] Ora Lassila: http://www.lassila.org/blog/archive/2007/03/semantic_web_so_1.html
[45] Protégé: http://protege.stanford.edu/.
[46] OntoStudio: http://www.ontoprise.de/en/home/products/ontostudio/
[47] FOAF-Webformular: http://www.ldodds.com/foaf/foaf-a-matic.

Vorkenntnisse, was es, z.B. im Falle des FOAF-Projekts, praktisch jedem möglich macht, ein Objekt der Klasse foaf:Person anzulegen und damit semantische Informationen über seine Person im RDF/XML-Format zu veröffentlichen.

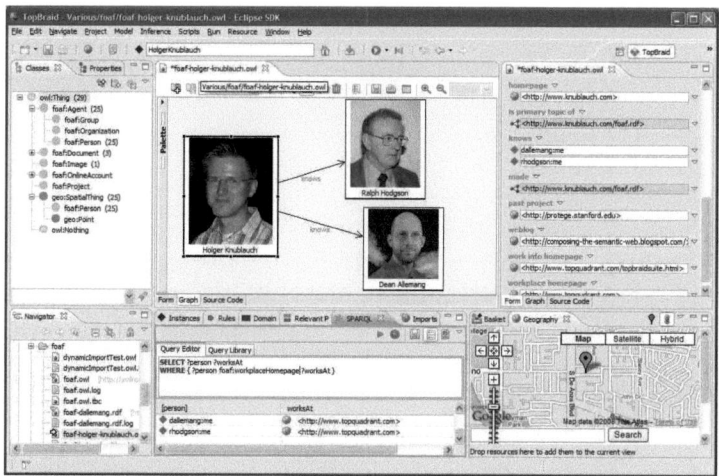

Abbildung 2.20: Der TopBraid Composer erlaubt die Erstellung semantischer Daten durch direkte Interaktion mit einer Graph-Visualisierung.

Sowohl bei Protégé als auch bei den meisten Webformularen funktioniert die Erstellung semantischer Daten standardmäßig über die Eingabe von Text und die Zuweisung von Klassen und Properties über Drop-Down-Menüs. Über spezielle Erweiterungen für Protégé oder eigenständige Tools wie *IsaVis*[48] [Pie02], *Conzilla* [PN05] oder *TopBraid*[49] (Abb. 2.20) existiert aber auch die Möglichkeit, semantische Daten nicht nur als Text, sondern als RDF-Graph (vgl. Abschn. 2.1.1) zu modellieren. Neue Knoten können erstellt, mit bestehenden Knoten verbunden, editiert oder gelöscht werden. Auf diese

[48]IsaVis: http://www.w3.org/2001/11/IsaViz/
[49]TopBraid: http://www.topquadrant.com/products/TB_Composer.html

Weise können z.B. semantische Daten über die Verbindungen zwischen Personen basierend auf der FOAF-Ontologie generiert werden (vgl. Abb. 2.20).

Da in vielen Situationen die Information, für die eine semantische Repräsentation erstellt werden soll, bereits in anderer Form vorliegt, z.B. in natürlich-sprachlichen Texten, werden diese häufig zur Unterstützung bei der Erstellung herangezogen. In *WEBSOM* [HKLK97] wird beispielsweise der Ansatz der *Self-Organizing Map (SOM)* [Koh97] verwendet, um automatisch Vorschläge für die semantische Gruppierung von großen Textmengen zu bekommen. Ein solches semantisches Clustering ermöglicht es Nutzern, schnell einen Überblick über den thematischen Inhalt zu bekommen und die Texte interaktiv entlang der extrahierten thematischen Strukturen zu explorieren. Aus den automatisch gefundenen thematischen Clustern lassen sich dann entsprechende Klassen und ganze Ontologien generieren [HP09a] sowie Relationen zwischen den Klassen aufdecken [HPK95].

Die Gründe für eine bestimmte SOM und damit für eine bestimmte automatisch erstellte semantische Struktur sind jedoch oftmals nur schwierig für den Menschen nachvollziehbar und ermöglichen somit nur bedingt kontrollierbare und verlässliche Ergebnisse. Es existieren transparentere Ansätze, die den Nutzer bei der semi-automatischen Extraktion semantischer Daten aus bestehenden Dokumenten stärker einbeziehen, wie z.B. der Ansatz *Text-to-Onto* [MV01]. Diese werden näher in Abschn. 4.2 beschrieben. Da die Erstellung semantischer Daten ein umfangreiches und im Falle von ontologischen Klassen und Verbindungen auch ein hoch komplexes Unterfangen ist, werden in jüngster Zeit auch immer mehr Ansätze entwickelt, die eine gemeinschaftliche Erstellung unterstützen. Solche kollaborativen Ansätze, wie z.B. *OntoWiki*[50], die auf die Zusammenarbeit vieler Menschen über das Web setzen, werden ausführlich in Abschn. 4.1 vorgestellt.

---

[50]OntoWiki: http://ontowiki.net/Projects/OntoWiki

2.4.2 Ansätze für den interaktiven Zugriff auf semantische Daten

Im Gegensatz zum linearen Prozess eines rein automatischen oder rein manuellen Zugriffs, läuft der interaktive Zugriff in einem iterativen Prozess ab. Wie in Abb. 2.21 dargestellt, besteht der Prozess aus der Anfrageerstellung durch den Nutzer (a), der Suche (b) und der Visualisierung und Exploration der gefundenen Ergebnisse (c). Bei Bedarf kann der Nutzer die Anfrage solange iterativ verändern oder erweitern, bis er mit den dargestellten Ergebnissen einverstanden ist (gestrichelter Pfeil in Abb. 2.21).

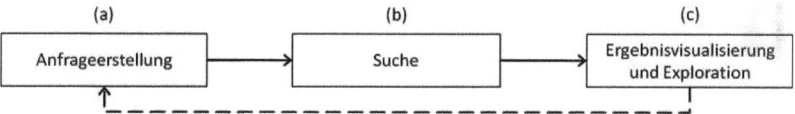

Abbildung 2.21: Iterativer Prozess des interaktiven Zugriffs auf semantische Daten

Bestehende Ansätze für den interaktiven Zugriff auf semantische Daten lassen sich als kartenbasiert, graphbasiert oder facettenbasiert klassifizieren. Kartenbasierte Ansätze eignen sich insbesondere für den schnellen Überblick über große Datensätze, wohingegen graphbasierte Ansätze die Struktur der semantischen Daten unmittelbar darstellen können und so eine unverfälschte Repräsentation bieten. Facettenbasierte Ansätze erleichtern insbesondere die Anfrageerstellung und erfreuen sich in jüngster Zeit einer steigenden Beliebtheit, nachdem zu Beginn hauptsächlich Ansätze der ersten beiden Klassen entwickelt wurden.

Kartenbasierte Ansätze

Kartenbasierte Ansätze positionieren semantische Daten entsprechend ihrer Bedeutung auf einer 2D- oder 3D-Karte. Ähnlich wie bei einer geographischen Karte, ermöglicht diese Darstellung einen schnellen Überblick über Ballungen, Zugehörigkeiten und Zusammenhänge innerhalb der semantischen Daten. Oft findet eine Gruppierung der Daten auf Grund thematischer Ähnlichkeit statt, daher spricht man auch häufig von *Themen-Karten (Topic Maps)*.

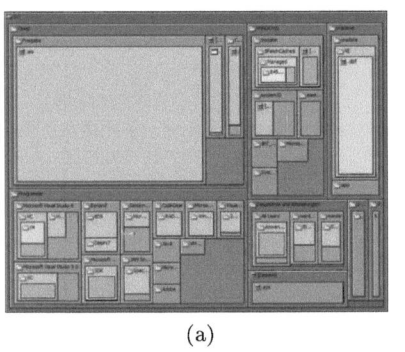 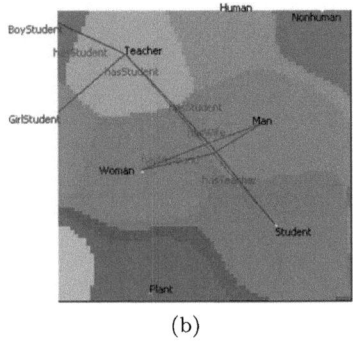

(a) (b)

Abbildung 2.22: a) Eine Ordnerstruktur repräsentiert als Tree-Map und b) eine Ontologie dargestellt als SOM [TXZ$^+$05].

Es existieren verschiedene Ansätze, um den Zusammenhängen bei der Positionierung Rechnung zu tragen. So ermöglicht die Verwendung von sogenannten *Tree-Maps* [JS91] die platzeffiziente Visualisierung semantischer Daten entsprechend ihrer hierarchischen Struktur (vgl. Abb. 2.22a). Für die Berücksichtigung von komplexeren Ähnlichkeitsmaßen, wie z.B. Distanzen in hoch-dimensionalen Datenräumen, eignen sich die bereits erwähnten SOMs. Diese können Daten in einer Weise auf einer niedrig-dimensionalen Karte (meist 2D) positionieren, welche stets noch eine optimale Repräsentation der Distanzen im hoch-dimensionalen Raum gewährleistet. Beispielsweise erlauben SOMs die übersichtliche Darstellung einer großen Anzahl an Dokumenten entsprechend ihrer semantischen Ähnlichkeit in Cluster [HKLK97] oder die Visualisierung von bereits existierenden semantischen Daten entsprechend ihrer Bedeutung [TXZ$^+$05] (vgl. Abb. 2.22b). Dabei erleichtert die spezielle Anordnung das Auffinden von ähnlichen oder verwandten Klassen oder

Clustern in der Karte.

Graphbasierte Ansätze

Graphbasierte Ansätze bieten sich insbesondere deswegen an, da die semantischen Daten selbst bereits durch einen Graphen beschrieben werden. So wurde in Abschn. 1.2 bereits der Begriff des GGG für die gesamten, im Semantic Web verfügbaren Daten eingeführt. Auch existiert ein eigener Standard für die visuelle Repräsentation von semantischen Daten als Graph, nämlich der in Abschn. 2.1.1 vorgestellte RDF-Graph. Beispiele für Ansätze, die die Graph-Strukturen semantischer Daten direkt darstellen sind *OntoViz*[51], *RDFSViz*[52], *Welkin*[53], *Conzilla* [PN05] und *Paged Graph Visualization* [DKS07].

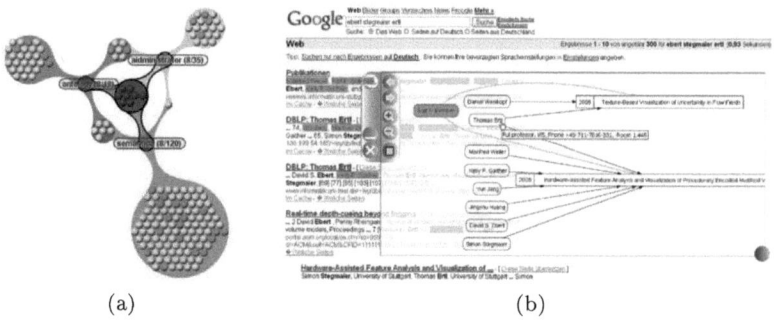

(a) (b)

Abbildung 2.23: Graph-Visualisierung von semantischen Daten a) gruppiert entsprechend ihrer ontologischen Klasse [FSH02] und b) integriert in eine Google-Webseite [RGE07].

Da semantische Datensätze jedoch häufig umfangreich und stark vernetzt sind, kann die direkte Darstellung aller Relationen schnell zu einer hohen Anzahl von sich schneidenden und sich überlappenden Kanten und Knoten in der Graph-Visualisierung führen, die

---
[51]OntoViz: http://protegewiki.stanford.edu/wiki/OntoViz.
[52]The FRODO Project: http://www.dfki.uni-kl.de/frodo/RDFSViz/.
[53]Welkin: http://simile.mit.edu/welkin/.

ein Verständnis der Daten durch den Menschen verhindern oder erschweren [SK06]. Ein Überblick über die vielen bereits existierenden Strategien zur Optimierung von allgemeinen Graph-Visualisierungen finden sich in [DBETT94]. Im Folgenden wird speziell auf Lösungsansätze für die Graph-Visualisierung von semantischen Daten eingegangen.

Eine weit verbreitete Strategie ist die Verringerung der in der Visualisierung gezeigter Knoten und Kanten durch den Einsatz von Zoom- [SNM+02], Filter- und Fokus-und-Kontext-Techniken. *RDF Gravity*[54], z.B., erlaubt den Einsatz von globalen und lokalen Filtern zur Reduktion des Graphen. Dagegen verfolgt *Paged Graph Visualization* [DKS07] einen Ansatz, der anfänglich nur einen sehr kleinen Ausschnitt der Daten zeigt, welcher dann aber schrittweise durch den Nutzer erweitert werden kann. Im *Have Green* Framework [WJF+06] können wiederum bestimmte Teilgraphen selektiert und in einem separaten Fenster über *Brushing- and Linking-Konzepte* [BMMS91] visuell analysiert werden.

Andere Ansätze verwenden eine 3D-Darstellung, um durch die zusätzliche dritte Dimension eine Verringerung der Komplexität des Graphen zu erreichen [DSAM06]. Auch gibt es Ansätze, die Knoten und Kanten auf Grund ihrer ontologischen Klassifikation aggregieren; ein Beispiel ist die in Abb. 2.23a dargestellte *Cluster Map* [FSH02]. Bei der Cluster Map werden alle Objekte einer bestimmten Klasse als ein Knoten dargestellt und entsprechend auch die eingehenden und ausgehenden Kanten aggregiert. Eine andere Art der Aggregation findet beim Tool *ZoomRDF* [ZWTY10] statt, bei dem abhängig vom Fokus des Betrachters die Darstellung in einer Weise verzerrt wird, so dass Informationen im Fokus detailliert, die übrigen Informationen aber mit zunehmender Distanz zum Fokus in immer abstrahierterer Form dargestellt werden.

Soweit die semantischen Daten innerhalb von bestehenden Dokumenten zur Annotation des Inhalts verwendet werden (wie in Abschn. 2.1.5 beschrieben), lassen sich diese auch dazu einsetzen, den Inhalt der Dokumente in einer für den Menschen besser verständli-

---

[54]RDF-Gravity: `http://semweb.salzburgresearch.at/apps/rdf-gravity/`.

chen Art und Weise darzustellen. So können die semantischen Annotationen z.b. genutzt werden, um zwischen Elementen einer Webseite semantische Verbindungen anzuzeigen oder auch zusätzliche Informationen in die Webseiten zu integrieren. Ein Beispiel für eine solche Integration von semantischen Daten in die Darstellung von Webseiten sind semantische Linsen [RGE07], wie sie von Rotard, Giereth und Ertl vorgestellt wurden. Diese erlauben es z.b., wie in Abb. 2.23b dargestellt, zusätzliche Informationen über ein Wort oder Beziehungen zwischen unterschiedlichen Wörtern in einem Text interaktiv als Graph-Visualisierung anzuzeigen.

Mit dem Erscheinen des Artikels „The Pathetic Fallacy of RDF" von Schraefel und Karger [SK06] wurde allerdings das wichtigste Argument für die Verwendung von Graphen zur Visualisierung von semantischen Daten in Frage gestellt. Dieses war, dass auf Grund der Graph-Struktur der Daten auch ein Graphen zur Visualisierung der Daten am geeignetsten sei. Andernfalls würden nicht alle Informationen bis zum Nutzer transportiert werden können. Dagegen führen Schraefel und Karger ins Feld, dass Graphen allgemein schnell zu einer Komplexität neigen, die von Menschen nur noch schwierig oder nicht mehr zu verstehen ist und schlagen daher facettenbasierte Ansätze als Alternative vor.

Facettenbasierte Ansätze

Bereits 1933 erfand Ranganathan mit der *Colon-Klassifikation* [Ran33] den ersten facettenbasierten Ansatz für den Zugriff auf Informationen. Die Colon-Klassifikation ist eine teilfacettierte Universalklassifikation, um den Zugriff auf Publikationen in Bibliotheken zu verbessern. Die Publikationen werden dabei nicht an eine feste Stelle innerhalb einer starren Hierarchie einsortiert sondern durch Attribute voneinander unabhängiger Facetten beschrieben. Jede Facette repräsentiert dabei eine bestimmte Dimension, wie z.B. Autor oder Erscheinungsjahr, und enthält genau die Attribute, die zur Beschreibung der Publikationen in dieser Dimension benötigt werden (für das Erscheinungsjahr z.B.: 1901, 1902, 1903, etc.).

Facettierte Suche über GUIs: Das *Flamenco-Projekt*[55] unter der Leitung von Marti Hearst beschäftigte sich als eines der Ersten intensiv mit der Verwendung von facettenbasierten Ansätzen in GUIs. Das Ziel dabei ist, grafische Benutzungsschnittstellen zu entwerfen, die es Nutzern auf einfache Weise ermöglichen, facettiert zu suchen. Abb. 2.24 zeigt, wie die facettierte Suche über GUIs abläuft. Die Oberfläche ist meistens aufgeteilt in einen Hauptbereich mit der Ergebnismenge und einem kleineren Bereich mit mehreren Facetten zur Formulierung von Suchanfragen. Dabei sind anfänglich alle Informationen in der Ergebnismenge enthalten und alle Attribute in allen Facetten stehen zur Auswahl. Wenn nun der Nutzer ein Attribut einer Facette selektiert (Abb. 2.24, 1), wird die Ergebnismenge auf diejenigen Informationen gefiltert, die dieses Attribut besitzen (Abb. 2.24, 2). Sobald sich aber die Ergebnismenge verändert, findet eine Aktualisierung aller Facetten statt, sodass nur noch Attribute in den Facetten zu Auswahl stehen, die von den Informationen in der aktuellen Ergebnismenge geteilt werden (Abb. 2.24, 3).

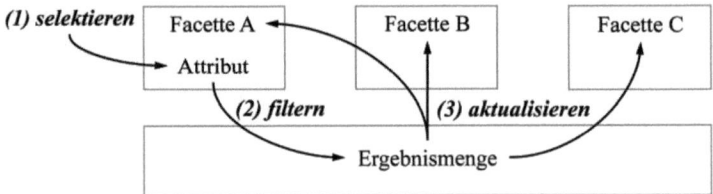

Abbildung 2.24: Facettierte Suche: Immer wenn ein Nutzer ein Attribut einer Facette selektiert (1), wird die Ergebnismenge entsprechend gefiltert (2) und daraufhin alle Facetten aktualisiert (3).

Die facettierte Suche über GUIs bietet insbesondere beim Zugriff auf umfangreiche Datenbestände Vorteile und wird daher z.B. im kommerziellen Bereich für die Suche in Musikarchiven (*iTunes*[56]),

---

[55]Flamenco-Projekt: http://flamenco.berkeley.edu/
[56]iTunes: http://www.apple.com/de/itunes

Buchbeständen (*Amazon*[57]), Internetauktionshäusern (*eBay*[58]) und in vielen weiteren Bereichen eingesetzt (z.B. bietet *ENDECA*[59] facettenbasierte Ansätze in einer Vielzahl von grafischen Anwendungen). Die drei wichtigsten Vorteile facettierter Suche sind:

1. Durch die vorgegebene Struktur der Facetten und deren Attribute wird der Fokus der Nutzer auf diejenigen Suchmöglichkeiten gelenkt, die auch zu einer sinnvollen Formulierung von Suchanfragen führen.

2. Die Suchanfrage kann iterativ durch den Nutzer durch Selektion von mehreren Attributen in unterschiedlichen Facetten verfeinert werden. Hierbei spricht man auch von explorativer Suche.

3. Die Facetten zeigen immer nur diejenigen Attribute zur Auswahl an, die noch in der aktuellen Ergebnismenge vorhanden sind, und verhindern somit, dass durch die Selektion eines bestimmten Attributs eine leere Ergebnismenge entsteht.

Hierarchische Facetten: Ein Fokus der Forschung innerhalb des Flamenco-Projekts liegt unter anderem auf der automatischen Generierung [SH07c] und interaktiven Nutzung [YSLH03] von hierarchischen Facetten. Hierarchische Facetten erlauben es, Informationen nicht nur über direkte Attribute, sondern auch über indirekte Attribute zuzugreifen. So ermöglichen hierarchische Facetten z.B. den Zugriff auf Bücher nicht nur über den Verlag, bei dem sie publiziert wurden, sondern auch über die Stadt, in der dieser Verlag beheimatet ist. Dadurch sind die in einer Anfrage möglichen Optionen nicht nur auf das unmittelbare Umfeld der Ergebnismenge beschränkt, sondern können auch die über viele Ecken entfernten Dimensionen mit einbeziehen. Man spricht hierbei von hierarchischen Facetten, da sich abhängig von der Direktheit ihrer Verbindung zur Ergebnismenge Hierarchien bilden lassen.

---
[57] Amazon: http://www.amazon.de
[58] eBay: http://www.ebay.de
[59] ENDECA: http://www.endeca.com

Facettierte Suche im Semantic Web: Im Semantic Web ist die Umsetzung von facettierter Suche relativ einfach, da durch die formale Beschreibung der Bedeutung bereits eine hohe Strukturiertheit vorliegt, die zur Generierung von sinnvollen Facetten und der Einordnung der Informationen in diese Facetten verwendet werden kann.

Abbildung 2.25: Facettierter Zugriff auf Nachrichtenartikel über das Tool mSpace (http://mspace.fm/).

Abb. 2.25 zeigt die aktuelle Version von *mSpace*, einer typischen Anwendung zur facettierten Suche in semantischen Daten. Die erste Umsetzung von mSpace wurde bereits 2005 veröffentlicht [SSO+05] und hatte einen prägenden Einfluss auf nachfolgende Projekte und Entwicklungen. Genau wie bei z.B. *Elastic Lists* [SM07] ist es Nutzern hierbei jedoch nur möglich, direkte Facetten einzusetzen, um die Ergebnismenge zu filtern. Indirekte, also hierarchische Facetten können nicht verwendet werden. Darüber hinaus ist die Anzahl und die Auswahl der angezeigten Facetten stark beschränkt und kann, wenn überhaupt, nur innerhalb eines sehr engen Rahmens vom Nutzer festgelegt werden.

Flexiblere Ansätze, wie z.B. *Longwell* [BHH+05], *Haystack* [KBH+05] oder *SemaPlorer* [SSSS09], erlauben die facettierte Suche in beliebigen semantischen Datensätzen. Die auf der GUI angezeigten Facetten können entweder im Vorhinein festgelegt oder während der Interaktion durch den Nutzer bestimmt werden. Die verständliche und einfache Auswahl von für eine bestimmte Suche relevanten Facetten ist jedoch mit vielen Schwierigkeiten verbunden. Die drei gewichtigsten sind:

1. Die im Semantic Web verfügbaren Datensätze beinhalten riesige Informationsmengen zu den unterschiedlichsten Themen. Die interaktive Handhabung und Visualisierung dieser Daten innerhalb einer facettenbasierten GUI ist schwierig und kann den Nutzer verwirren oder gar überfordern.

2. Hierarchische Facetten bieten zwar eine fast unbeschränkte Vielfalt an Filtermöglichkeiten, diese zu überblicken und relevante Facetten darin auszumachen stellt sich aber oftmals als schwierig oder unmöglich heraus.

3. Auf Grund der vielen unterschiedlichen und möglicherweise hierarchischen Facetten sind die Reaktionen auf eine Selektion sowohl in der Ergebnismenge als auch in den Facetten sehr komplex und können so zum Teil nur schwer vorhergesehen und verstanden werden.

In Abschn. 5.1 werden diese Schwierigkeiten im Detail besprochen und Lösungswege aufgezeigt.

2.4.3 Bewertung

Zusammengenommen existieren bereits viele Anwendungen und Ansätze sowohl zur interaktiven Erstellung von als auch für den interaktiven Zugriff auf semantische Daten. Leider beschränken sich diese aber meist auf ganz spezielle Aufgabenstellungen oder sind optimiert auf bestimmte Datensätze oder Nutzergruppen. Innerhalb dieser Grenzen zeigen die Anwendungen aber klare Vorteile gegenüber Anwendungen des herkömmlichen Web und vermitteln somit einen ersten Eindruck für das Potential von Mensch-Computer-Interaktion speziell im Semantic Web.

Um jedoch das generelle Potential verlässlich einschätzen zu können, wird eine allgemeine Beschreibung der Mensch-Computer-Interaktion im Semantic Web benötigt. Die dabei ablaufenden Prozesse und beteiligten Komponenten könnten darin auf abstrakter Ebene und damit losgelöst von konkreten Umsetzungen erklärt werden, um so ein breiteres Verständnis für die Abläufe und vor allem die Vorteile von Interaktion im Semantic Web zu erzeugen. Durch ein besseres Verständnis für die Vorteile und das Potential von Interaktion im Semantic Web ließen sich neue Einsatzmöglichkeiten leichter erkennen und so neue Domänen und Geschäftsfelder erschließen. Leider existiert eine solche Beschreibung im Moment aber noch nicht.

Aus diesem Grund wird in dieser Arbeit erstmalig ein generelles Modell der Mensch-Computer-Interaktion im Semantic Web aufgestellt und dessen Komponenten und Funktionsweise ausführlich sowohl auf abstrakter Ebene als auch anhand konkreter Umsetzungen erklärt.

*Dialog, das meint die Bereitschaft
zur Kooperation.*

Henckel von Donnersmarck
(1935-2005)

3
Ein Modell für die Mensch-Computer-Interaktion im Semantic Web

In dieser Arbeit wird ein neues Modell der Mensch-Computer-Interaktion im Semantic Web aufgestellt und dessen Anwendbarkeit anhand konkreter Umsetzungen demonstriert. Hierfür wird zuerst der für die Entwicklung eines solchen Modells notwendige Ansatz vorgestellt und die damit verbundene Aufgabenstellung beschrieben. Ausgehend von der Aufgabenstellung wird daraufhin ein erstes Modell der Mensch-Computer-Interaktion im Semantic Web erstellt. Dafür werden die in Abschn. 2.3.4 vorgestellten bestehenden Modelle der Mensch-Computer-Interaktion entsprechend an die speziellen Gegebenheiten im Semantic Web angepasst und durch das Konzept der interaktiven Angleichung aus dem Mensch-zu-Mensch-

Dialog erweitert.[1] Damit wird insbesondere der Tatsache Rechnung getragen, dass im Semantic Web auch auf Seiten des Computers eine semantische Repräsentation vorhanden ist und dadurch, ähnlich wie beim Menschen, auch auf Seiten des Computers Informationen auf Grundlage bereits existierender semantischer Strukturen interpretiert werden.

3.1 Ansatz und Aufgabenstellung

Durch die explizite Repräsentation der Bedeutung von Informationen im Semantic Web kann der Computer auf eine eigene Wissensbasis zugreifen. Auf Grundlage dieser Wissensbasis können Äußerungen des Nutzers interpretiert und entsprechende Antworten generiert werden. Wie beim Menschen auch, spielt für die Qualität der Interpretationen und Äußerungen dabei der Umfang und die Qualität der zur Verfügung stehenden Wissensbasis eine entscheidende Rolle. Fehler, die hierbei auftreten, können zu Missverständnissen und falschen Schlussfolgerungen führen.

Die beschriebenen Abläufe und Probleme bei der Mensch-Computer-Interaktion im Semantic Web ähneln sehr den beim Dialog zwischen zwei Menschen beobachtbaren Abläufen und Problemen. Auch beim Dialog zwischen zwei Menschen existiert in jedem Kopf eine unabhängige Repräsentation der Bedeutung von bestimmten Informationen, die die Grundlage sowohl für die Interpretation von Äußerungen des Gegenüber als auch für die Generierung eigener Äußerungen bilden. Da Missverständnisse bei der Kommunikation zwischen Menschen jedoch gravierende Folgen haben können, hat sich über die Jahrtausende eine ausgefeilte Strategie herausgebildet, wie diese schnell erkannt und behoben werden können. Diese Strategie bezeichnen Pickering und Garrod als *interaktive Angleichung (Interactive Alignment)* [PG04].

Bei der interaktiven Angleichung tauschen sich die Dialogpartner iterativ und auf unterschiedlichen Ebenen darüber aus, auf wel-

---
[1] Eine erste Beschreibung dieses Modells findet sich in [HSE11].

che Weise sie Äußerungen des Gegenüber interpretiert haben und was sie mit ihren eigenen Äußerungen meinen. Für die Dauer eines Dialogs entsteht so ein gemeinsames Verständnis für die für den Dialog notwendigen Inhalte und Repräsentationen. Der Ansatz dieser Arbeit ist es nun, die in Mensch-zu-Mensch-Dialogen angewendete Strategie der interaktiven Angleichung zur Erkennung und Behebung von Missverständnissen auf die Mensch-Computer-Interaktion im Semantic Web zu übertragen und dadurch die beschriebenen Probleme im Semantic Web zu lösen. Dafür wird in den folgenden Abschnitten dieses Kapitels die Strategie der interaktiven Angleichung entsprechend modifiziert und durch Erfahrungen aus bestehenden interaktiven Ansätzen sowie den wichtigsten generellen Modellen der Mensch-Computer-Interaktion erweitert, um ein entsprechendes neues Modell der Interaktion im Semantic Web zu erstellen.

Wie bereits in Abschn. 2.4 beschrieben, existiert noch kein allgemeines Modell für die Mensch-Computer-Interaktion im Semantic Web. Dennoch besteht ein großer Bedarf an Mechanismen, die eine enge Zusammenarbeit von Mensch und Computer im Semantic Web ermöglichen und unterstützen, da sowohl bei der Erstellung als auch beim Zugriff auf semantische Strukturen weitestgehend manuelle, aber auch weitestgehend automatische Ansätze nicht zielführend sind (vgl. Abschn. 2.2). Um jedoch geeignete Mechanismen zu entwickeln, müssen die Abläufe und Zusammenhänge bei der Mensch-Computer-Interaktion im Semantic Web zuerst vollständig und losgelöst von konkreten Umsetzungen und Domänen beschrieben werden.

Die Aufgabenstellung dieser Arbeit umfasst daher die Erstellung eines ersten Modells für die Mensch-Computer-Interaktion im Semantic Web basierend auf der Strategie der interaktiven Angleichung sowie die prototypische Umsetzung dieses Modells. Das Modell soll alle Aktivitäten abdecken, die bei der Nutzung des Semantic Web benötigt werden und somit eine umfassende Beschreibung von Interaktion im Semantic Web liefern. Dies bedeutet, dass sich das Modell nicht auf bestimmte Domänen, Nutzergruppen oder Aufgabenbereiche beschränken darf, sondern allgemeine Gültigkeit haben soll.

Zur Demonstration der allgemeinen Anwendbarkeit und des generellen Potentials des Modells der interaktiven Angleichung im Semantic Web sollen sowohl für die interaktive Erstellung semantischer Daten als auch für den interaktiven Zugriff darauf Ansätze und konkrete Umsetzungen des Modells entwickelt und vorgestellt werden. Mit Hilfe geeigneter Nutzerstudien sollen die Vorteile der Ansätze und Anwendungen gegenüber bestehenden Anwendungen evaluiert werden und aufbauend auf den Ergebnissen eine allgemeine Bewertung des aufgestellten Modells erfolgen. Aus der Bewertung soll sowohl hervorgehen, welche Möglichkeiten aus den Ergebnissen dieser Arbeit in der Zukunft zu erwarten sind als auch welche Probleme und grundsätzlichen Beschränkungen bei der Mensch-Computer-Interaktion im Semantic Web bestehen.

Letztlich ist die übergeordnete Aufgabenstellung dieser Arbeit, einen Lösungsweg für die beschriebenen Probleme des Semantic Web aufzuzeigen, um auf diese Weise das große Potential des Semantic Web besser ausnutzen zu können.

3.2 Interaktive Angleichung im Mensch-zu-Mensch-Dialog

Der Dialog zwischen zwei Menschen lässt sich als Spiel auffassen [Lew69]. Wie bei den meisten anderen Spielen, kann man auch beim Dialog gewinnen oder verlieren. Das Besondere hier ist jedoch, dass man nur dann gewinnen kann, wenn beide Teilnehmer den Dialog verstehen. Sobald einer der beiden oder auch beide den Dialog nicht verstehen, verlieren beide das Spiel. Folglich gibt es entweder zwei Gewinner oder keinen Gewinner. Kooperation ist damit die erfolgreichste Strategie in einem Dialog.

Laut Pickering und Garrod erfolgt Verständnis in einem Dialog über die Angleichung der multidimensionalen Modelle in den Köpfen der beiden beteiligten Personen [PG04]. Man spricht hier von den bereits in Abschn. 2.3.4 vorgestellten mentalen Modellen.

Darin finden sich Repräsentationen unterschiedlicher situativer Dimensionen in einem Dialog; die wichtigsten sind Raum, Zeit, Kausalität, Intention, und Referenzen zu wichtigen Personen und Dingen [ZR98]. Dabei resultiert die globale Angleichung der mentalen Modelle aus vielen lokalen Angleichungen auf semantischer und syntaktisch-lexikalischer Repräsentationsebene. Werden beispielsweise auf Grund einer Äußerung des Gegenüber bestimmte Teile des eigenen mentalen Modells aktiviert, steigt die Wahrscheinlichkeit, dass diese Teile die eigenen Äußerungen semantisch, syntaktisch und lexikalisch bestimmen. Dieser Mechanismus der interaktiven Angleichung läuft nach Pickering und Garrod automatisch und ohne zusätzlichen Aufwand ab [PG04]. Die Idee den Dialog zwischen zwei Menschen als einen Angleichungsprozess aufzufassen findet sich auch in anderen Arbeiten [Cla96, MH08, BST08].

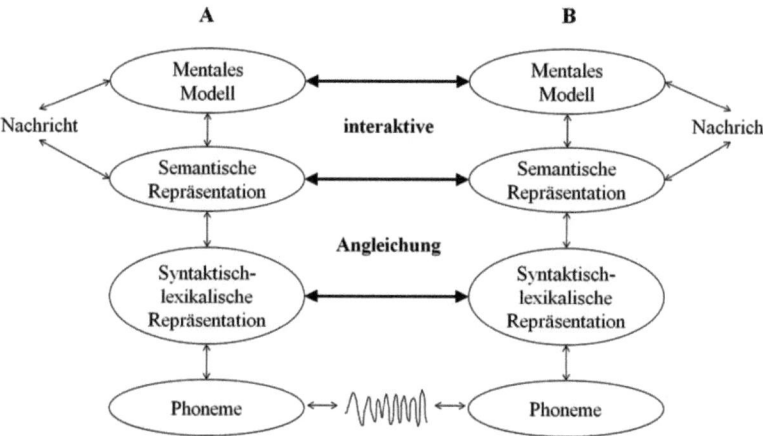

Abbildung 3.1: Eine vereinfachte Darstellung der interaktiven Angleichung (nach [PG04]) zwischen zwei Menschen (A und B) in einem Dialog.

Abb. 3.1 zeigt, wie die interaktive Angleichung zwischen zwei Menschen A und B in einem Dialog abläuft. Die dünnen, hauptsächlich vertikal verlaufenden Pfeile repräsentieren dabei den Prozess, der bei der Generierung von eigenen Äußerungen und bei der Interpretation von Äußerungen des Gegenüber in den Köpfen der Dialogpartner stattfindet. Die dickeren, horizontal verlaufenden Pfeile repräsentieren die interaktive Angleichung auf den unterschiedlichen Ebenen. Auf oberster Ebene findet die Angleichung der mentalen Modelle statt. Dieser folgt die semantische und die syntaktisch-lexikalische Angleichung. Auf der untersten Ebene findet dann die physikalische Übermittlung der Phoneme statt.

Eine Angleichung auf einer Ebene hat, wie beschrieben, automatisch Auswirkungen auf die Angleichung auf anderen Ebenen. Wenn beispielsweise von einem der Dialogteilnehmer ein Wort mit einer bestimmten Interpretation eingeführt wurde, sind dadurch alle anderen möglichen Bedeutungen ausgeschlossen. Daraus schließen Garrod und Anderson [GA87], dass die Angleichung auf lexikalischer Ebene einhergeht mit der Angleichung auf semantischer Ebene, nämlich der mit diesem Wort verknüpften Interpretation. Garrod und Anderson finden hierfür diverse Belege bei der Analyse von Gesprächen zwischen zwei Menschen z.B. während eines Schachspiels. Um sich gegenseitig zu verstehen, findet eine interaktive Angleichung sowohl der verwendeten Wörter als auch deren Interpretation statt [GA87]. Auf diese Weise entsteht Stück für Stück und interaktiv genau der Fundus an Wörtern, der für den Dialog benötigt wird.

Die Übernahme von bereits vom Gegenüber verwendeten Wörtern und Interpretationen (also die syntaktisch-lexikalische und semantische Angleichung) kann als eine Art Imitation oder Nachahmung verstanden werden [GP09]. Diese Imitation des Gegenüber hat neben einer verbesserten Verständigung zwischen Dialogpartnern auch noch andere Vorteile. So wird durch die automatische Angleichung, die auf beiden Seiten stattfindet, der kognitive Aufwand für das Finden und Festlegen von Wörtern und deren Interpretationen auf beide Dialogteilnehmer verteilt. Durch die Übernahme bereits eingeführter Begriffe wird doppelte Arbeit vermieden. Da wir dieses Vorgehen (interaktive Angleichung) nicht bewusst planen, sondern automatisch und damit ohne zusätzlichen Aufwand durchführen, bezeichnen Garrod und Pickering in ihrem Artikel „Why is conversation so easy?" [GP04] den Menschen daher als für den Dialog gemacht. In diesem Artikel führen die beiden diesen Umstand im Kern darauf zurück, dass es der Dialog mit Menschen ist, über den wir Sprache überhaupt lernen.

3.3 Interaktive Angleichung im Semantic Web

Das Konzept der interaktiven Angleichung im Mensch-zu-Mensch-Dialog bietet sich aus verschiedenen Gründen auch als Ausgangspunkt für die Entwicklung eines Modells der Mensch-Computer-Interaktion im Semantic Web an. So wird der Mensch-zu-Mensch-Dialog bei der interaktiven Angleichung als ein Prozess beschrieben, der iterativ und auf unterschiedlichen, voneinander abhängigen Ebenen abläuft. Da durch die Repräsentation der Bedeutung von Information im Semantic Web nun auch auf Seiten des Computers eine zusätzliche Ebene hinzugekommen ist, kann das Konzept der interaktiven Angleichung, zumindest zu Teilen, wichtige Anhaltspunkte dafür liefern, wie eine Interaktion über mehrere Ebenen hinweg funktioniert, wo Probleme auftreten können und welche Lösungsstrategien existieren. Interessante Überschneidungspunkte zwischen dem Konzept der interaktiven Angleichung und der Mensch-Computer-Interaktion im Semantic Web sind:

- *Informationsrepräsentation auf unterschiedlichen Ebenen:* Dialogteilnehmer, sowohl beim Mensch-zu-Mensch-Dialog als auch bei der Mensch-Computer-Interaktion im Semantic Web, repräsentieren Informationen auf syntaktisch-lexikalischer und semantischer Ebene.

- *Angleichung notwendig:* Sowohl beim Mensch-zu-Mensch-Dialog als auch bei der Mensch-Computer-Interaktion im Semantic Web bedarf es einer Verständigung (Angleichung) über die Bedeutung der auf syntaktisch-lexikalischer Ebene verwendeten Ausdrücke. Ansonsten ist ein erfolgreicher Dialog schwierig.

- *Automatische Aktivierung zwischen unterschiedlichen Ebenen:* Genau wie bei Menschen existieren auch im Semantic Web zwischen den unterschiedlichen Ebenen Zusammenhänge, die dazu führen, dass die Angleichung auf einer Ebene automatisch auch Angleichungen auf anderen Ebenen zur Folge hat. Neben einer starken Vernetzung untereinander sind basale semantische Repräsentationen auch mit bestimmten Wörtern auf syntaktisch-lexikalischer Ebene verbunden, z.B. über das Property `rdfs:label`, um sie auf dieser Ebene zu repräsentieren (vgl. Abschn. 2.1.2).

- *Zu Grunde liegende mentale Modelle*: Genau wie den semantischen Repräsentationen des Menschen liegen auch den semantischen Repräsentationen im Semantic Web mentale Modelle zu Grunde. Diese befinden sich jedoch nicht im Semantic Web selbst, sondern in den Köpfen der Menschen, die die semantischen Repräsentationen im Semantic Web erstellt haben. Die Angleichung der mentalen Modelle im Semantic Web findet daher, im Gegensatz zur Angleichung im Mensch-zu-Mensch-Dialog, auf indirekte Weise statt (eine ausführlichere Beschreibung findet sich in Abschn. 3.3.1).

Bestehende Modelle und Ansätze der MCI oder der KI eignen sich nicht oder nur teilweise für eine umfassende Beschreibung der Interaktion im Semantic Web. So verfolgen die in Abschn. 2.3.1 vorgestellten Ansätze die Frage „Wie kann der Mensch den Computer verstehen?" und betrachten dabei primär Probleme, die bei der Interpretation vom Computer übermittelter Daten oder bei der Übersetzung von Zielen und Intentionen des Menschen in konkrete Eingaben auf lexikalischer und syntaktischer Ebene auftreten. Dabei wird nur auf Seiten des Menschen eine semantische Repräsentation angenommen und damit werden auch nur hier die damit verbundenen Probleme beleuchtet.

Interaktive Angleichung im Semantic Web 95

Im Gegensatz dazu betrachten die Ansätze in Abschn. 2.3.2 die Frage „Wie kann der Computer den Menschen verstehen?" und fokussieren dabei primär auf die Modelle und Algorithmen auf Seiten des Computers. Ziel ist es, automatisch ein möglichst intelligentes Computer-Verhalten zu erreichen (z.B. über ein besseres Nutzerverständnis). Dabei spielt die Transparenz, die Nachvollziehbarkeit oder der Dialog mit dem Nutzer über die Gründe für ein bestimmtes Verhalten nur eine nebensächliche Rolle. Häufig werden semantische Modelle nur eingesetzt, um eine optimale automatische Anpassung an den Nutzer und seine Wünsche zu erreichen.[2] Die Verwendung von semantischen Modellen zur schrittweisen und interaktiven Verständigung zwischen Mensch und Computer über die Bedeutung der in einem Dialog verwendeten Ausdrücke findet nur in wenigen, auf bestimmte Domänen beschränkten Ansätzen statt (vgl. Abschn. 2.4). Ein allgemeines Modell, das beschreibt, wie semantische Daten generell dafür eingesetzt werden können, ein größeres Verständnis sowohl auf Seiten des Computers als auch auf Seiten des Menschen zu schaffen und dadurch eine erfolgreichere Mensch-Computer-Interaktion zu ermöglichen, existiert jedoch nicht.

Im Folgenden wird daher, basierend auf der interaktiven Angleichung, ein neues Modell der Mensch-Computer-Interaktion für das Sematnic Web definiert.

3.3.1 Modelldefinition

Die besondere Eigenschaft des Semantic Web ist das Vorhandensein einer Metaebene, in der die Bedeutung von Informationen eindeutig definiert ist. Da der Computer damit, wie der Mensch auch, auf semantische Repräsentationen von möglichen Bedeutungen von Symbolen zurückgreifen kann, ähnelt die Mensch-Computer-Interaktion im Semantic Web vielmehr einem Dialog, wie er zwischen zwei Menschen abläuft, als der Betätigung von Hebeln und Knöpfen zur Steuerung einer Maschine. Entsprechend existiert daher in der ers-

---

[2]Entsprechende Arbeiten werden z.B. im *Semantic Models for Adaptive Interactive Systems (SEMAIS)-Workshop* vorgestellt: http://semais.org/

ten Version des neuen Modells in Abb. 3.2 auf Seiten des Semantic Web auch eine Ebene „semantische Repräsentation", wohingegen der generelle Aufbau und der das gesamte Modell durchfließende Prozess stark an das Interaktionsmodell in Abb. 2.18 in Abschn. 2.3.4 angelehnt ist.

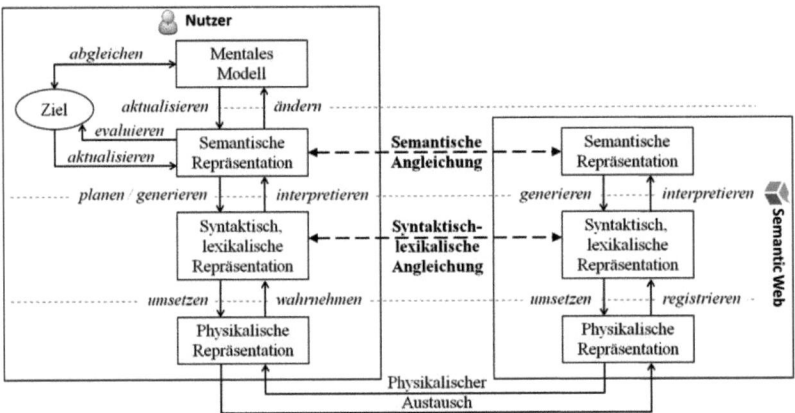

Abbildung 3.2: Erste Version eines neuen Modells der Mensch-Computer-Interaktion im Semantic Web mit einer Ebene für semantische Repräsentationen auch auf Seiten des Computers (Semantic Web) sowie interaktiver Angleichung auf syntaktisch-lexikalischer und semantischer Ebene.

In dem Modell in Abb. 3.2 hat der Nutzer ein bestimmtes Ziel, dass er mit seinem mentalen Modell abgleicht. Dabei wird überprüft, in wie weit dieses Ziel unter der Einschätzung der vorherrschenden Situation erreichbar ist und welche Bedeutung das Erreichen des Ziels für den Nutzer hat; an dieser Stelle bezeichnet der Begriff „mentales Modell" folglich eher situative Aspekte. Ausgehend von der semantischen Repräsentation sowohl des Ziels als auch der für das Erreichen relevanten Aspekte des mentalen Modells, plant der Nutzer sein Vorgehen, generiert entsprechende syntaktisch-lexikalische Anfragen und übermittelt deren physikalische Repräsentation an das Semantic Web.

Dort wird die Syntax interpretiert und dadurch in bestimmter Weise in eine semantische Repräsentation übersetzt. Entsprechend der Interpretation der Anfrage wird eine Antwort in syntaktisch-lexikalischer Form generiert und deren physikalische Repräsentation an den Nutzer zurückgeschickt.

Nachdem die Antwort durch den Nutzer wahrgenommen wurde, wird zuerst die Syntax interpretiert und in eine semantische Repräsentation überführt. Entsprechend der semantischen Repräsentation des Übermittelten, wird das mentale Modell angepasst und dessen semantische Repräsentation aktualisiert. Daraufhin wird evaluiert, ob und wie weit das gesteckte Ziel bereits erreicht wurde, und entsprechend die semantische Repräsentation aktualisiert. Soweit das Ziel noch nicht erreicht wurde oder kein sonstiger Abbruch vorliegt, werden die nächsten Schritte ausgeführt, bis das Ziel erreicht ist.

Syntaktisch-lexikalische und semantische Angleichung

Durch die Integration von syntaktisch-lexikalischer und semantischer Angleichung (vgl. Abb. 3.2) werden die Produktionsprozesse und Verständnisprozesse auf beiden Seiten gekoppelt. Die Interpretation der übermittelten Daten auf beiden Seiten erfolgt damit nicht isoliert voneinander, sondern in Absprache und daher kooperativ. Das damit verbundene Ziel ist eine bessere Verständigung zwischen Nutzer und Computer im Semantic Web und, damit verbunden, ein schnellerer und erfolgreicherer Austausch von Informationen.

Um den Prozess der interaktiven Angleichung verständlich zu machen, wird dieser an Hand eines konkreten Beispiels im Folgenden durchgespielt. In diesem Beispiel hat ein Nutzer das Ziel, Informationen über die Stadt Essen zu bekommen. Um das Beispiel einfach zu halten, wird nur der Zugriff auf semantische Daten behandelt und nicht die Erstellung. Für den Zugriff verwendet der Nutzer eine interaktive Anwendung, die das hier vorgestellte Modell der interaktiven Angleichung im Semantic Web umsetzt. Abb 3.3 zeigt schematisch, wie die interaktive Angleichung zwischen Nutzer und Semantic Web über die unterschiedlichen Ebenen hinweg schrittweise ablaufen könnte.

Die interaktive Angleichung beginnt mit dem Ziel des Nutzers, Informationen über die Stadt Essen zu bekommen (Abb. 3.3, A). Von der Stadt Essen hat der Nutzer eine semantische Repräsentation, die er für die Eingabe in die Anwendung in eine syntaktisch-lexikalische Form übersetzt, z.B. in das Wort „Essen". Das Wort wird physikalisch dem Computer übermittelt, um dort eine Zuordnung zu einer bestehenden semantischen Repräsentation im Semantic Web (Ressource) zu finden. Wenn die Interpretation eines Wortes nicht eindeutig ist, z.B. kann unter dem Wort „Essen" Nahrung und die Stadt Essen verstanden werden, stehen mehrere mögliche semantische Repräsentationen zur Auswahl (Abb. 3.3, B). Hier stößt eine rein automatische Interpretation möglicherweise an ihre Grenzen, da entweder keine oder unzureichende Auswahlkriterien zur Verfügung stehen, und der Vorteil der interaktiven Angleichung kommt zum Tragen.

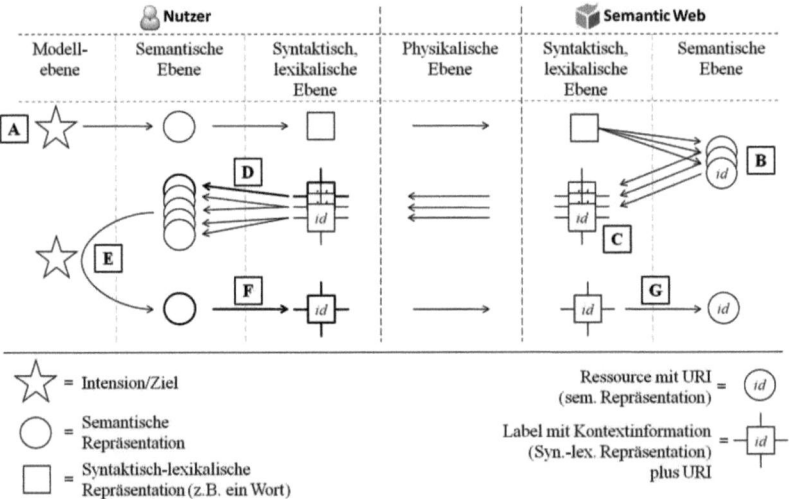

Abbildung 3.3: Interaktive Angleichung zwischen Nutzer (links) und dem Semantic Web (rechts).

Interaktive Angleichung im Semantic Web

So werden bei der interaktiven Angleichung alle möglichen semantischen Repräsentationen des Worts „Essen" gesammelt und zusammen mit ihren URIs („id" in Abb. 3.3), ihrer syntaktisch-lexikalischen Repräsentation, z.B. in Form von Labels (vgl. Abschn. 2.1.2, rdfs:label), sowie ersten Kontextinformationen (Abb. 3.3, C), wie z.B. zugewiesene ontologische Klassen, zurück an den Nutzer übertragen. Auf Seiten des Nutzers wird daraufhin versucht, die übertragenen syntaktische-lexikalischen Repräsentationen, z.B. Labels, in eindeutige semantische Repräsentationen zu übersetzen, also ihre Bedeutung zu verstehen (Abb. 3.3, D). Wenn dafür das Label alleine nicht ausreicht, kann zusätzlich die Kontextinformation bei der Interpretation berücksichtigt werden (z.B. kann die ontologische Klasse hilfreich sein). Wenn der mitgeschickte Kontext jedoch nicht ausreichen sollte, kann über Explorationsschritte entlang der semantischen Struktur weiterer Kontext angefordert werden (vgl. Abb. 3.4).

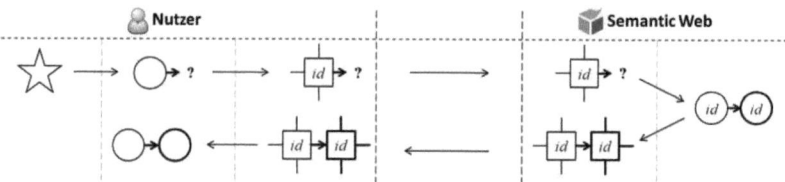

Abbildung 3.4: Eine Exploration kann entlang der semantischen Strukturen (der Kontextinformation) erfolgen.

Sobald die Kontextinformationen ausreichend sind für eine eindeutige Überführung in semantische Repräsentationen, kann eine Evaluation dieser Repräsentationen unter Berücksichtigung des initialen Ziels des Nutzers stattfinden und die gesuchte Bedeutung wird ausgewählt (Abb. 3.3, E). Wenn die zu dieser Bedeutung gehörende symbolische Repräsentation eindeutig interpretiert werden konnte (Abb. 3.3, E), wird dieses Symbol zurück übertragen und kann auf Grund der URI dort auch eindeutig interpretiert werden (Abb. 3.3, G). Die semantische Angleichung ist abgeschlossen. Ab diesem Punkt ist die Interpretation des Wortes „Essen" auf beiden Seiten eindeutig und führt daher nicht mehr zu Missverständnissen. Eine wichtige Voraussetzung hierfür ist allerdings, dass während eines Dialogs nicht plötzlich ein Wort, über dessen Bedeutung bereits Einigkeit erzielt worden ist, plötzlich von einem der Dialogpartner mit einer anderen Bedeutung verwendet wird. Da ein solches Verhalten aber auch in einem Mensch-zu-Mensch Dialog zu Missverständnissen führen würde, ist der Nutzer intuitiv mit diesem Problem vertraut. Auf Seiten des Computers wird entweder immer die URI mit dem Wort zusammen übertragen (Abb. 3.3, G) oder es muss hierfür eine temporäre Zuweisung auf Seiten des Computers angelegt und verwaltet werden.

Das hier beschriebene Problem der Mehrdeutigkeit des Wortes „Essen" und der daher notwendigen Abstimmung der richtigen Interpretation ist nur ein sehr einfaches Beispiel für syntaktisch-lexikalische und semantische Angleichung im Semantic Web. Das Modell erlaubt auch die interaktive Angleichung von viel komplexeren Sachverhalten und Zielen durch die Wiederholung und Kombination der in Abb. 3.3 und Abb. 3.4 beschriebenen Prozesse. Auch eine Exploration semantischer Daten ohne vorher klar definierte Zielvorstellung ist möglich sowie die Änderung oder Erweiterung des Ziels auf Grund von beispielsweise während der Interaktion mit dem Semantic Web gemachter neuer Erkenntnisse.

Neben dem Zugriff auf semantische Daten ist auch die Erstellung semantischer Daten über interaktive Angleichung möglich. Entsprechende Szenarien und die zur Unterstützung notwendigen Tools werden in den Kapiteln 4 und 5 vorgestellt. Letztlich beruhen aber alle in dieser Arbeit beschriebenen Anwendungen und Ansätze auf dem in diesem Kapitel aufgestellten Modell der interaktiven Angleichung im Semantic Web.

Anmerkung: Bei einer Literaturrecherche zu den Begriffen „interactive alignment" in Kombination mit „Semantic Web" fällt auf, dass beide Begriffe bereits in mehreren Arbeiten gemeinsam auftauchen [LT07, LTL08, OHB11]. Diese Arbeiten behandeln aber das Thema der interaktiven Zusammenführung von digital abgespeicherten Ontologien (also die Angleichung innerhalb des Semantic Web) und beziehen sich nicht auf das von Pickering und Garrod aufgestellte Modell der interaktiven Angleichung im Dialog zwischen zwei Menschen. Wie in Abschn. 2.2.1 beschrieben werden zu einer Domäne oft mehrere unterschiedliche Ontologien erstellt (vgl. Erstellungsproblem 4), sodass mehrere Klassen, Objekte und Relationen existieren, die ein und dieselbe Information repräsentieren. Um solche Dopplungen wieder aufzulösen und damit Probleme bei der Nutzung dieser semantischen Daten zu vermeiden, existieren diverse Anwendungen und Ansätze zur interaktiven Zusammenführung von Ontologien [GSO+10]. Der Begriff „interaktive Angleichung" bezieht sich in diesem Zusammenhang auf die Art und Weise, in der die Zusammenführung zweier digital abgespeicherter Ontologien abläuft; nämlich weitgehend automatisch (z.B. wenn Dopplungen eindeutig sind) und nur in nicht eindeutigen Fällen unter Einbeziehung eines Experten.

Angleichung der mentalen Modelle

Die erste Version des Modells (vgl. Abb. 3.2) umfasst jedoch nur die syntaktisch-lexikalische Ebene und die semantische Ebene. Der Angleich auf Modell-Ebene (wie er bei der interaktiven Angleichung im Mensch-zu-Mensch Dialog vorgesehen ist) kann jedoch noch nicht stattfinden, da nur auf Seiten des Nutzers ein mentales Modell existiert, nicht aber auf Seiten des Semantic Web. Die Beantwortung der Frage, ob und wo seitens des Semantic Web ein mentales Modell eingezeichnet werden sollte, ist nicht ganz einfach. Hierfür muss erst genauer der Unterschied zwischen der Ebene der semantischen Repräsentation und der Ebene des mentalen Modells auf Seiten des Semantic Web verstanden sein. Wichtig ist dabei eine klare Definition der Begriffe „Bedeutung" und „Ziel".

Soweit man nicht ein Verfechter der *harten KI*[3] ist, wird man

---

[3]Nach Searle wird mit dem Begriff der harten KI die Überzeugung beschrieben, Computer könnten in einem buchstäblichen, nicht-metaphorischen und humanen Sinne denken oder verstehen [Sea80].

der Aussage zustimmen, dass für einen Computer nie etwas eine wirkliche Bedeutung haben kann in dem Sinne, in dem etwas eine Bedeutung für den Menschen hat. Searle begründet dies mit der Tatsache, dass der Computer nicht lebt und daher keine eigene Perspektive hat, unter der er *Dinge*[4] wahrnimmt [Sea92]. Im Gegensatz dazu haben Lebewesen[5] eine eigene Perspektive, unter der sie Dinge wahrnehmen und unter der diese Dinge eine Bedeutung bekommen. Aus dieser Perspektive heraus können daher Ziele entwickelt werden, deren Erreichen dann beispielsweise eine positive Bedeutung für diese Perspektive haben kann.

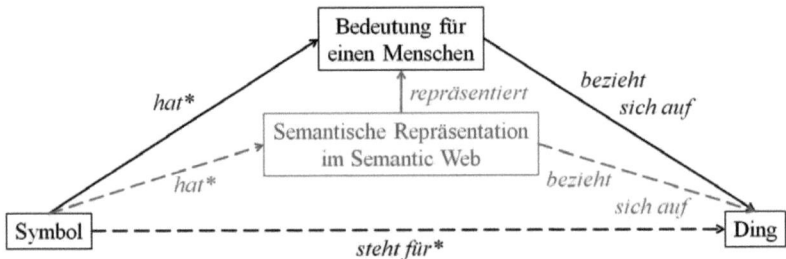

Abbildung 3.5: Das klassische semiotische Dreieck ergänzt durch einen zusätzlichen Knoten „Semantische Repräsentation im Semantic Web" sowie entsprechender Verbindungen zu den bestehenden Knoten.

Um das, was Dinge für einzelne Menschen bedeuten, zwischen den Menschen kommunizieren zu können, werden Symbole, wie z.B. Worte oder Bilder, verwendet. Die Zusammenhänge zwischen Symbol, Ding und Bedeutung lassen sich anschaulich anhand des *semiotische Dreiecks*[6] verdeutlichen (vgl. Abb. 3.5). Zusätzlich zum

---

[4] Der Begriff „Ding" bezeichnet in diesem Zusammenhang Gegenstände, Bezugsobjekte oder Ereignisse der Wirklichkeit.

[5] An dieser Stelle ist mit Lebewesen der Mensch gemeint. Der Frage, in wie weit Dinge auch für andere Lebewesen eine Bedeutung haben können, wird in dieser Arbeit nicht weiter nachgegangen. Verweise auf Literatur, die dieser Frage nachgeht, finden sich in [Sea92].

[6] Das semiotische Dreieck ist ein wichtiges Modell der Sprachwissenschaft und

bekannten Aufbau des semiotischen Dreiecks enthält Abb. 3.5 noch einen weiteren Knoten in der Mitte, der die Bedeutung von semantischer Repräsentation in diesem Zusammenhang verdeutlichen soll. Das äußere Dreieck steht dabei für die grundsätzliche Aussage, dass ein Symbol nicht direkt mit einem Ding verbunden ist, sondern nur indirekt über die Bedeutung, die das Symbol für einen Menschen hat. Der neu hinzugefügte innere Knoten „Semantische Repräsentation im Semantic Web" zeigt, wie durch das Vorhandensein einer semantischen Repräsentation die Bedeutung, die ein Symbol für jemanden hat, explizit gemacht werden kann. Durch die eindeutige Verbindung eines Symbols mit einem Ding über eine entsprechende semantische Repräsentation wird die Interpretation dieses Symbols quasi im Vorhinein explizit festgelegt.

Als einfaches Beispiel eignet sich wieder das Wort „Essen". Auch wenn für dieses Symbol noch weitere Bedeutungen existieren, sollen hier nur die zwei geläufigsten betrachtet werden, nämlich die Stadt Essen und Essen als Nahrung. Für beide Bedeutungen existieren entsprechende semantische Repräsentationen im Semantic Web. Im Gegensatz zu der Mehrdeutigkeit des Worts „Essen" sind diese aber durch das Vorhandensein von URIs eindeutig und über ebenfalls eindeutige Properties mit anderen Repräsentationen verbunden. So ist die semantische Repräsentation der Stadt Essen z.B. über das Property `rdf:type` mit der Klasse „Stadt" und über das Property `dbo:populationTotal` mit einer bestimmten Einwohnerzahl verbunden. Hingegen ist die semantische Repräsentation von Nahrung selbst eine Klasse, welche z.B. eine Unterklasse mit Biolebensmitteln enthält. Was beide Repräsentationen aber verbindet, ist die symbolische Repräsentation durch das Wort „Essen" (z.B. über das Property `rdfs:label`).

Wie im Modell der interaktiven Angleichung im Semantic Web beschrieben, lassen sich diese semantischen Repräsentationen dafür verwenden, beispielsweise ein gemeinsames Verständnis für die in einem Dialog zwischen Mensch und Computer verwendeten Begrif-

---

der Semiotik. Die Idee für die darin beschriebene Trennung zwischen Symbol, Ding und Bedeutung findet sich bereits bei Platon und Aristoteles.

fe zu erzielen (vgl. Abb. 3.3). Auch kann mit Hilfe dieser Repräsentationen die Bedeutung von Wörtern in einem Text durch entsprechende Annotationen eindeutig gemacht werden (vgl. Abschn. 2.1.5). Letztlich ist jedoch entscheidend, dass die unterschiedlichen semantischen Repräsentationen im Semantic Web nur Repräsentationen dessen sind, was Symbole für Menschen bedeuten, bzw. wie Symbole von Menschen interpretiert wurden. Die mentalen Modelle für die semantischen Repräsentationen im Semantic Web befinden sich daher in den Köpfen der Menschen, die diese Repräsentationen erstellt haben (in Abb. 3.6 als Community bezeichnet) und nicht im Semantic Web selbst.

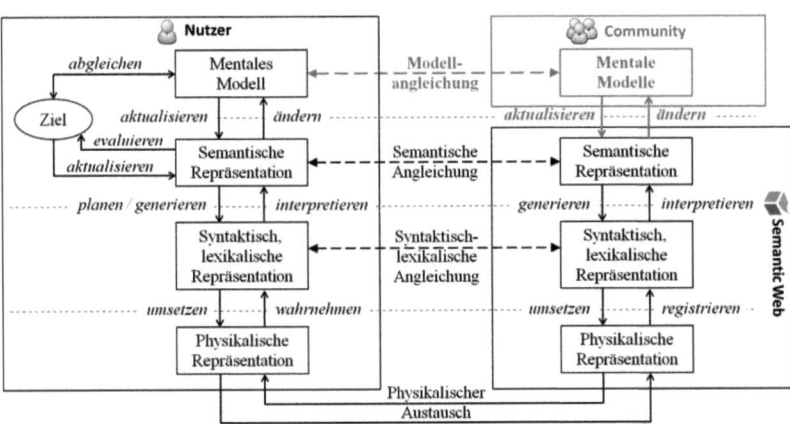

Abbildung 3.6: Zweite Version eines neuen Modells der Mensch-Computer-Interaktion im Semantic Web mit Einbeziehung mentaler Modelle auch auf Seiten des Semantic Web und entsprechend einer Angleichung auf mentaler Ebene.

Der Ersteller einer semantischen Repräsentation kann somit als eine Art Dialogpartner verstanden werden, der über den Computer, bzw. über die Benutzungsschnittstelle des Computers, Informationen an den Nutzer dieser Schnittstelle weitergibt [Sou05]. Eine Angleichung der mentalen Modelle zwischen Ersteller (Community) und Nutzer des Semantic Web ist deswegen wichtig, weil sich die mentalen Modelle nicht nur von Nutzer zu Nutzer unterscheiden, sondern auch von Nutzer zu Ersteller [Nor83]. Haben Ersteller und Nutzer unterschiedliche mentale Modelle kann es vorkommen, dass der Nutzer die vom Ersteller intendierte Bedeutung der Information nicht richtig versteht und somit Missverständnisse auftreten können (vgl. interaktive Angleichung im Mensch-zu-Mensch-Dialog in Abschn. 3.2).

Allerdings interagieren die Nutzer des Semantic Web in der Regel mit den darin abgelegten semantischen Repräsentationen und nicht direkt mit der Community (den Erstellern). Daher ist eine direkte Angleichung der mentalen Modelle (vgl. Abb. 3.6, Modell-Angleichung), wie sie im Mensch-zu-Mensch Dialog abläuft, im Semantic Web nicht oder nur sehr schwierig möglich. Wenn überhaupt, wird die Modell-Angleichung im Semantic Web indirekt vollzogen, also zeitlich oder örtlich versetzt. So erlauben beispielsweise kollaborative Ansätze, wie sie in Abschn. 4.1 beschrieben werden, die indirekte Angleichung der mentalen Modelle bei der Erstellung semantischer Daten.

3.3.2 Bewertung

In diesem Kapitel wurde ein neues Modell der Mensch-Computer-Interaktion im Semantic Web vorgestellt, das die in Mensch-zu-Mensch-Dialogen beobachtete Strategie der interaktiven Angleichung auf den Mensch-Computer-Dialog überträgt. Das Ziel dieses neuen Modells ist eine bessere und erfolgreichere Kooperation von Mensch und Computer im Semantic Web, um so die in Abschn. 2.2 beschriebenen Probleme bei der Nutzung des Semantic Web in den Griff zu bekommen.

Anders als bei den Ansätzen der KI, die in Abschn. 2.3.2 zum Thema „Wie kann der Computer den Menschen verstehen?" vorgestellt wurden, läuft der Transfer von Informationen zwischen Produzent und Konsument im neuen Modell der interaktiven Angleichung im Semantic Web nicht via entkoppelter, sondern via gekoppelter Produktions- und Verständnisprozesse ab. Der Produzent formuliert seine Äußerungen nicht ausschließlich auf Basis seiner Repräsentation der Situation und entsprechend entschlüsselt der Konsument die übermittelte Nachricht auch nicht ausschließlich auf Basis seiner isolierten Einschätzung der Situation, sondern beide tauschen sich laufend über ihre Sicht der Situation aus und schaffen so eine einheitliche und konsistente Grundlage für ihren Dialog.

Das vorgestellte Modell der interaktiven Angleichung im Semantic Web bietet die folgenden Eigenschaften:

1. *Bekannte Interaktionsstrategie*: Das Modell der interaktiven Angleichung im Semantic Web beruht auf einer aus dem Mensch-zu-Mensch-Dialog bekannten Strategie und setzt damit auf Techniken auf, die dem Nutzer bereits bekannt sind. Dadurch ist es dem Nutzer möglich, die Techniken intuitiv zu verstehen und entsprechend zielorientiert einzusetzen.

2. *Schrittweise Angleichung*: Sowohl auf der syntaktisch-lexikalischen Ebene als auch auf der semantischen Ebene findet eine schrittweise Angleichung zwischen Mensch und Computer statt. Dadurch kann sowohl über die Verwendung von Symbolen und die Kombination von Symbolen zu komplexeren Gebilden als auch über die jeweils damit verknüpfte Semantik Schritt für Schritt Einigkeit erreicht werden, um einen effektiven Austausch von Informationen zu ermöglichen.

3. *Interaktive Korrektur*: Bei einer falschen oder fehlerhaften Angleichung, also im Falle eines Missverständnisses zwischen Mensch und Computer, kann dies unmittelbar erkannt und interaktiv korrigiert werden.

4. *Asynchrone Angleichung mentaler Modelle*: Da die Ersteller von semantischen Repräsentationen im Semantic Web nur höchst selten direkt in den Zugriff auf diese Repräsentationen involviert sind, kann ein Angleich der mentalen Modelle meist nur asynchron erfolgen. Gerade diese Asynchronität bietet aber die Basis, um über geografische oder zeitliche Einschränkun-

gen hinweg eine globale Angleichung mentaler Modelle zu erreichen.

Damit wurde erstmalig ein allgemeines Modell der Mensch-Computer-Interaktion im Semantic Web aufgestellt und die Funktionsweise in abstrakter Form beschrieben. Um die Anwendbarkeit und den Nutzen des Modells der interaktiven Angleichung im Semantic Web zu demonstrieren, werden in den folgenden zwei Kapiteln konkrete Umsetzungen des Modells präsentiert und deren Vorteile aufgezeigt. Dabei dienen die Umsetzungen in Kapitel 4 der interaktiven Erstellung semantischer Daten und die in Kapitel 5 dem interaktiven Zugriff darauf.

4 Interaktive Angleichung bei der Erstellung semantischer Daten

Im diesem Kapitel werden zwei konkrete Umsetzungen des Modells der interaktiven Angleichung im Semantic Web vorgestellt, welche die interaktive Erstellung von semantischen Daten ermöglichen. Dabei unterstützt die erste Umsetzung das kollaborative Anforderungsmanagment durch ein semantisches Wiki und die zweite Umsetzung die interaktive Extraktion wichtiger Informationen aus großen Textbeständen sowie deren Überführung in semantische Daten.

4.1 Kollaboration mit Hilfe semantischer Wikis

Semantische Wikis verbinden das *Wiki-Konzept* [LC01] mit Semantic Web Technologien und ermöglichen auf diese Weise eine einfache

Kollaboration vieler Menschen bei der Erstellung semantischer Daten. Das Zusammenwachsen von Web 2.0 Ansätzen, wie z.B. dem Wiki-Konzept, mit Semantic Web Technologien wird unter dem Begriff *Social Semantic Web* oder auch *Web 3.0* zusammengefasst.

4.1.1 Einleitung

Das Wiki-Konzept erlaubt es jedem Nutzer an der Erstellung von Inhalten teilzunehmen und fördert so die Mitarbeit von vielen Menschen und damit die Integration deren kollektiver Intelligenz.[1] In Wikis ist es jedem registrierten Nutzer erlaubt, alle Informationen zu bearbeiten oder neue zu erstellen. Alle Änderungen können dabei über eine Versionsverwaltung eingesehen und rückgängig gemacht werden. Des weiteren bieten Wikis häufig auch Such- und Explorationsmöglichkeiten.

Der Einsatz von Wikis eignet sich immer dann besonders gut, wenn viele Nutzer gemeinschaftlich textuelle Informationen erstellen sollen. So kommen Wikis meist als Wissens- und Dokumentenmanagement-System zum Einsatz; bekanntestes Beispiel hierfür ist die freie Online-Enzyklopädie Wikipedia[2]. Wenn die Anzahl an aktiven Nutzern jedoch zu gering ist, um die Wiki-Inhalte geeignet zu strukturieren und aktuell zu halten, können sich Wikis schnell in ein zwar reichhaltiges, aber unübersichtliches Informations-Chaos verwandeln. Dann kann es vorkommen, dass Informationen mehrfach oder in unterschiedlicher Weise hinzugefügt werden und so z.B. Widersprüche entstehen. Auch fehlen häufig die notwendigen Querverweise zwischen den Informationen, was das Auffinden aller für ein bestimmtes Thema relevanter Informationen erschwert.

Um diese Probleme in den Griff zu bekommen, wurde die Verwendung von Semantic Web Technologien für Wikis angeregt. Den in den jeweiligen Wikis behandelten Themen wird dabei eine passende ontologische Struktur zu Grunde gelegt, die eine strukturierte

---

[1]Das übergeordnete Forschungsgebiet zu diesem Thema heißt *Computer Supported Cooperative Work (CSCW)*.
[2]Wikipedia: http://www.wikipedia.de

Semantische Wikis

Eingabe und Speicherung der Informationen ermöglicht. Dafür können beliebige, bereits im Semantic Web existierende Ontologien in die semantischen Wikis integriert und bestehende Objekte und Relationen verwendet werden. Durch die maschinenlesbare Repräsentation der Informationen wird es möglich, automatisierte Verfahren einzusetzen, um sowohl die Qualität der Informationen und deren Vernetzung als auch den Zugriff auf diese zu verbessern. Darüber hinaus wird auch die Weiterverwendung der Informationen in anderen Kontexten erleichtert.

Bestehende Ansätze

Bestehende semantische Wikis lassen sich in zwei Gruppen einteilen. Die erste Gruppe unterstützt die kollaborative Erstellung und Wartung von Ontologien. Sowohl die Darstellung der semantischen Daten als auch die Möglichkeiten, diese zu verändern oder zu erweitern, sind technischer Natur und daher vielmehr für Experten konzipiert. So bieten Tools wie z.B. *OntoWiki* [ADR06] zwar die volle Mächtigkeit von OWL bei der kollaborativen Erstellung semantischer Daten, sind aber aus diesem Grund für Nicht-Experten nur mit Schwierigkeiten zu bedienen.

Im Gegensatz dazu unterstützt die zweite Gruppe von semantischen Wikis primär die semantische Annotation von natürlichsprachlichen Texten und zielt mit einfach gehaltenen Oberflächen auch auf Nicht-Experten ab. Ein Beispiel für diese Gruppe ist das *Semantic MediaWiki* [VKV+06], das die semantische Annotation von Wikipedia-Seiten erlaubt. Die Verwendung von Semantic Web Technologien dient dabei primär der eindeutigen Beschreibung von Zusammenhängen zwischen Begriffen in Wiki-Seiten und weniger der Modellierung neuer semantischen Strukturen, wie ontologische Klassen, Instanzen oder Relationen.

Um jedoch das gesamte Potential von semantischen Wikis voll auszuschöpfen, müssen bei Bedarf auch neue semantische Strukturen modelliert werden können, z.B. wenn die vorhandenen Strukturen nicht ausreichen, um bestimmte Informationen zu beschreiben. Um dies auf einfache und intuitive Weise zur ermöglichen, hilft der

Einsatz des vorgestellten Modells der interaktiven Angleichung im Semantic Web. So können auf syntaktisch-lexikalischer, auf semantischer und auf Modell-Ebene Verständnisprobleme und Fehler bei der Erstellung semantischer Daten in Wikis schneller erkannt und behoben werden. Dadurch wird es möglich, auch komplexe Strukturen in Kollaboration zu erstellen und weiterzuentwickeln.

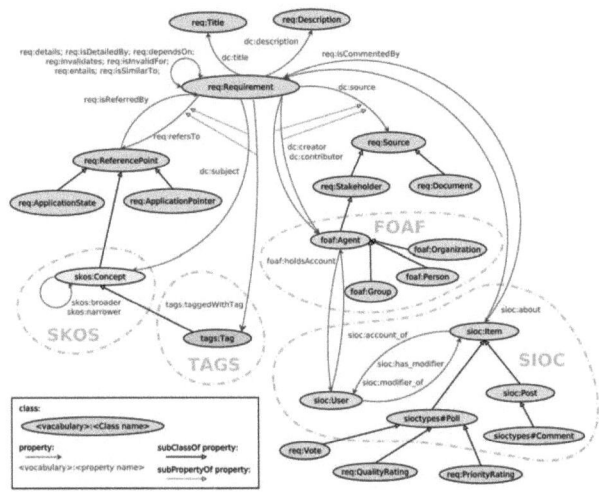

Abbildung 4.1: Eine Visualisierung der wichtigsten Klassen und Properties der SWORE mit integrierten Teilen aus anderen Ontologien des Semantic Web (Abb. aus [LR10]).

Im Folgenden wird ein semantisches Wiki vorgestellt, welches das Modell der interaktiven Angleichung im Semantic Web fast vollständig umsetzt. Dieses Wiki wurde innerhalb des *Softwiki*-Forschungsprojekts[3] entwickelt und hat zum Ziel, große und räumlich getrennte *Stakeholdergruppen*[4] dazu zu befähigen, Softwareanforderungen auf einfache Weise zusammenzutragen, semantisch anzureichern, zu

---
[3]Softwiki: http://www.softwiki.de
[4]Stakeholder sind alle, die ein Interesse an der Softwareentwicklung haben (z.B. Softwareentwickler, Manager, Anforderungsspezialisten und Endnutzer).

klassifizieren und zu aggregieren. Da zur Domäne des Anforderungsmanagments noch keine geeignete Ontologie existiert, wurde im Softwiki-Pojekt hierfür die SoftWiki Ontology for Requirements Engineering (SWORE) entwickelt (vgl. Abb. 4.1).

4.1.2 Ein semantisches Wiki für das Anforderungsmanagement

Eine enge Zusammenarbeit sowohl aller an der Softwareentwicklung beteiligten Stakeholder als auch der Endanwender bei der Diskussion und Spezifikation von Anforderungen ist eine entscheidende Voraussetzung für den Erfolg von Softwareprodukten. Um eine enge und zielgerichtete Zusammenarbeit zu ermöglichen, wurde ein spezielles semantisches Wiki entwickelt, das es jedem registrierten Nutzer ermöglicht, bestehende Anforderungen zu bearbeiten oder zu diskutieren, neue Anforderungen anzugeben oder Beziehungen zwischen den Anforderungen zu definieren. Dabei ist es insbesondere im Anforderungsmanagement extrem wichtig, dass alle Änderungen mitgespeichert werden und somit jeder Zeit einsehbar und nachverfolgbar sind. Dies schafft Transparenz und erlaubt im Zweifel auch, dass Änderungen wieder rückgängig gemacht werden können.

Abb. 4.2 zeigt unterschiedliche Screenshots des semantischen Wikis.[5] Nachdem sich der Nutzer im Wiki eingeloggt hat, werden zuerst alle bisher erstellten Anforderungen in einer Liste angezeigt (Abb. 4.2, C0). Die Elemente auf der linken Seite (A0, B0) ermöglichen die Navigation in diesen Anforderungen auf unterschiedliche Art und Weise. So erlaubt die Baumdarstellung (Abb. 4.2, A0/1) eine Navigation der Anforderungen entlang einer hierarchischen Klassifikationsstruktur. Diese ist meist durch einen Projektleiter im Vorhinein festgelegt und basiert auf Erfahrungen und bewährten Ansätzen aus früheren Projekten. Wenn neue Anforderungen durch Nutzer erstellt werden, müssen diese in eine dieser ontologischen Klassen eingeordnet werden (Abb. 4.2, C1.1). Da es je-

---

[5]Erste wissenschaftliche Veröffentlichungen zu dem semantischen Wiki finden sich in [LHA+08] und [LDHH09].

doch in den meisten Fällen unmöglich ist, alle zur Organisation und Klassifikation von Anforderungen benötigten Strukturen im Voraus abzusehen, wird zusätzlich auch eine kollaborative Erstellung von ontologischen Klassen im Wiki unterstützt.

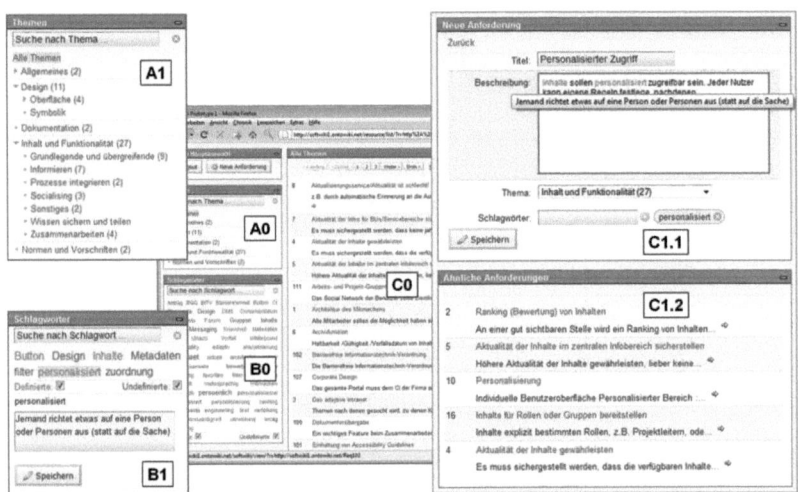

Abbildung 4.2: Screenshot des semantischen Wikis: Anforderungen können sowohl über Klassen einer bestehenden Ontologie (A0/1) als auch über kollaborativ erstellte Klassen (B0/1) strukturiert und exploriert werden. Die Erstellung der Anforderungen wird in unterschiedlicher Weise unterstützt (C1.1). Z.B. werden inhaltlich ähnliche bestehende Anforderungen bei der Erstellung angezeigt, um Dopplungen zu vermeiden (C1.2).

Kollaborative Erstellung von ontologischen Klassen

Um die kollaborative Erstellung semantischer Klassen zu unterstützen, wird eine aus dem Web 2.0 bekannte Art der Klassifikation für semantische Wikis adaptiert. Diese erlaubt es Nutzern, kollaborativ beliebige Schlüsselwörter, so genannte *Tags*, zu erstellen und

Semantische Wikis 115

sie bestimmten Anforderungen zuzuweisen (Abb. 4.2, C1.1). Darüber hinaus werden alle auf diese Weise erstellten Schlüsselwörter in aggregierter Form als eigenständiges Element auf der linken Seite dargestellt und können zur Navigation der Anforderungen verwendet werden. Die Darstellung erfolgt als alphabetisch geordnete *Tag-Wolke*, in der die Schriftgröße der Tags deren Popularität widerspiegelt (Abb. 4.2, B0/1).

Um einen noch gezielteren Zugriff auf die Anforderungen und eine noch mächtigere Navigation zu ermöglichen, lassen sich Baumdarstellung und Tag-Wolke auch kombinieren. So können beispielsweise Anforderungen, die durch die Selektion einer bestimmten Klasse in der Baumdarstellung angezeigt werden, durch eine zusätzliche Selektion von Tags noch weiter gefiltert werden. Umgekehrt lassen sich auch Selektionen in der Tag-Wolke durch Selektionen in der Baumdarstellung verfeinern. Um eine kombinierte Verwendung zu erleichtern, werden immer nur diejenigen Tags in der Wolke angezeigt, die für eine Verfeinerung noch übrig sind (vgl. den Ansatz der facettierten Suche über GUIs in Abschn. 2.4.2).

Syntaktisch-lexikalische und semantische Angleichung

Auch wenn das so genannte *Tagging*, das Verwendung von Tags, ein beliebtes und insbesondere im Web 2.0 mit Erfolg eingesetztes Konzept ist, sind die frei durch den Nutzer wählbaren Schlüsselwörter oftmals mehrdeutig oder haben überhaupt keine klare Bedeutung. Mehrdeutigkeiten bieten jedoch Raum für Missverständnisse und Fehler und sind daher soweit irgend möglich zu vermeiden (dies gilt insbesondere bei der Anforderungsdefinition). Anforderungen sollten in einer Weise formuliert werden, die ein gemeinsames Verständnis unterstützt und keinen oder nur einen möglichst geringen Raum für unterschiedliche Interpretationen lässt. Ungenaue, nicht gebräuchliche oder sehr technische Begriffe bedürfen daher einer genaueren Definition. Aus diesem Grund bietet das hier vorgestellte semantische Wiki die Möglichkeit, Tags mit einer zusätzlichen Definition zu versehen. Dadurch kann gemeinsam verwendeten Begriffen eine einheitliche Bedeutung gegeben werden, also eine Angleichung auf syntaktisch-lexikalischer und semantischer Ebene stattfinden.

Dafür können einzelne Tags in der Tag-Wolke ausgewählt und deren Bedeutung durch die Eingabe von Text in ein Textfeld erklärt werden (Abb. 4.2, B1). Dadurch transformiert der Nutzer ein undefiniertes Tag in ein Tag mit definierter Bedeutung, was auch durch den Wechsel der Farbe des Tags in der Tag-Wolke repräsentiert wird (definierte Tags sind grün). Auf diese Weise kann kollaborativ aus zuerst beliebig verwendeten Tags Schritt für Schritt eine Glossar von klar definierten Begriffen zur Klassifikation von Anforderungen entstehen. Diese Begriffe können sich dann weiter zu ontologischen Klassen entwickeln. Man spricht hierbei von einem Reifungsprozess [BSWZ08].

Wenn bereits definierte Tags zur Klassifikation von Anforderungen oder innerhalb deren textueller Beschreibung verwendet werden, wird der entsprechende Begriff hervorgehoben und die Definition als Tooltip verfügbar gemacht (Abb. 4.2, C1.1). Hierdurch können Nutzer auf einfache Weise die Bedeutungen von mehrdeutigen, sehr technischen oder unbekannten Begriffen einsehen; natürlich nur soweit diese bereits durch andere Nutzer definiert wurden. Da solche Begriffe auch schon bei der Eingabe von neuen Anforderungen hervorgehoben werden, leitet es Nutzer dazu an, existierende Definitionen zu berücksichtigen und dadurch eine falsche Verwendung von bereits anderweitig definierten Begriffen zu vermeiden. Das Ziel ist die Erstellung und Verwendung von Begriffen, deren Bedeutung einheitlich in einer formalen Sprache wie RDF definiert ist, um so zum einen die Verständigung bei der Erstellung, aber auch den einfachen Export von Informationen in andere Kontexte und Formate zu ermöglichen, z.B. den Export in das *Requirements Interchange Format (RIF)*[6].

Möglichkeiten der Rückmeldung

Neben den Möglichkeiten der syntaktisch-lexikalischen und semantischen Angleichung bietet das hier vorgestellte semantische Wiki

---

[6]RIF: http://www.automotive-his.de/rif/.

Semantische Wikis

auch Funktionen zur Diskussion und Bewertung von Inhalten an (vgl. Abb. 4.3). Auf diese Weise können z.B. Autoren von Anforderungen Rückmeldungen von anderen Nutzern erhalten und dadurch Hinweise und Anstöße darüber bekommen, an welchen Stellen die Anforderungen noch verändert oder genauer definiert werden müssen. Auch bieten solche Rückmeldungen eine gute Ausgangsbasis für die Priorisierung von Anforderungen im Bezug auf deren spätere Umsetzung.

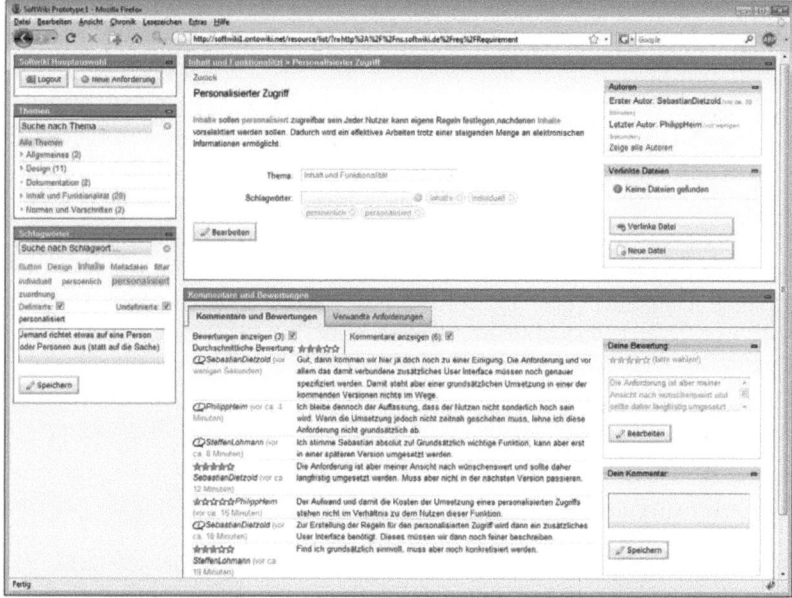

Abbildung 4.3: Die Nutzer können die Anforderungen diskutieren, bewerten und über sie abstimmen.

Allgemein werden hierbei drei verschiedene Arten von Rückmeldungen unterschieden: *Kommentare*, *Bewertungen* und *Abstimmungen*. Kommentare können genutzt werden, um Anforderungen zu diskutieren und auf diese Weise dabei zu helfen, die Qualität der

Anforderungen zu erhöhen. Bewertungen sind ähnlich wie Kommentare, enthalten aber zusätzlich zum Kommentartext auch noch die Möglichkeit, Anforderungen auf einer Fünf-Punkte-Skala zu beurteilen. Die Abstimmung erlaubt es Nutzern, Zustimmung oder Ablehnung gegenüber Anforderungen zu äußern, d.h., in wie weit sie bestimmte Anforderungen im Softwareprodukt umgesetzt sehen wollen oder nicht. In der Praxis stellte sich jedoch heraus, dass Nutzer mit dem Wort „Bewertung" ganz unterschiedliche Dinge verbinden: Die einen bewerten damit die Qualität des Anforderungstextes, andere die Anforderung selbst; manche argumentieren an Hand ihrer persönlichen Erfahrungen und Meinungen, andere versuchen einen objektiven Standpunkt einzunehmen.

Aus den beschriebenen Unterschieden in der Art und Weise, wie Nutzer die Möglichkeiten der Rückmeldung einsetzen, ergeben sich auch Konsequenzen für die Analyse dieser Rückmeldungen und deren Einsatz zum Zwecke der Priorisierung von Anforderungen bei der Implementation der Software. Dennoch bieten die Rückmeldungen über das semantische Wiki wichtige Anhaltspunkte bei der Umsetzung. Beispielsweise könnte die Priorisierung der Anforderungen über den Mittelwert aller abgegebenen Stimmen berechnet werden. Es sind aber je nach Kontext auch noch andere Arten der Gewichtung der Rückmeldungen denkbar (z.B. über die Rollen der Nutzer) und auch auf einfache Weise umsetzbar.

Angleichung der mentalen Modelle

Über die Möglichkeiten des Kommentierens, des Bewertens und des Abstimmens können Gründe, Meinungen und Argumente zwischen den Nutzern ausgetauscht und dadurch ein Konsens über Begrifflichkeiten, Formulierungen und deren Bedeutungen erreicht werden. Durch die Verwendung von definierten Meta-Sprachen wie RDF und die Einbeziehung von bereits standardisiertem Wissen (z.B. über Ontologien wie FOAF, SKOS oder *Semantically-Interlinked Online Communities (SIOC)*[7]) kann Bedeutung explizit und eindeutig

---

[7]SIOC: http://sioc-project.org/

repräsentiert und dadurch verständlich innerhalb einer Diskussion ausgetauscht werden. Auf diese Weise können sich schrittweise unterschiedliche Positionen annähern und so eine Angleichung auch der mentalen Modelle unterschiedlicher Stakeholder stattfinden.

Wie im Modell der interaktiven Angleichung im Semantic Web in Abschn. 3.3 beschrieben, findet eine Angleichung auf mentaler Ebene durch Angleichungen auf syntaktisch-lexikalischer und semantischer Ebene statt. Der erste Schritt kann die Verwendung von ähnlichen Begriffen bei der Formulierung oder Auszeichnung (Tagging) von Anforderungen sein. Der zweite Schritt kann die Erarbeitung und Absprache einer einheitlichen Interpretation dieser Begriffe sein (explizite Bedeutung). Und der dritte Schritt kann schließlich zu einer gemeinsamen Sicht auf das Anforderungsmanagment mit gemeinsamen Zielen und Intentionen führen. Wie auch schon in Abschn. 3.3.1 angemerkt, vollzieht sich die Angleichung der mentalen Modelle im Semantic Web – im Gegensatz zur direkten Angleichung auf syntaktisch-lexikalischer und semantischer Ebene – indirekt über ein Medium, wie z.B. ein semantisches Wiki. Entscheidend dabei ist, dass ein Austausch zwischen Erstellern und Nutzern von semantischen Daten innerhalb einer Community stattfindet, da eine Angleichung auf mentaler Ebene nur in den Köpfen von Menschen passieren kann. Im Gegensatz zu den expliziten semantischen Repräsentationen existieren nämlich keine von den Menschen losgelösten Repräsentationen der mentalen Modelle.

4.1.3 Diskussion

Das hier vorgestellte semantische Wiki zeigt, wie das Modell der interaktiven Angleichung im Semantic Web eingesetzt werden kann, um große und verteilte Stakeholder-Gruppen dabei zu unterstützen, kollaborativ Anforderungen zu erstellen und zu verbessern. Die entscheidende Herausforderung besteht dabei in einem Ausgleich sich in gewisser Weise widersprechender Bedürfnisse: Zum einen wird die Umsetzung von Web 2.0 Prinzipien, wie Einfachheit, Offenheit und Vertrauen benötigt, um große Nutzergruppen anzuregen, bei der Erstellung und Verbesserung von Anforderungen mitzuwirken. Zum anderen wird aber ein gewisses Maß an Formalität verlangt, um auf diese Weise dem klassischen Anforderungsmanagment Rechnung zu tragen und so einen strukturierten Zugriff, eine effiziente Analyse und eine einfach Weiterverarbeitung der gesammelten Anforderungen zu ermöglichen.

Der hier vorgestellte Ansatz wurde speziell mit dem Ziel einer Unterstützung früher Phasen der Anforderungserhebung unter Beteiligung vieler Stakeholder und Einbeziehung auch informeller Tätigkeiten konzipiert. Wichtig ist daher eine intuitive Bedienbarkeit und eine einfache Möglichkeit zur Partizipation im Gegensatz zu ausgefeilten und mächtigen Funktionen für die Analyse und das Management von Anforderungen. Dabei steht das soziale Erlebnis von Zusammenarbeit bei der Anforderungserhebung im Vordergrund. So sollen auch unerfahrene und untrainierte Stakeholder dazu motiviert werden, Anforderungen zu sammeln, zu diskutieren, zu verbessern und zu strukturieren. Unter der Mitwirkung von erfahreneren Nutzern sollen auf diese Weise große Mengen von Anforderungen in natürlicher Sprache formuliert und daraufhin kollaborativ verbessert werden. Das bedeutet die einheitliche und eindeutige Definition der verwendeten Begrifflichkeiten, der Beziehungen zwischen den Anforderungen sowie der benötigten Klassen und Schlüsselwörter. Eine nachgelagerte Überarbeitung der daraus resultierenden Anforderungen durch Experten unter Verwendung von etablierten Tools zum Anforderungsmanagment ist auf Grund der oftmals durchwachsenen Qualität dieser Daten jedoch häufig notwendig.

4.2 Interaktive Extraktion aus Textbeständen

Im Gegensatz zu dem im letzten Kapitel vorgestellten Ansatz eines semantischen Wikis zur kollaborativen Erstellung von Anforderungen, setzt der in diesem Kapitel beschriebene Ansatz auf die interaktive Extraktion von bereits in Textdokumenten bestehendem Anforderungswissen. Damit soll es möglich werden, neben der direkten

Beteiligung von Stakeholdern, anforderungsrelevante Informationen auch aus bereits existierenden Dokumentenbeständen, wie beispielsweise Anwendungsfall- und Systembeschreibungen, Gesprächsprotokollen oder Kunden-E-Mails zu extrahieren. Das entsprechend hierfür entwickelte System, der *InteractiveExtractor*[8], wird im Folgenden vorgestellt.

4.2.1 Einleitung

Bei der Erhebung von Anforderungen muss häufig eine Vielzahl bereits vorhandener, in Form und Inhalt verschiedenartiger Dokumente berücksichtigt werden. Die manuelle Identifizierung und Extraktion von anforderungsrelevanten Informationen in diesen Dokumentenbeständen ist jedoch sehr zeitaufwändig und ohne eine geeignete Systemunterstützung aus ökonomischer Sicht häufig nicht umfassend möglich.

Eine Alternative bieten hier vollautomatische Extraktionsverfahren, deren Ergebnisse jedoch in vielen Fällen unvollständig oder fehlerhaft sind, da sie die Semantik natürlicher Sprache zumeist nicht in ausreichendem Maße erkennen (vgl. Abschn. 2.2.1). Ein weiteres Problem ist, dass die automatische Informationsextraktion in der Regel nur eine geringe Transparenz aufweist, so dass für den Nutzer oftmals unklar bleibt, auf welche Weise die Dokumente durchsucht und ob wirklich alle relevanten Informationen extrahiert wurden.

Vielversprechender sind in diesem Zusammenhang Ansätze, die die Suche durch semi-automatische Verfahren unterstützen, beispielsweise durch Ansätze der Textaggregation [MAD05] oder der semantischen Suche [WBB08]. Allgemein lässt sich jedoch ein Mangel an durchgängigen Lösungen feststellen, die den Nutzer von der Formulierung der Suchanfrage über die Visualisierung der Fundstellen bis zur Extraktion anforderungsrelevanter Informationen in Form semantischer Daten unterstützen. Das ebenfalls im SoftWiki-Projekt

---

[8]Erste Beschreibungen des InteractiveExtractor finden sich bereits in [HSZL09] und [HSL+09]. Einen Screencast gibt es unter: http://youtu.be/wureAsIkav4.

entwickelte System InteractiveExtractor zielt auf eine solche durchgängige Lösung ab und bietet darüber hinaus semantische Unterstützung bei der Formulierung von Suchanfragen.

4.2.2 Der InteractiveExtractor

Entsprechend den Teilaktivitäten bei der Extraktion von anforderungsrelevanten Informationen gliedert sich auch die Benutzeroberfläche des InteractiveExtractor in drei Bereiche (vgl. Abb. 4.4): Der linke Bereich dient der semantisch unterstützen Erstellung von Suchanfragen (A), im Hauptbereich werden die Suchergebnisse in ihrem Kontext dargestellt (B) und der untere Bereich zeigt die extrahierten Informationen (C). Im Folgenden werden die Funktionen in diesen drei Bereichen ausführlicher beschrieben.

Semantisch unterstützte Erstellung von Suchanfragen

Nachdem der Nutzer mehrere Dokumente ausgewählt hat, in denen er nach anforderungsrelevanten Informationen suchen möchte, unterstützt ihn der InteractiveExtractor bei der Erstellung von Suchanfragen. Eine Suchanfrage wird dabei vom Nutzer zunächst wie üblich in einem oder mehreren Wörtern formuliert, die per Konjunktion oder Disjunktion miteinander verknüpft werden können. Anschließend kann die Suchanfrage in drei Stufen semantisch erweitert werden.

Die erste Stufe berücksichtigt zusätzlich zu den eingegebenen Suchwörtern alle ihre Wortformen. Hierdurch werden auch Suchergebnisse gefunden, die nicht exakt der eingegebenen Wortform entsprechen. In der zweiten Stufe werden darüber hinaus alle Synonyme der Suchwörter und deren Wortformen bei der Suche berücksichtigt. Die dritte Stufe bezieht neben Synonymen zusätzlich Unterbegriffe aus einem Thesaurus ein, so dass auch spezifischere Varianten der Suchwörter gefunden werden können. In dem in Abb. 4.4 dargestellten Beispiel wird das Eingabewort „Software" durch die Synonyme „Computerprogramm" und „Programm" erweitert. Zusätzlich

InteractiveExtractor 123

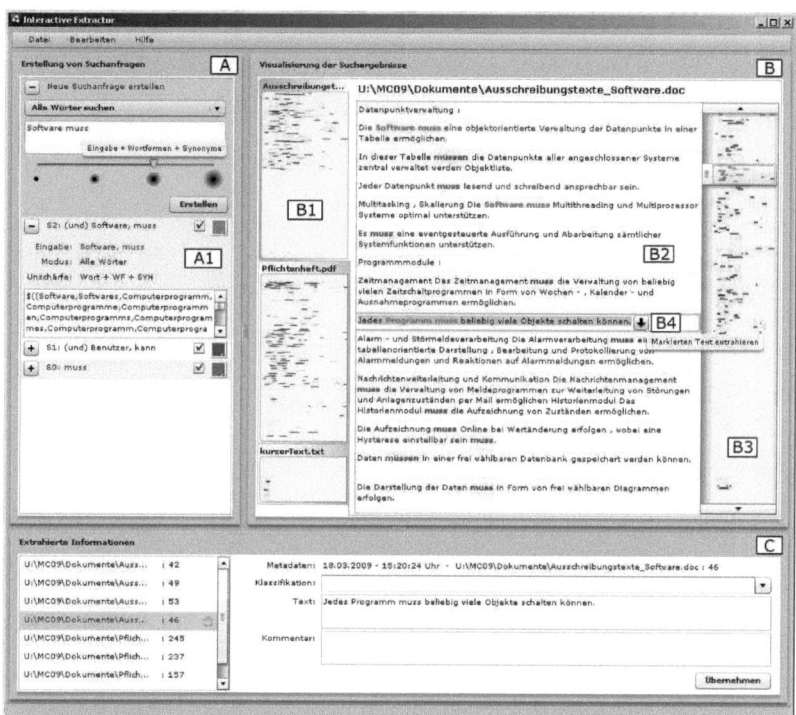

Abbildung 4.4: Benutzeroberfläche des InteractiveExtractor

berücksichtigt die Suchanfrage die entsprechenden Wortformen der Wörter.

Die gewünschte Stufe der semantischen Erweiterung kann der Nutzer über einen Schieberegler selbst bestimmen (Abb. 4.4, A). Die Unschärfe der Suche nimmt durch Einbeziehung weiterer Wortformen, Synonyme und Begriffsklassen zu. Für den Nutzer bleibt dennoch jederzeit ersichtlich, welche Wörter und Wortformen in die Suchanfrage eingegangen sind, da die resultierende Liste von Suchtermen nach ihrer Erstellung in einem Textfeld angezeigt wird (A1). Falls der Nutzer möchte, kann er die Liste selbst anpassen, indem er einzelne Wörter entfernt oder weitere ergänzt. Er kann zudem die Visualisierung der Fundstellen zu einzelnen Suchanfragen ein- und ausschalten sowie deren farbliche Repräsentation nach Belieben verändern.

Visualisierung von Suchergebnissen

Die Fundorte der Suchanfragen sind in den Dokumenten in der jeweiligen Farbe gekennzeichnet. Über die vertikal angeordneten Miniaturansichten (B1) erhält der Nutzer, ähnlich wie im System TileBars [Hea95], einen Gesamtüberblick über die Fundstellen in allen Dokumenten. Die Höhe der Miniaturansichten repräsentiert den Umfang der Dokumente. Wählt der Nutzer ein Dokument aus, wird es mit den markierten Fundstellen in der Detailansicht dargestellt (B2).

Wie üblich kann über den Schieberegler des Scrollbalkens der angezeigte Ausschnitt des Dokuments verändert werden. Um die Navigation zu den Fundstellen zu erleichtern, werden diese zusätzlich auch im Scrollbalken angezeigt (B3). Der Bereich des Scrollbalkens, der innerhalb des Schiebereglers liegt, entspricht dabei dem in der Detailansicht dargestellten Ausschnitt des Dokuments.

Extraktion und Klassifikation von anforderungsrelevanten Textstellen

Findet der Nutzer anforderungsrelevante Textstellen, kann er diese auf einfache Weise aus dem jeweiligen Dokument extrahieren und klassifizieren. Sobald er eine Textstelle in der Detailansicht markiert, wird eine Schaltfläche eingeblendet (B4), mittels der er diese kopieren kann. Die Textinformation wird zusammen mit weiteren Metadaten wie dem Dokumentenpfad, dem Fundort, dem aktuellen Datum und der Uhrzeit in die Sammlung extrahierter Informationen in den unteren Bereich (C) übernommen. Dort kann der Nutzer die extrahierten Informationen klassifizieren und anschließend strukturiert als XML-Datei exportieren. Darüber hinaus ist ein Export im RIF-Format möglich, so dass die extrahierten Informationen anschließend z.B. in das im letzten Kapitel beschriebene semantische Wiki überführt und dort für die kollaborative Anforderungsdefinition herangezogen werden können.

Architektur des InteractiveExtractor

Der InteractiveExtractor ist als Client-Server-Anwendung realisiert. Der Client wurde in *Adobe AIR*[9] implementiert. Die vom Nutzer eingegebenen Suchanfragen werden mit Hilfe von Web-Services des *Projekts Deutscher Wortschatz*[10] semantisch erweitert. Die Suche in den Dokumenten findet jedoch lokal auf dem Computer statt, auf dem auch der Client installiert ist. Die Dokumente werden somit nicht über ein Netzwerk übertragen, was verhindert, dass unternehmenskritische Textinformationen nach außen gelangen.

Um eine flüssige Nutzerinteraktion mit dem InteractiveExtractor zu gewährleisten, ist eine schnelle Antwortzeit auf Suchanfragen essentiell. Aus diesem Grund wurde eine speziell für den InteractiveExtractor entwickelte Textmining-Komponente eingesetzt, die die Dokumente vorverarbeitet. Da die Komponente als *ActiveX*[11]-Steuerelement realisiert wurde, kann sie jedoch auch ohne hohen Implementierungsaufwand in anderen Windows-Anwendungen verwendet werden. Die Kommunikation zwischen der Adobe-Air- und der ActiveX-Komponente übernimmt ein Proxy-Server, der in *Python*[12] implementiert ist. Der Proxy nimmt die Anfragen des Clients

---

[9]Adobe AIR steht für Adobe Integrated Runtime und ist eine plattformunabhängige Laufzeitumgebung zur Erstellung von so genannten *Rich Internet Application (RIA)s*. Mehr Informationen unter: http://www.adobe.com/de/products/air/.

[10]Das Projekt Deutscher Wortschatz durchsucht öffentlich zugängliche Quellen, um umfangreiche Textkorpora aufzubauen und diese statistisch auszuwerten. Die Ergebnisse werden unter der Web-Adresse http://wortschatz.uni-leipzig.de mit Hilfe eines Vollformenwörterbuchs durchsuchbar zur Verfügung gestellt. Für das Deutsche sind zusätzlich syntaktische und semantische Angaben wie Grundformen, Sachgebiete und Synonyme erschlossen.

[11]ActiveX ist ein von Microsoft entwickeltes Modell zur Beschreibung aktiver Inhalte, welches auf den *Component-Object-Model (COM)*-Standards aufsetzt.

[12]Python ist eine universelle höhere Programmiersprache: http://www.python.org/.

entgegen und leitet sie an das ActiveX-Steuerelement weiter, welches die Antworten dann wiederum in XML formatiert zurück an den Client schickt.

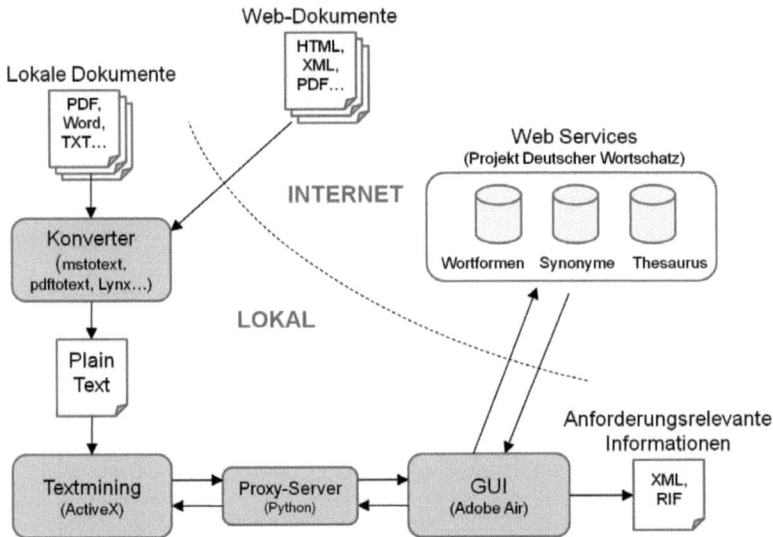

Abbildung 4.5: Architektur des InteractiveExtractor

Nutzung der Web Services: Zur semantischen Erweiterungen der Suchanfragen werden drei Web Services des Projekts Deutscher Wortschatz genutzt, die Synonyme, Wortformen und Thesaurus-Informationen zu angefragten Wörtern zurückgeben. Die Kommunikation mit den Web Services erfolgt per $SOAP$[13].

Die einzelnen Stufen der semantischen Erweiterung bauen aufeinander auf, so dass für eine Erweiterung der Suchanfrage auf einer

---

[13]SOAP ist ein Netzwerkprotokoll und W3C-Standard für den Austausch von Daten zwischen Systemen. Mehr Informationen unter: http://www.w3.org/TR/soap12-part1/.

höheren Stufe auch die Ergebnisse der darunterliegenden Stufen benötigt werden. Die Web-Service-Anfragen zur höchsten Stufe der semantischen Sucherweiterung verlaufen demnach wie folgt:

1. Abfrage der Wortformen des Eingabewortes.
2. Abfrage der Synonyme des Eingabewortes.
   (a) Abfrage der Wortformen für jedes zuvor erhaltene Synonym.
3. Abfrage der Begriffe aus dem Thesaurus für das Eingabewort.
   (a) Abfrage der Wortformen für jeden zuvor erhaltenen Begriff.

Wurden mehrere Begriffe eingegeben, wird der Vorgang für jeden dieser Begriffe separat ausgeführt.

Das Eingabewort und alle Suchergebnisse der Web Services zu diesem Wort werden disjunkt verknüpft und bilden die Suchbegriffsmenge. Bei mehreren Eingabewörtern können die entstandenen Suchbegriffsmengen entweder per Konjunktion oder Disjunktion verknüpft werden, woraus sich die Suchanfrage ergibt (vgl. Abschn. 4.2.2). Die Suchanfrage wird anschließend als Zeichenkette formatiert über den lokalen Proxy-Server an das ActiveX-Steuerelement übergeben, das dann die Suche in den Textdokumenten durchführt.

Aufbereitung der Dokumente: Der modulare Aufbau der Textmining-Komponente ermöglicht die einfache Anbindung externer Konverter für unterschiedliche Dokumententypen. In der aktuellen Implementierung unterstützt der InteractiveExtractor neben einfachen (*ASCII-*)Textdokumenten unter anderem auch den Import von Word-, PDF- oder HTML-Dokumenten. Webseiten können direkt über Eingabe ihrer URL importiert werden. Die im InteractiveExtractor eingesetzte Textmining-Komponente arbeitet nach dem Prinzip eines modularen, konfigurierbaren Tokenizers [HQW06]. Der

Zeichen-Eingabestrom der zu verarbeitenden Dokumente wird dabei schrittweise in einzelne Einheiten (Token) zerlegt. Der Aufbau der Token bzw. das Zerlegungsmuster kann frei konfiguriert werden. Standardmäßig werden die Dokumente in Sätze und Wörter zerlegt. Denkbar wäre auch eine Aufteilung in Absätze oder andere, logisch sinnvolle Einheiten.

Über die entstandenen Token wird dann ein Index erzeugt. Außerdem wird die Häufigkeit des Auftretens der Wörter ermittelt. Durch Vergleich mit einem optional installierbaren Referenzwortschatz (der fachspezifisch oder allgemeinsprachlich sein kann) lässt sich so signifikant häufiges Auftreten von Wörtern zur Terminologieextraktion (Verschlagwortung) eines Dokumentes nutzen. Die Textmining-Komponente ist auch in der Lage, Kookkurrenzen in Form von einem überdurchschnittlich häufigen, gemeinsamen Auftreten von Wörtern in den Texten zu ermitteln. Hierbei können sowohl Nachbarschafts- als auch Satzkookkurrenzen berechnet werden [HQW06]. Diese beiden Funktionen werden in der aktuellen Implementierung des InteractiveExtractors vom Client jedoch noch nicht genutzt.

4.2.3 Diskussion

Der InteractiveExtractor bietet eine durchgängige Unterstützung für alle Teilaktivitäten bei der Extraktion anforderungsrelevanter Informationen aus Dokumentenmengen. Damit schafft er eine Lösungsidee für die in Abschn. 2.2.1 beschriebenen Probleme bei der Erstellung von semantischen Daten. Insbesondere zeichnet er sich durch die folgenden Funktionalitäten aus:

- Eine graduelle, semantische Anreicherung von Suchanfragen in drei verschiedenen Intensitätsstufen, die vom Nutzer kontrolliert werden.

- Die gleichzeitige Visualisierung von Fundstellen in mehreren Dokumenten und von verschiedenen Suchanfragen.

- Eine schnelle und einfache Extraktion und Klassifikation von anforderungsrelevanten Informationen zusammen mit einer Rückverfolgbarkeit bis zu den Fundorten.

In ersten Anwendungsfällen aus dem SoftWiki-Projekt wurde der InteractiveExtractor grundsätzlich als hilfreich bewertet. Die allgemeine Form der semantischen Sucherweiterung liefert allerdings bisher sehr breite und wenig fachbezogene Unterstützung. Hier ist noch eine Anpassung des verwendeten Wortschatzes auf die jeweilige Domäne bzw. den Unternehmenskontext notwendig. Eine weitere, möglicherweise sinnvolle Quelle für einen angepassten Wortschatz bilden die Anforderungstexte und Tags aus der kollaborativen SoftWiki-Umgebung.

5
Interaktive Angleichung beim Zugriff auf semantische Daten

In diesem Kapitel werden vier Ansätze vorgestellt, die das Modell der interaktiven Angleichung im Semantic Web umsetzen, um den interaktiven Zugriff auf semantische Daten zu ermöglichen. Dabei unterstützt die erste Umsetzung, *Facet Graphs*, die semantisch eindeutige Formulierung auch komplexer Suchanfragen durch die Kombination von facettierter Suche und Graph-Visualisierung. Die zweite Umsetzung, *RelFinder*, findet Zusammenhänge zwischen beliebigen Informationen anhand der Verbindungen im Semantic Web und macht diese über eine interaktive Visualisierung für Nutzer explorierbar. Die dritte Umsetzung, *SemSor*, ermöglicht den gezielten Zugriff auf Web 2.0 Inhalte und unterstützt damit die schnelle und umfassende Einschätzung von Krisensituationen. Und die vierte Umsetzung stellt mit dem *ChainGraph* eine neue Form der Graph-Visualisierung vor, die insbesondere das Erkennen und Verfolgen von Zusammenhängen in semantischen Daten unterstützt.

5.1 Eindeutige Suchanfragen mit Facet Graphs

Ein wichtiger Vorteil von semantischen Daten ist, dass sie nicht mehr nur auf Grundlage der sie repräsentierenden Zeichenketten (d.h. ihrer Label) gefunden werden können, sondern auch auf Grundlage ihrer Bedeutung. Damit steigt sowohl die Anzahl an relevanten Suchergebnissen als auch deren allgemeine Präzision im Vergleich zu herkömmlichen, größtenteils auf Abgleich von Zeichenketten basierten Suchmaschinen, wie z.B. Wikipedia oder Google. Um allerdings die richtigen Informationen zu finden, muss die semantische Bedeutung des Gesuchten möglichst eindeutig durch den Nutzer formuliert sein. Andernfalls nützt die semantische Annotation des Suchraums wenig, da nicht klar ist, wonach gesucht werden soll.

5.1.1 Einleitung

Es existieren bereits verschiedene Ansätze für Benutzungsschnittstellen zur semantisch eindeutigen Definition einer Suchanfrage. Eine grundlegende Strategie, um die Mehrdeutigkeit natürlich-sprachlicher Anfragen zu umgehen, ist dabei die Verwendung von eindeutig definierten, künstlichen Anfragesprachen, wie z.B. SPARQL (vgl. Abschn. 2.1.4). Für die Formulierung einer Anfrage in einer solchen Sprache, muss diese jedoch vom Nutzer erlernt worden sein. Die direkte Eingabe von Suchbefehlen in einer künstlichen Anfragesprache, wie sie beispielsweise mit *SNORQL*[1] möglich ist, eignet sich daher mehr für Experten.

Die große Mehrheit der Nutzer benötigt eine Benutzungsschnittstelle, die das Erstellen einer semantisch eindeutigen Anfrage ohne zusätzliche Kenntnisse erlaubt. Ein verbreiteter Ansatz hierfür beruht auf dem Konzept der facettierten Suche (vgl. Abschn. 2.4.2),

---

[1]SNORQL query explorer: http://DBpedia.org/snorql.

bei dem der Nutzer immer alle noch verbleibenden Optionen zur Erstellung einer Suchanfrage angezeigt bekommt und diese nur noch auswählen muss, um sie seiner Anfrage hinzuzufügen. Hierfür wird der zu durchsuchende Informationsraum entlang konzeptioneller Dimensionen unterteilt, wobei eine der Dimensionen jeweils die aktuelle Ergebnismenge repräsentiert, während die anderen als Facetten verwendet werden, um die Ergebnismenge einzuschränken. Da die in den Facetten angezeigten Attribute auf den semantischen Daten des Informationsraumes beruhen, werden automatisch ausschließlich bereits semantisch eindeutig definierte Objekte, Klassen und Properties für die Suchanfrage verwendet und somit Mehrdeutigkeit vermieden.

In Abschn. 2.4.2 wurden bereits erste facettenbasierte Ansätze für den Zugriff auf semantische Daten vorgestellt. Dabei zeigen Tools wie mSpace [SSO$^+$05] und Elastic Lists [SM07] die erfolgreiche Verwendung des Konzepts für einfache Aufgaben in einer klar abgegrenzten Domäne, wie z.B. die Suche nach Nobelpreisträgern an Hand ihrer Nationalität, ihres Geschlechts oder der Preiskategorie in der sie ausgezeichnet wurden.[2] Flexiblere Ansätze erlauben die Suche über beliebige Datensätze und die Verwendung von frei wählbaren Facetten zur Formulierung von Anfragen. Solche Ansätze sind deutlich mächtiger, eine erfolgreiche Anwendung aber auch viel stärker abhängig von der Interaktion mit dem Nutzer: Dieser muss z.B. selbst entscheiden, welche Facetten er auswählen und auf welche Weise er diese einsetzten will. Aus diesem Grund werden Interaktionstechniken benötigt, die eine hohe Mächtigkeit mit einer verständlichen und intuitiven Bedienbarkeit verbinden, um so eine einfache Erstellung auch komplexer Anfragen zu ermöglichen.

Mit *Facet Graphs*[3] wird in diesem Abschnitt ein Konzept vorgestellt, das speziell dafür konzipiert ist, die Formulierung von komplexen Anfragen zu erleichtern. In Facet Graphs wählt der Nutzer sowohl die Ergebnismenge als auch die Facetten, mit denen er die

---

[2]Demo (Nobelpreisträger): `http://well-formed-data.net/experiments/elastic_lists/`.

[3]Erste Beschreibungen von Facet Graphs finden sich bereits in[HZL08], [HZ09] und [HEZ10].

Ergebnismenge filtern will, selbst aus und produziert auf diese Weise seine persönliche, für die Formulierung seiner eigenen Anfragen optimierte Benutzungsschnittstelle. Facetten und Ergebnismenge sind als Knoten in einer Graph-Visualisierung repräsentiert und über beschriftete Kanten miteinander verbunden. Die Organisation der Facetten in einem Graphen erlaubt eine einfache Integration neuer Facetten und die Verwendung von beschrifteten Kanten zwischen den Knoten erleichtert ein Verständnis für die Zusammenhänge. Darüber hinaus bietet die Graph-Visualisierung eine zusammenhängende Repräsentation von vielen, auch indirekt verbundenen Facetten auf einer Seite und bewahrt Nutzer somit davor, in den komplexen Strukturen verloren zu gehen (hierbei spricht man auch von „Lost in Hyperspace").

Jeder Knoten im Graphen enthält eine Liste mit Objekten, die sortiert, geblättert und gescrollt werden kann. Durch die Selektion einzelner Objekte in den Listen kann der Nutzer Filter definieren und so komplexe Anfragen formulieren. Filterungen werden in unterschiedlichen Farben im Graphen hervorgehoben, um Nutzern das Verständnis für die Auswirkungen einer Selektion zu erleichtern (z.B. welche Knoten durch eine bestimmte Selektion gefiltert wurden). Auch können Nutzer dadurch die Ursachen für die Filterung eines bestimmten Knoten nachvollziehen (z.B. alle Selektionen betrachten, die einen bestimmten Knoten filtern). Da sich der Fokus des Nutzers während der Suche verschieben kann, ist es darüber hinaus in Facet Graphs zu jeder Zeit möglich, die Ergebnismenge zu ändern und so die Benutzungsschnittstelle immer optimal an den eigenen Fokus anzupassen. Dies ist insbesondere immer dann wichtig, wenn zu Beginn der Suche noch nicht feststeht, in welcher Domäne gesucht werden soll, wie das Ziel erreicht werden kann oder was das Ziel überhaupt ist. Zusammengenommen lassen sich durch die Kombination von Graph-Visualisierung und facettierter Suche auf einfache Weise auch komplexe, semantisch eindeutige Suchanfragen formulieren und so Informationen auf Grundlage ihrer Bedeutung auch ohne Expertenwissen zugreifen.

Im Folgenden wird ein Überblick über verwandte Arbeiten gegeben und aus den dabei identifizieren Schwachstellen Facet Graphs motiviert. Daraufhin werden Facet Graphs im Detail beschrieben, eine prototypische Umsetzung vorgestellt und diese in einer Vergleichsstudie evaluiert. Dabei werden, für ein besseres Verständnis für die theoretischen Erklärungen, konkrete Beispiele und Aufgaben aus dem Bereich des Fußball eingesetzt. So könnte man beispielsweise mit Hilfe einer facettierten Suche Fußballspieler an Hand ihrer Clubs, ihrer Geburtsorte oder auf Grund ihres Alters filtern.

5.1.2 Verwandte Arbeiten

Es existieren bereits diverse Arbeiten, die das Konzept der facettierten Suche einsetzten, um die Formulierung von komplexen Suchanfragen zu ermöglichen. So erlauben es z.B. *Parallax* [HK09], *Humboldt* [KD08], *Tabulator* [BLHL+08] und der *Nested Faceted Browser* [Huy09] hierarchische Facetten zur Filterung einzusetzen. Dadurch wird es z.B. möglich, nur Fußballspieler anzuzeigen, die für Clubs spielen, welche in der 1.Bundesliga gelistet sind (über die indirekte Verbindung Fußballspieler-Club-Liga). Die Möglichkeiten der Filterung sind damit nicht auf die direkt mit der Ergebnismenge verbundenen Facetten beschränkt, sondern können auch indirekt damit verbundene Facetten miteinbeziehen.

Bei Parallax (Abb. 5.1a) und Humboldt wird die Hierarchie der Facetten nie vollständig auf einer Seite angezeigt, sondern immer nur Ausschnitte daraus. Durch Exploration ist es Nutzern aber möglich, sich in der Hierarchie beliebig zu bewegen und so auch weit entfernte Facetten in ihre Suchanfrage zu integrieren. Wenn die Anfrage jedoch komplexer wird und Facetten aus vielen unterschiedlichen Bereichen der Hierarchie verwendet werden, kann es für die Nutzer schwierig sein, den Überblick über alle bereits integrierten Facetten zu behalten, da diese auf viele unterschiedliche Seiten verstreut sind.

Im Gegensatz dazu stellen Tools wie Tabulator (Abb. 5.1b) und der Nested Faceted Browser die gesamte Hierarchie auf einer Seite dar. Dies wird erreicht durch den Einsatz einer interaktiven Baumstruktur, mit der auch über mehrere Hierarchieebenen entfernte Facetten auf ein und derselben Seite darstellbar sind. Dadurch können

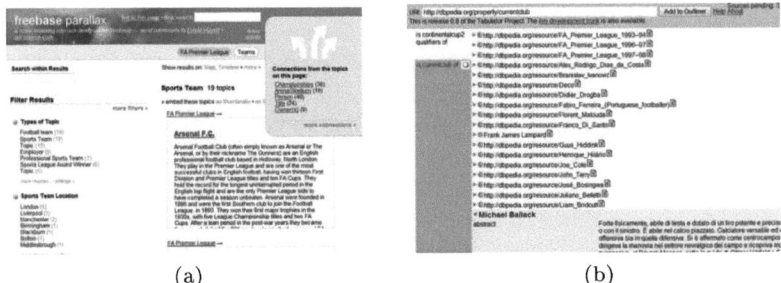

(a) (b)

Abbildung 5.1: a) Screenshot von Parallax und b) von Tabulator.

Nutzer auch bei komplexen Suchanfragen den Überblick über die verwendeten Facetten und Attribute behalten. Auch ist die Bedienung der interaktiven Baumstruktur meist schon aus anderen Anwendungen bekannt, z.B. vom Windows-Explorer, und muss daher nicht erst umständlich neu erlernt werden.

In Tabulator und dem Nested Faceted Browser definiert jedes Attribut in einer Facette seinen eigenen Teilbaum, der auf- und zugeklappt werden kann. So lassen sich auch weiter entfernte Facetten und deren Attribute erreichen, die dann wiederum auf- und zugeklappt werden können und so weiter (vgl. Abb. 5.1b). Auf diese Weise könnte z.B. ausgehend von den Fußballspielern in der Facette der Clubs das Attribut „FC Chelsea" vom Nutzer aufgeklappt werden, um so die Stadt zu sehen, in der der Club beheimatet ist; in diesem Fall London. Die Selektion von London würde dazu führen, dass die Fußballspieler auf nur noch diejenigen gefiltert würden, die für den FC Chelsea oder einen anderen Club aus London spielen. Eine kombinierte Liste mit allen Städten aller Clubs, für die die Spieler spielen, existiert jedoch nicht. Diese sind aufgeteilt in viele unterschiedliche Teilbäumen, für jeden Club einen, die alle aufgeklappt werden müssten, um alle Städte zu sehen.

Auf Grund der beschriebenen Eigenschaften ergeben sich die folgenden Nachteile beim Einsatz einer interaktiven Baumstruktur für die facettierte Suche:

- Wenn viele Teilbäume aufgeklappt sind führt das dazu, dass Attribute, die eigentlich zu einer Facette gehören (wie z.B. die Städte), an vielen unterschiedliche Positionen im Baum verteilt werden und dadurch die Baumstruktur so groß werden kann, dass gescrollt werden muss, um alles Wichtige zu sehen.

- Wenn ein Attribut von mehr als einem Objekt geteilt wird (z.B. gibt es mehr als einen Fußballclub in London), kommt dieses Attribut in vielen Teilbäumen vor und verstärkt damit das Platzproblem noch weiter.

Allgemein lässt sich festhalten, dass eine interaktive Baumstruktur ein sehr verbreitetes und wohlbekanntes Paradigma ist, um hierarchische Daten zu visualisieren und zu explorieren. Wenn es jedoch für hierarchische Facetten eingesetzt wird, kann es zu sehr großen und zergliederten Strukturen führen, die nur schwer vom Nutzer überblickt werden können. Aus diesem Grund wird im Folgenden ein alternativer, graphbasierter Ansatz zur Visualisierung von und Interaktion mit hierarchischen Facetten vorgeschlagen, der darauf abzielt, große und verwirrende Baumstrukturen zu vermeiden. Auf diese Weise soll eine einfache Erstellung auch komplexer, semantisch eindeutiger Suchanfragen ermöglicht werden.

5.1.3 Facet Graph

In Facet Graphs werden Facetten und Ergebnismenge als Knoten in einer Graph-Visualisierung repräsentiert. Die semantischen Relationen, die zwischen den Facetten und der Ergebnismenge sowie zwischen den Facetten untereinander bestehen, werden als beschriftete gerichtete Kanten zwischen diesen Knoten dargestellt. Abb. 5.2 zeigt mit dem Tool *gFacet* eine erste prototypische Umsetzung des Konzepts Facet Graphs.

In gFacet ist der Knoten, der die Ergebnismenge repräsentiert, mit einer dunkleren Hintergrundfarbe gekennzeichnet (vgl. Abb. 5.2,

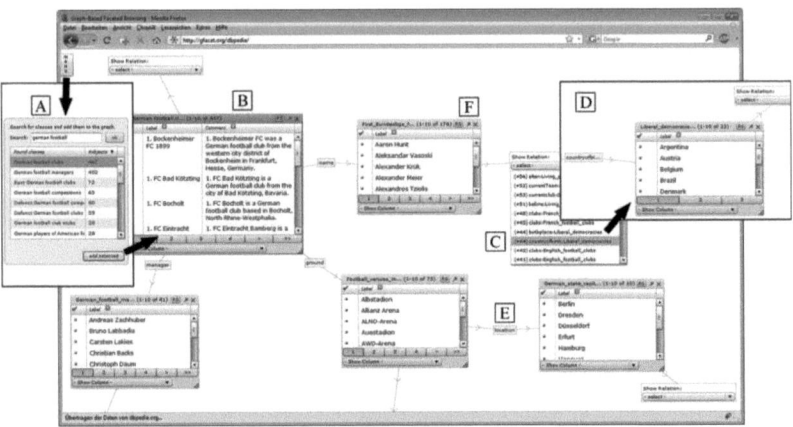

Abbildung 5.2: In gFacet wird die Ergebnismenge durch den Nutzer festgelegt (A) und als initialer Knoten im Graphen repräsentiert (B). Über Drop-down-Listen (C) lassen sich weitere Facetten als neue Knoten hinzufügen, die dann über beschriftete Kanten (E) mit den bestehenden Knoten verbunden werden.

B), um damit eine klare Abgrenzung zu den übrigen Knoten zu ermöglichen, welche im Gegensatz dazu Facetten repräsentieren. Die Attribute der Facetten sind nicht auf unterschiedliche Positionen im Graphen verteilt, sondern jeweils in einem einzigen Knoten gruppiert (wie z.B. die Städte in Abb. 5.2). Jeder Knoten im Graphen enthält eine Liste, die gescrollt, geblättert und sortiert werden kann und somit die Handhabung auch großer Mengen an Attributen erlaubt. Wird ein Attribut von mehreren Objekten geteilt (z.B. wenn mehrere Spieler in Polen geboren sind), taucht dieses Attribut dennoch nur einmal in der Liste auf, im Gegensatz zu den Umsetzungen in Tabulator und dem Nested Faceted Browser (vgl. Abschn. 5.1.2).

Der Graph kann jederzeit durch Knoten mit neuen Facetten erweitert werden; soweit nicht bereits alle Facetten angezeigt werden. Für jeden Knoten im Graphen gibt es hierfür eine Drop-down-Liste, über die einzelne Erweiterungen ausgewählt und so dem Graphen hinzugefügt werden können (z.B. die Drop-down-Liste aller möglichen Facetten für den Knoten „First Bundesliga Footballers" in Abb. 5.2, C). Die Facetten in den Drop-down-Listen sind entsprechend der Anzahl an enthaltenen Attributen sortiert, beginnend mit der höchsten Zahl. Die Selektion einer der im Graphen noch nicht repräsentierten Facetten (z.B. der Facette der Länder in denen die Spieler geboren sind), fügt diese Facette als neuen Knoten im Graphen hinzu und verbindet sie über eine beschriftete Kante zu den bestehenden Knoten (vgl. Abb. 5.2, D). Auf diese Weise kann der Nutzer den Graphen iterativ durch neue Facetten erweitern oder bereits existierende Facetten entfernen und so personalisierte Schnittstellen bauen, um eigenen Suchanfragen damit zu stellen.

Die Knoten werden dabei mit Hilfe eines kräftebasierten Layouts [FR91] automatisch in einer möglichst ästhetischen Weise angeordnet. Dadurch sollen Kantenkreuzungen und Knotenüberlappungen im Graphen weitestgehend vermieden werden. Das automatische Layout führt allerdings dazu, dass, wenn neue Knoten hinzugefügt werden, die bestehenden Knoten häufig ihre Position ändern und so das Wiederfinden von Knoten erschweren können. Aus diesem Grund wurde ein Pin-Mechanismus entwickelt, der die Fixierung der Knoten erlaubt. Dieser wird allerdings immer erst nach einer gewissen Verzögerung auf neue Knoten angewendet, um dem automatischen Layout-Algorithmus Zeit zu geben, den Knoten erst optimal zu positionieren. Nach wenigen Sekunden erfolgt dann aber die Fixierung und verhindert so, dass bereits hinzugefügte Knoten später noch ihre Position ändern.

Ob ein Knoten fixiert ist oder nicht lässt sich an der Farbe des Pinnadel-Symbols in der oberen rechten Ecke jedes Knotens ablesen (vgl. Abb. 5.2, F). Neben der automatischen Fixierung zu Beginn, lässt sich der Mechanismus aber auch noch im Nachhinein durch Drücken des Pinnadel-Symbols manuell steuern. So kann der Nutzer selbst entscheiden, ob ein Knoten auf einer bestimmten Position fixiert ist oder ob er durch den automatischen Layout-Algorithmus immer wieder neu angeordnet werden soll, um so das Gesamtlayout des Graphs zu verbessern. Die Vorteile einer Repräsentation von hierarchischen Facetten als Knoten in einer Graph-Visualisieurng lassen sich damit wie folgt zusammenfassen:

1. Alle Attribute einer Facette sind in einem Knoten gruppiert.
2. Alle Knoten werden zusammenhängend und auf einer Seite dargestellt.
3. Semantische Beziehungen zwischen den Knoten werden durch beschriftete Kanten repräsentiert (vgl. Abb. 5.2, E).
4. Facetten können beliebig vom Nutzer hinzugefügt und auch wieder entfernt werden (vgl. Abb. 5.2, D).

Extraktion hierarchischer Facetten

Um hierarchische Facetten in Drop-Down-Listen zur Erweiterung des Graphen anbieten zu können, müssen diese zuerst aus der Datenstruktur extrahiert werden. In gFacet werden dafür SPARQL-Anfragen auf Client-Seite erzeugt, diese an SPARQL-Endpoints via HTTP-Request gesendet und aus den daraufhin erhaltenen XML-Daten die Facetten extrahiert. Die Client-Server-Kommunikation sowie die grafische Benutzungsschnittstelle sind in Adobe Flex implementiert, das zu einem Flash-Film kompiliert wird und so in jedem Web-Browser mit installiertem Flash-Plugin ausgeführt werden kann. Eine beispielhafte Implementation von gFacet, die auf die DBpedia-Daten zugreift, ist online verfügbar.[4] Da gFacet keine Modifikationen auf der Server-Seite benötigt, kann es für den Zugriff auf beliebige Datensätze verwendet werden; einzige Voraussetzung ist ein SPARQL-Endpoint.

Die Strategie zur Extraktion von Facetten aus semantischen Daten unter Verwendung von SPARQL-Anfragen beruht im Wesentlichen auf einer Analyse der Verbindungen innerhalb der Daten (ähnlich wie bei [TB10]). Wie bereits in Abschn. 2.1.1 beschrieben, sind Verbindungen in semantischen Daten über Properties wie „spielt für

---

[4]Beispielhafter Einsatz von gFacet zur semantischen Suche in DBpedia-Daten: http://gfacet.semanticweb.org/.

Club"[5] definiert und bestehen zwischen Objekten wie z.B. dem Spieler Franck Ribéry und dem Club FC Bayern München. Gegeben eine Liste mit mehreren Objekten, darunter auch Franck Ribéry, könnte eine mögliche Facette zur Filterung beispielsweise aus allen Clubs bestehen, für die die Objekte in der Liste spielen. Je nachdem welche anderen Objekte zusätzlich noch in der Liste wären, könnten auch noch ganz andere Facetten zur Filterung eingesetzt werden.

Wenn man sich jedoch alle in DBpedia vorhandenen Objekte in einer Liste vorstellt, wäre die Anzahl der, zur Filterung dieser Liste zur Verfügung stehenden Facetten so groß (auf Grund der vielen verschiedenen Properties der Objekte), dass Nutzer nur sehr schwer einen Überblick bekommen könnten. Um dieses Problem zu lösen, wird in gFacet, bevor Facetten zur Filterung ausgewählt werden können, erst die Liste der Objekte auf nur diejenigen beschränkt, die einer bestimmten ontologischen Klasse angehören. Die Bestimmung dieser Klasse durch den Nutzer ist immer der erste Schritt bei der Verwendung von gFacet und definiert die Ergebnismenge für die aktuelle Suche.

Durch die Eingabe von Wörtern in ein Texteingabefeld können Nutzer nach ontologischen Klassen suchen, die ihren Interessen entsprechen (vgl. Abb. 5.2, A). Die daraufhin an den SPARQL-Endpoint geschickte Anfrage liefert alle Klassen zurück, deren Label die eingegebenen Wörter enthalten. Dadurch werden quasi alle möglichen Interpretationen für eine bestimmte Eingabe angezeigt und der Nutzer kann die richtige auswählen (vgl. syntaktisch-lexikalische und semantische Angleichung). Für die Eingabe der Wörter „German football" lautet die SPARQL-Anfrage wie folgt:

```
PREFIX skos: <http://www.w3.org/2004/02/skos/core#>
PREFIX rdf: <http://www.w3.org/1999/02/22-rdf-syntax-ns#>
PREFIX rdfs: <http://www.w3.org/2000/01/rdf-schema#>

SELECT DISTINCT ?class ?label COUNT(?o) AS ?numOfObj
WHERE {
```

---

[5]URI für dieses Property ist: http://dbpedia.org/property/club.

```
    ?class rdf:type skos:Concept .
    ?o skos:subject ?class .
    ?class rdfs:label ?label .
    ?label bif:contains "german and football" .
    FILTER (lang(?label) = "en")
}
ORDER BY DESC(?numOfObj) LIMIT 30
```

Die gefundenen Klassen werden in einer Liste dargestellt und initial nach der Anzahl der darin enthaltenen Objekte sortiert, beginnend mit der Klasse mit den meisten Objekten. Der Nutzer kann dann eine dieser Klassen auswählen und sie damit zur aktuellen Ergebnismenge und zum ersten Knoten im Graphen machen. Der Knoten enthält dann alle Objekte der ausgewählten Klasse und definiert den Ausgangspunkt für alle weiteren Knoten im Graphen. In Abb. 5.2 hat der Nutzer „german football" eingegeben und aus der Liste aller möglichen Interpretationen dieser Eingabe die Klasse mit dem Label „German Football Clubs" ausgewählt (A). Daraufhin wird die Liste aller deutscher Fußballclubs als Ergebnismenge präsentiert (B).

Ausgehend von den Properties der Objekte in der Ergebnismenge werden dann alle zur Filterung zur Verfügung stehenden Facetten extrahiert und in einer Drop-down-Liste neben der Ergebnismenge angezeigt. Jede Facette in der Drop-down-Liste besteht aus einem Property (z.B. „ground") und einer Klasse von Objekten, zu der dieses Property führt (z.B. „Football venues in Germany"); auch Range genannt. So können verschiedene Facetten die gleiche Property mit unterschiedlichen Range, aber auch unterschiedliche Properties mit dem gleichen Range haben. Die SPARQL-Anfrage, um die Facetten für die Klasse „German Football Clubs" zu extrahieren, geht wie folgt:

```
PREFIX cat: <http://dbpedia.org/resource/Category:>
PREFIX skos: <http://www.w3.org/2004/02/skos/core#>
PREFIX rdf: <http://www.w3.org/1999/02/22-rdf-syntax-ns#>
```

```
SELECT DISTINCT ?prop ?newClass
COUNT(DISTINCT ?objNewClass) AS ?numOfObj
WHERE {
  ?objCurrClass skos:subject cat:German_Football_Clubs .
  ?objCurrClass ?prop ?objNewClass .
  ?objNewClass skos:subject ?newClass .
  ?newClass rdf:type skos:Concept .
}
ORDER BY DESC(?objNewClass) ?prop ?newClass LIMIT 40
```

Die Selektion einer dieser Facetten (z.B. „ground: Football venues in Germany") fügt dem Graphen einen neuen Knoten mit Objekten hinzu, die zum einen einer bestimmten Klasse zugehören (hier „Football venues in Germany") und zum anderen über eine bestimmte Property (hier: „ground") mit mindestens einem Objekt aus der Ergebnismenge verbunden sind (vgl. Abb. 5.3). Objekte, die nicht mit der Ergebnismenge verbunden sind (so wie z.B. „venue3" in Abb. 5.3), werden nicht in der Facette angezeigt.

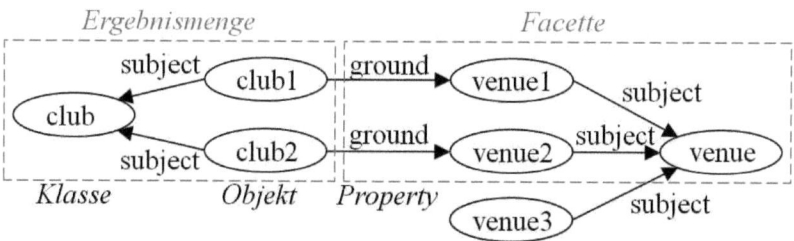

Abbildung 5.3: Alle Objekte der Klasse „venue", die über die Property „ground" mit Objekten der Ergebnismenge verbunden sind, bilden eine Facette und können zur Filterung verwendet werden.

Ähnlich wie bei der Extraktion von Facetten erster Ordnung, also direkt mit der Ergebnismenge verbundener Facetten, lassen sich auch Facetten zweiter und höherer Ordnung extrahieren und zur Filterung einsetzten. Die Objekte in den Facetten sind dabei immer nur auf diejenigen beschränkt, die direkt oder indirekt mit mindestens einem Objekt aus der Ergebnismenge verbunden sind.

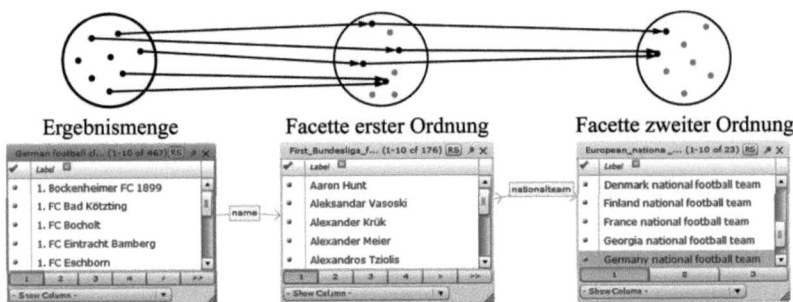

Abbildung 5.4: Nur Objekte, die mit der Ergebnismenge verbunden sind, sind sichtbar in den Facetten. Das Beispiel zeigt Nationalteams, für die Spieler deutscher Clubs spielen.

Abb. 5.4 zeigt eine Ergebnismenge auf der linken Seite, eine Facette erster Ordnung in der Mitte und eine Facette zweiter Ordnung auf der rechten Seite zusammen mit einer schematischen Repräsentation der darin enthaltenen sichtbaren und nicht sichtbaren Objekte. Schwarze Punkte sind sichtbare Objekte und graue Punkte unsichtbare Objekte. Die grauen Punkte in der Facette zweiter Ordnung auf der rechten Seite gehören zwar zur selben Klasse wie die schwarzen Punkte in dieser Facette, haben aber keine Verbindung über die mittlere Facette zu einem Objekt in der Ergebnismenge und sind daher nicht sichtbar für den Nutzer. Auf diese Weise zeigen alle Facetten im Graphen Objekte an, die zur Filterung der Ergebnismenge verwendet werden können, nie aber zu einer komplett leeren Menge führen. Die Definition für Facetten erster Ordnung und die Definition für Facetten zweiter und höherer Ordnung lauten:

Definition 5 (Facette erster Ordnung). *Eine Menge von Objekten beschreibt immer dann eine Facette erster Ordnung, wenn alle darin enthaltenen Objekte der gleichen Klasse angehören und über die gleiche Property mit mindestens einem Objekt der Ergebnismenge* *verbunden sind.*

Definition 6 (Facette zweiter und höherer Ordnung). *Eine Menge von Objekten beschreibt immer dann eine Facette zweiter und höherer Ordnung, wenn alle darin enthaltenen Objekte der gleichen Klasse angehören und über das gleiche Property mit mindestens einem Objekt einer Facette erster oder höherer Ordnung verbunden sind.*

Suchanfragen erstellen

Sobald eine Facette ausgewählt wurde und als Knoten im Graphen repräsentiert ist, kann diese eingesetzt werden, um semantisch eindeutige Suchanfragen zu formulieren. Durch die Selektion eines Objekts in einer Facette kann die Ergebnismenge auf nur noch diejenigen Objekte gefiltert werden, die mit dem selektierten Objekt direkt oder indirekt verbunden sind. So führt die Selektion des Objekts mit dem Label „Germany national football team" in Abb. 5.4 dazu, dass nur noch diejenigen Fußballclubs in der Ergebnismenge angezeigt werden, die Spieler haben, die in der deutschen Nationalmannschaft spielen (das Ergebnis dieser Filterung sieht man in Abb. 5.5). Jede Filterung erfolgt innerhalb von Sekunden.

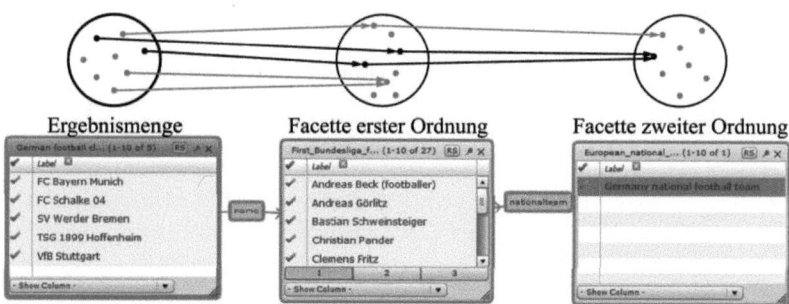

Abbildung 5.5: Auch hierarchische Facetten, Facetten zweiter und höherer Ordnung, können zur Filterung genutzt werden.

Zur besseren Veranschaulichung der Filtereffekte wird Farbkodierung eingesetzt. Dafür wird jedem Knoten im Graphen eine Farbe zugewiesen, mit der alle Selektionen innerhalb des Knoten und alle daraus resultierenden Filtereffekte in anderen Knoten gekennzeichnet werden. Wenn also ein bestimmtes Objekt in einem Knoten selektiert wird, wird dieses Objekt sowie alle gefilterten Knoten und die Kanten zu diesen Knoten mit der entsprechenden Farbe markiert (vgl. Abb. 5.5). Knoten, in denen sich die Anzahl der Objekte durch die Selektion nicht verringert hat, wurden nicht gefiltert und werden daher auch nicht zusätzlich gekennzeichnet. Auf diese Weise helfen die farblichen Markierungen Nutzern dabei, die Auswirkungen von Selektionen im Graphen besser zu verstehen. Neben einem besseren Überblick über die unmittelbaren Auswirkungen einer Selektion, unterstützen die dauerhaften Markierungen aber auch das Verständnis für die Zusammenhänge zwischen Filterungen und Selektionen noch lange nachdem die Selektionen stattgefunden hat. So kann für die Knoten durch das Betrachten der farblichen Markierungen jederzeit nachvollzogen werden, welche Einschränkungen auf diese Knoten wirken.

Dies ist insbesondere immer dann besonders hilfreich, wenn mehrere Selektionen in unterschiedlichen Facetten getätigt wurden. Wie in Abb. 5.6 zu sehen, werden Knoten für jede sie einschränkende Selektion mit einem Ring in der entsprechenden Farbe umgeben und erlauben so die Unterscheidung der Gründe für die Filterung auch bei mehreren Selektionen. Ähnlich wie bei Baumringen wird jeder weitere Ring um die bereits bestehenden Ringe herumgelegt und ermöglicht so, neben den bereits beschriebenen Vorteilen, auch ein Verständnis für die Reihenfolge, in der die Selektionen stattgefunden haben. Mehrere Selektionen werden in der aktuellen Implementation von gFacet durch logisches UND verbunden und führen somit zu einer immer restriktiveren Einschränkung der Ergebnismenge. So werden die Clubs in Abb. 5.6 durch die zusätzliche Selektion eines bestimmten Stadions auf nur diejenigen Clubs reduziert, welche in der Allianz Arena spielen und Spieler haben, die in der deutschen Nationalmannschaft sind.

Facet Graphs

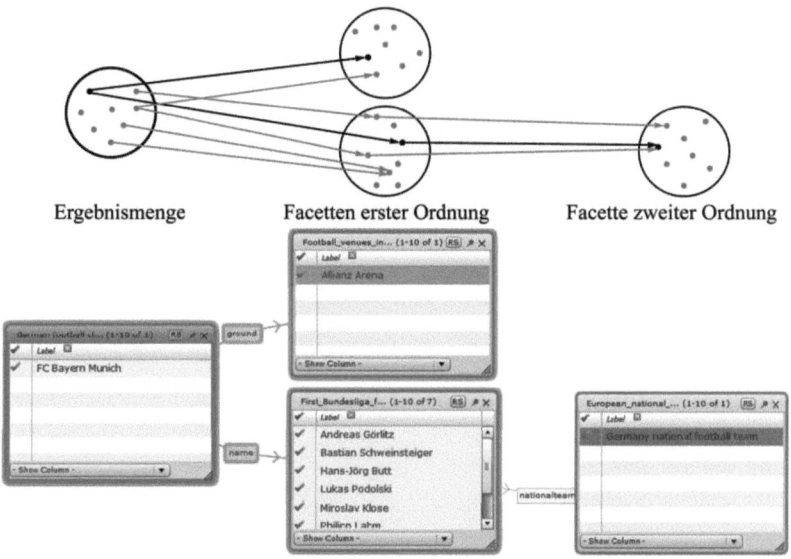

Abbildung 5.6: Mehrfachselektionen sind möglich.

Pivot Operation

Während der Nutzer Facetten auswählt, um den Graphen zu erweitern, oder Objekte selektiert, um die Ergebnismenge zu filtern, kann es passieren, dass er beschließt, nach etwas anderem zu suchen. So kann der Nutzer zwar ursprünglich nach „German football clubs" gesucht haben, während der Suche aber feststellen, dass er eigentlich nach „First Bundesliga footballers" suchen will. Dabei möchte er möglicherweise die „German football clubs" zur Filterung verwenden und nicht wie angegeben als Ergebnismenge. Der Wechsel der Ergebnismenge wird als Pivot Operation bezeichnet, da dabei in einer Art Drehung der anfänglich gewählte Weg verlassen und ein neuer Weg eingeschlagen wird.

Sowohl der Nested Faceted Browser [Huy09] als auch Humboldt [KD08] unterstützen eine Pivot Operation und ermöglichen es dem

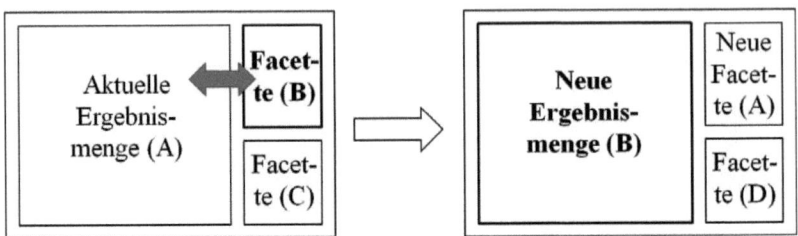

Abbildung 5.7: Pivot Operation in Humboldt [KD08]: Die für den Pivot ausgewählte *Facette (B)* wird die *neue Ergebnismenge (B)* und entsprechend wird die *aktuelle Ergebnismenge (A)* die *neue Facette (A)*.

Nutzer dadurch, noch während der Suche seinen Fokus zu ändern und zwischen unterschiedlichen Sichten auf die Daten hin und her zu wechseln. Um eine Pivot Operation auszuführen, muss in Humboldt einfach eine Facette ausgewählt werden, welche dann die aktuelle Ergebnismenge ersetzt (vgl. Abb. 5.7). In Humboldt werden nur direkte Facetten neben der Ergebnismenge angezeigt und hierarchische Facetten können nur durch Exploration via Pivot Operation erreicht werden. Da sich aber mit jeder Pivot Operation die Ergebnismenge und die Facetten ändern, wird immer mehr Information über unterschiedliche Seiten verteilt und es für den Nutzer dadurch immer schwieriger, den Überblick über frühere Ergebnismengen und Facetten zu behalten.

Im Gegensatz dazu kann in gFacet eine Pivot Operation durchgeführt werden, ohne dass sich die dargestellte Informationsstruktur ändert. Durch die Betätigung des RS-Schaltknopfs (RS = result set) neben dem Pinnadel-Symbol in der rechten oberen Ecke jeder Facette im Graphen (vgl. Abb. 5.8), kann diese Facette zur neuen Ergebnismenge und entsprechend die aktuelle Ergebnismenge zur neuen Facette gemacht. Da in gFacet nicht nur ein Ausschnitt sondern immer alle verwendeten Daten gezeigt werden, sind bei einer Pivot Operation keine aufwändigen Umstrukturierungen notwendig und alle Knoten und Kanten bleiben an den Positionen an denen sie waren. Die kognitive Last bei einem Perspektivwechsel wird damit für den Nutzer deutlich reduziert.

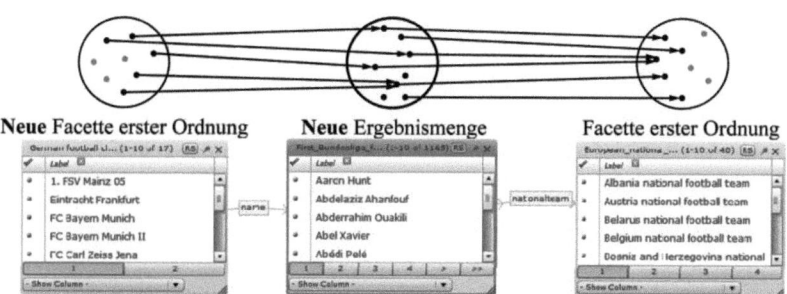

Abbildung 5.8: Beim Wechsel der Ergebnismenge vom linken Knoten (vgl. Abb. 5.4) auf den mittleren Knoten bleibt in gFacet die dargestellte Struktur unverändert.

Der einzige Aspekt, der sich in gFacet bei einer Pivot Operation ändern kann, ist die Anzahl der Objekte in den einzelnen Knoten. In Abb. 5.8 wurde z.B. durch eine Pivot Operation die Ergebnismenge vom linken Knoten auf den mittleren Knoten verschoben. Daraufhin verringerte sich die Anzahl der Objekte in der neuen Facette erster Ordnung („German football clubs") von 467 in Abb. 5.4 auf nur noch 17 in Abb. 5.8. Dies liegt daran, dass die neue Ergebnismenge nur Fußballspieler der 1.Bundesliga enthält und daher auch die Clubs auf Erstliga-Clubs beschränkt werden (dies lässt sich auch gut in der schematischen Darstellung in Abb. 5.8 nachvollziehen, in der jetzt im Vergleich zu Abb. 5.4 auf der linken Seite einige Punkte grau sind). Im Gegensatz dazu werden im mittleren Knoten, der neuen Ergebnismenge, jetzt alle Objekte angezeigt und entsprechend sind alle Punkte in der schematischen Repräsentation schwarz. Damit ist die Anzahl in diesem Knoten im Vergleich zu vor der Pivot Operation mit 1165 deutlich gestiegen.

Da die Daten, die DBpedia zur Verfügung stellt, automatisch aus Wikipedia-Artikeln extrahiert werden, sind sie zum einen oftmals unvollständig und können zum anderen auch Fehler enthalten (vgl.

dazu auch Abschn. 2.2.1). So sind z.B. nicht alle Erstliga-Fußballer mit einem Fußballclub verbunden, obwohl dies eigentlich der Fall sein sollte. In Abb. 5.4 werden daher auch nur 176 Objekte in der rechten Facette angezeigt, im Gegensatz zu den erwartbaren ca. 414 Spielern in der ersten Bundesliga (18 Clubs a 23 Spieler).

5.1.4 Evaluation

Um das Konzept der Facet Graphs zu evaluieren, wurde eine Benutzerstudie durchgeführt, die gFacet mit Parallax [HK09] vergleicht. Wie gFacet erlaubt auch Parallax die Erstellung semantisch eindeutiger Suchanfragen unter Verwendung von hierarchischen Facetten (vgl. Abschn. 5.1.2), nutzt dafür aber keine Graph-Visualisierung und eignet sich daher gut für eine Vergleich. Für beide Tools wurde in der Studie überprüft, in wie weit sie Nutzer bei der Lösung der folgenden drei Aufgabentypen mit unterschiedlichem Schwierigkeitsgrad unterstützen:

1. Finden Sie zwei Spieler, die für den Fußballclub X spielen.

2. Finden Sie zwei Städte, in denen Spieler des Clubs X geboren wurden.

3. Finden Sie einen Spieler, der für den Club X spielt und in der Stadt Y geboren wurde.

Für die Durchführung der Studie wurde ein 2x3 (Tool x Aufgabentyp) *Within Subject*[6] Design verwendet. Um Verfälschungen durch Lerneffekten zu vermeiden, wurden die Teilnehmer in zwei gleichgroße Gruppen aufgeteilt, wobei die erste Gruppe zuerst mit gFacet und dann mit Parallax, die zweite erst mit Parallax und dann mit gFacet arbeiten sollte. Nach der Bearbeitung der drei Aufgabentypen mit dem ersten Tool wurden die Teilnehmer gebeten einen Evaluationsbogen auszufüllen, um dieses Tool zu bewerten. In der

---

[6]Jeder Teilnehmer musste Aufgaben aller drei Typen sowohl mit gFacet als auch mit Parallax zu lösen.

finalen Befragung sollten die Teilnehmer dann beide Tools direkt miteinander vergleichen.

Insgesamt nahmen zehn Personen an der Studie teil; das Durchschnittsalter war 28.3, der jüngste Teilnehmer 24 und der älteste 31 Jahre alt. Acht waren männlich und zwei weiblich, alle mit normaler oder entsprechend zur Normalität korrigierter Sehstärke ohne Farbblindheit. Alle Teilnehmer hatte mindestens Abitur und waren vertraut im Umgang mit Computern. Die Funktionsweise sowohl von gFacet als auch von Parallax wurde im Vorfeld an Hand von Videos und Beispielaufgaben erklärt.

Ergebnisse

Als Ergebnis lässt sich sagen, dass sich gFacet für komplexe Aufgaben ausgesprochen gut eignet. Für relativ einfach Aufgaben hingegen, die auch nur durch das Folgen von Links lösbar sind, eignet sich gFacet weniger gut.

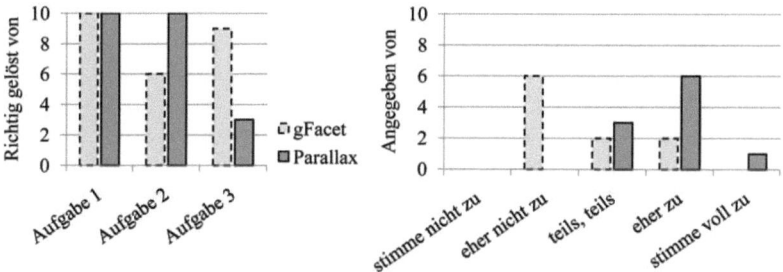

Abbildung 5.9: Anzahl an richtigen Lösungen für die drei Aufgabentypen (links) und Bewertungen der Aussage „Die Zusammenhänge zwischen den Informationen waren schwierig zu verstehen" (rechts).

Das linke Balkendiagramm in Abb. 5.9 zeigt die Zahl der richtigen Lösungen für alle drei Aufgabentypen unter Verwendung der zwei unterschiedlichen Tools. Dabei sind richtige Lösungen für Aufgabentyp 1 und 2 in Parallax noch durch einfaches Explorieren von

Links auffindbar und dadurch häufiger zu beobachten, als richtige Lösungen mit gFacet für diese Aufgabentypen. Der unvertraute Ansatz einer graphbasierten facettierten Suche scheint für einfache Explorationsaufgaben teilweise zu komplex zu sein, zeigt aber bei der Formulierung kombinierter Suchanfragen, wie für Aufgabentyp 3 notwendig, deutliche Vorteile gegenüber Parallax. Um einen Spieler zu finden, der in der Stadt X geboren ist und für den Club Y spielt, müsste jeder Link in einem „try-and-error"-Verfahren auf seine Richtigkeit hin getestet werden. Da dies nicht, oder nur unter großen Zeiteinbußen möglich ist, waren die Nutzer für die Lösung des dritten Aufgabentyps auch mit Parallax gezwungen Filter einzusetzen.

Grundsätzlich bietet Parallax die Möglichkeit zur facettierten Suche über unterschiedliche Dimensionen. Im Vergleich zu gFacet werden aber immer nur die Facetten angezeigt, die mit der aktuell im Fokus stehenden Information direkt verbunden sind und bieten damit nur einen kleinen Ausschnitt aus den vorhandenen hierarchischen Facetten. Die fehlende Möglichkeit von Parallax, auch komplexere Verbindungen zwischen Facetten auf einer Seite darzustellen, schlägt sich auch in den Antworten auf die Aussage „Es war schwer die Zusammenhänge zwischen den Informationen zu verstehen", im Bewertungsbogen nieder. Wie im rechten Diagramm in Abb. 5.9 zu sehen, stimmen dieser Aussage deutlich mehr Teilnehmer bei der Bewertung von Parallax zu, als bei der Bewertung von gFacet.

Die Schwierigkeiten bei der Erstellung komplexerer Suchanfragen mit Hilfe von Parallax lassen sich auch auf den Umstand zurückführen, dass klar zwischen Exploration und Filterung getrennt wird. Explorierte Informationen können somit nicht zum Filtern genutzt werden, im Gegensatz zum Ansatz der Facet Graphs, der diese Unterscheidung nicht vornimmt.

5.1.5 Facet Graphs auf mobilen Endgeräten

Die Idee für Facet Graphs entwickelte sich aus meiner Diplomarbeit am *DFKI*[7] mit dem Titel „Visualizing RDF Data on a Handheld: Graph-based Visualization of RDF Soccer Data and Interaction Possibilities on a Handheld" [Hei08]. Die Arbeit wurde innerhalb des SmartWeb-Projekts[8] geschrieben, das die Entwicklung eines Systems für den intuitiven und multimodalen Zugriff auf Informationen über mobile Endgeräte mit Hilfe von Semantic Web Technologien zum Ziel hatte.

Mit dem im SmartWeb-Projekt entwickelten System ist es möglich, Anfragen z.B. über Spracheingaben zu formulieren und daraufhin automatisch konkrete Antworten auf die Fragen zu erhalten. Die Verarbeitung der Anfragen sowie die Suche nach passenden Antworten erfolgt dabei unter Verwendung semantischer Daten. Daher werden neben Texten, Bildern sowie Audio- und Videodaten (vgl. Abb. 5.10, links) auch semantische Beschreibungen der Bedeutung dieser Daten auf eine Anfrage hin mit dem Ergebnis zusammen zurückgeliefert. Diese wurde allerdings vor meiner Diplomarbeit noch in keiner Weise auf den mobilen Endgeräten der Nutzer verwendet.

In der Diplomarbeit sollte nun versucht werden, die existierenden semantischen Beschreibungen der Antwort-Daten in einer Weise auf den mobilen Endgeräten zu nutzen, dass daraus ein Mehrwert für den Nutzer entsteht. Neben der Standard-Darstellung der Antwort-Daten, z.B. als Text, Bild oder Video, sollte eine weitere Darstellung angeboten werden, die zusätzlich die semantischen Beschreibungen bei der Darstellung berücksichtigt. Abb. 5.10 zeigt auf der linken Seite die Standard-Darstellung und auf der mittleren und rechten Seite die Darstellung unter Berücksichtigung der semantischen Beschreibung.[9] Im Folgenden werden interessante Aspekte der Diplomarbeit

---

[7]Deutsches Forschungszentrum für Künstliche Intelligenz (DFKI): http://www.dfki.de

[8]SmartWeb (Information Retrieval in offenen Domänen durch ubiquitären mobilen Zugriff auf das Semantische Web): www.smartweb-projekt.de

[9]Erste Beschreibungen der entwickelten semantischen Darstellung finden sich in [SH07b] und [SH07a].

154   *Zugriff auf semantische Daten*

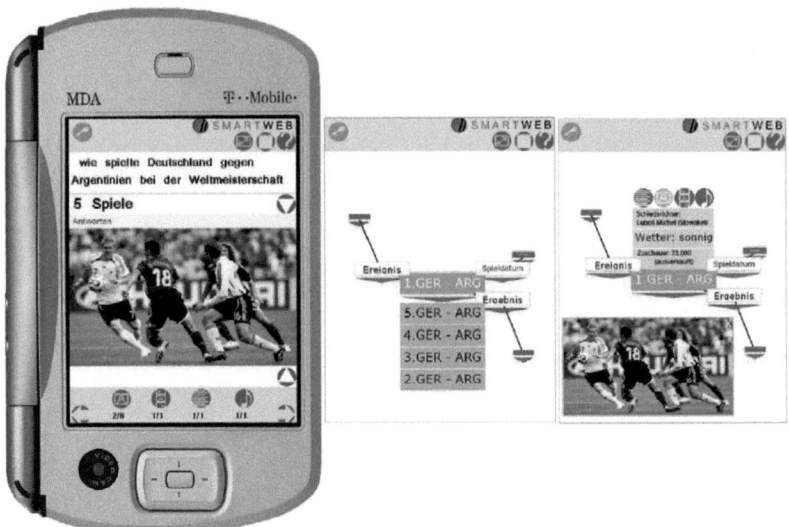

Abbildung 5.10: Grafische Benutzungsschnittstelle des SmartWeb-Systems mit Standard-Darstellung (links) und semantischer Darstellung (Mitte und rechts).

aus heutiger Perspektive, also unter Einbeziehung der Erkenntnisse aus den Forschungsarbeiten zu Facet Graphs (bzw. gFacet), noch einmal neu bewertet und beschrieben.

Platzoptimierte Graph-Visualisierung

In der semantischen Darstellung werden die Antwort-Daten in einer Graph-Visualisierung repräsentiert. Wie in gFacet werden auch hier immer mehrere Elemente in einem Knoten zusammengefasst. Im Gegensatz zu gFacet wird auf Grund der beschränkten Platzverhältnisse jedoch pro Knoten nur immer ein Element angezeigt, alle anderen sind über ein Drop-Down-Menü zugreifbar (vgl. Abb. 5.10, Mitte, die verschiedenen Spiele zwischen Deutschland und Argentinien). Alle sichtbaren Elemente sind dabei immer konsistent zueinander, heißt: das sichtbare Spieldatum stimmt z.B. immer mit der sichtbaren Begegnung zwischen Deutschland und Argentinien und dem sichtbaren Ergebnis überein.

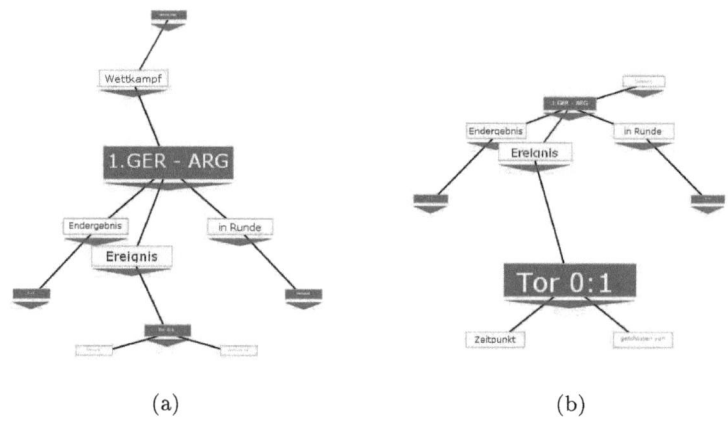

(a)   (b)

Abbildung 5.11: Verzerrung des Graphen mit a) dem Knoten mit den Begegnungen im Fokus und b) dem Knoten mit den Ereignissen im Fokus.

Wenn der Nutzer nun beispielsweise eine andere Begegnung zwischen Deutschland und Argentinien aus dem Drop-Down-Menü auswählt, ändern sich auch die sichtbaren Elemente in den anderen Knoten entsprechend (z.B. das Spieldatum und das Ergebnis). Die Wahl des sichtbaren Elements in einem Knoten hat damit eine ähnliche Funktion wie das Selektieren einzelner Attribute in den Facetten von gFacet. Alle anderen Knoten werden daraufhin entsprechen „gefiltert". Allerdings ist in der semantischen Darstellung auf mobilen Endgeräten die Selektion von mehr als einem Element in einem Knoten nicht möglich.

Zusätzlich zu der platzsparenden Anzeige der Elemente in den Knoten, wird auch noch ein Verzerrungsmechanismus auf den gesamten Graphen angewendet, um so auch größere Strukturen ohne

Scrollen auf den mobilen Endgeräten darstellen zu können. Ähnlich wie bei einem Fischaugenobjektiv werden dabei die Knoten im Fokus des Betrachters groß und mit vielen Details dargestellt, je weiter ein Knoten jedoch vom Fokus entfernt ist, desto kleiner und weniger detailliert wird seine Darstellung. Ein ähnlicher Ansatz findet sich beispielsweise auch beim Tool *ZoomRDF* [ZWTY10]. Hier werden ebenfalls semantische Daten als Graph repräsentiert und wie beim Fischauge entsprechend verzerrt. Jedoch werden die einzelnen Elemente jeweils als separate Knoten dargestellt und nicht wie in Facet Graphs erst entsprechend gruppiert, um so die Anzahl der Knoten zu verringern.

Wie in Abb. 5.11 zu sehen, kann der Nutzer durch die Auswahl eines anderen Knotens als Fokus-Knoten interaktiv die Verzerrung des Graphen verändern und andere Knoten größer darstellen. So ist in Abb. 5.11a noch der Knoten mit den Begegnungen zwischen Deutschland und Argentinien im Fokus, in Abb. 5.11b wurde durch die Auswahl des Knotens mit den Spielereignissen (z.B. dem Tor zum 1:0) dann der Fokus entsprechend verschoben und dadurch die Verzerrung verändert. Der für die Berechnung der Verzerrung eingesetzte Algorithmus basiert dabei auf einer Arbeit von Sarkar und Brown [SB92].

Ausgelagerte Layout-Berechnung

Als weiterer Unterschied zu gFacet wird für die Darstellung von Facet Graphs auf mobilen Endgeräten auch kein kräftebasierter Layout-Algorithmus verwendet (vgl. Abschn. 5.1.3). Der Einsatz eines solchen Algorithmus war zu der Zeit, in der die Diplomarbeit entstanden ist (2006/2007), auf Grund der beschränkten Rechenleistung der mobilen Endgeräte noch nicht möglich. Daher wurde die Layout-Berechnung auf den Server ausgelagert und nur die finalen (x,y)-Positionen der Knoten an den Client übertragen. Abb. 5.12 zeigt die Server-Client-Architektur des entwickelten Systems sowie die darin ablaufenden Prozesse und deren Reihenfolge.

Für die Layout-Berechnung der Graph-Visualisierung auf dem Server wurde ein Constraint-basiertes Verfahren eingesetzt [Gra98].

Facet Graphs 157

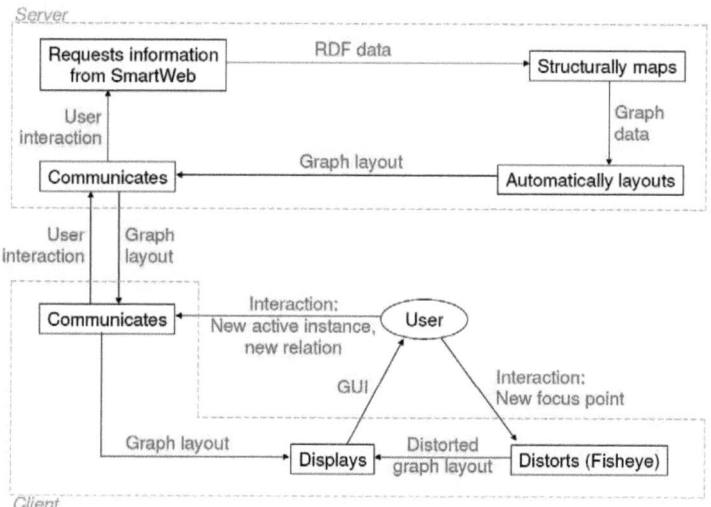

Abbildung 5.12: Server-Client-Architektur zur interaktiven Darstellung von Facet Graphs auf mobilen Endgeräten. Die Layout-Berechnung ist dabei aus Performanz-Gründen auf den Server ausgelagert.

Dabei werden für alle Knoten in einem Graphen bestimmte Layout-Bedingungen festgelegt (Constraints), die bei der Suche nach geeigneten Positionen erfüllt sein müssen. Durch die Bedingungen wird beispielsweise verhindert, dass sich Knoten in der Graph-Visualisierung überschneiden oder miteinander verbundene Knoten zu weit voneinander entfernt positioniert werden. Generell wird dadurch eine übersichtliche und ästhetisch ansprechende Darstellung gewährleistet. Im Gegensatz zu kräftebasierten Layout-Ansätzen, die keine verlässlichen Aussagen über die letztendliche Qualität des Graph-Layouts zulassen, kann durch die strikte Erfüllung dieser Bedingungen sichergestellt werden, dass sich z.B. keine Knoten überlappen und dadurch möglicherweise wichtige Informationen nicht sichtbar sind. Im Gegensatz zur Berechnung der Positionen der Knoten findet die Verzerrung und damit die endgültige Darstellung des Graphen auf Client-Seite statt (vgl. Abb. 5.12). Dadurch muss der Client nicht nach jedem Fokus-Wechsel das Layout auf dem Server neu berechnen lassen, spart somit die Zeit, die für die Übertragung der Daten benötigt wird, und ermöglicht eine schnellere Interaktion.

Auf diese Weise können Antwort-Daten entsprechend ihrer Bedeutung als Graph auf mobilen Endgeräten dargestellt und interaktiv exploriert werden. Trotz des sehr beschränkten Platzangebots lassen sich durch die komprimierte Darstellung auch größere Graphen anzeigen, ohne dass der Graph gescrollt werden muss. Durch die Verwendung eines Constraint-basierten Verfahrens kann eine gewisse Qualität des Graph-Layouts garantiert werden und durch die Auslagerung des Verfahrens auf den Server ist eine schnelle Layout-Berechnung möglich; unabhängig von der Leistungsfähigkeit des mobilen Endgeräts. Dennoch stoßen auch diese Methoden an ihre Grenzen und es können z.B. auf Grund der beschränkten Größe des Bildschirms nicht beliebig große Graphen angezeigt werden. Eine detaillierte Beschreibung dieses Problems sowie ein möglicher Lösungsansatz findet sich in der Diplomarbeit in Abschn. 5.7 [Hei08].

5.2 Auffinden von Zusammenhängen mit dem RelFinder

Die im Semantic Web bestehenden Verbindungen zwischen Objekten erlauben nicht nur die interaktive Formulierung eindeutiger Suchanfragen, wie z.B. mit Facet Graphs (vgl. Abschn. 5.1), sondern auch das Auffinden und Verstehen von Zusammenhängen zwischen beliebigen Informationen. So gibt es Algorithmen [SR07], welche die semantischen Verbindungen zwischen Objekten ausnutzen, um Relationen auf automatische Weise zu finden. Da die Objekte im Semantic Web jedoch häufig stark vernetzt sind, reicht in vielen Fällen eine automatische Suche und Auflistung aller gefundenen Relationen nicht aus. Viel mehr werden nutzerzentrierte Prozesse und interaktive Anwendungen benötigt, die eine umfangreiche Unterstützung beim Verständnis auch sehr vieler Zusammenhänge erlauben. Nutzern sollte es möglich sein, schnell einen Überblick über alle gefundenen Relationen zu bekommen, diese interaktiv zu explorieren und so relevante Relationen auf einfache Weise auszumachen, um diese dann bei Entscheidungen berücksichtigen zu können.

Diese Argumente reihen sich nahtlos in die bereits in Abschn. 2.2 geführte, allgemeinere Argumentation für eine stärkere Interaktion zwischen Mensch und Computer im Semantic Web ein. So ist auch beim Auffinden von Zusammenhängen die Verwendung des Modells der interaktiven Angleichung ein entscheidender Schlüssel, um den Prozess interaktiv zu gestalten. Selbst wenn die Relationen automatisch im Semantic Web gefunden werden, müssen dennoch alle Schritte des Prozesses durch den Nutzer überwacht und kontrolliert werden können, um so eine optimale Zusammenarbeit zu ermöglichen und damit das volle Potential dieses Ansatzes auszuschöpfen. Daher ist der Prozess des interaktiven Auffindens von Zusammenhängen in die vier Teilschritte: *Objekt-Zuordnung*, *Relationssuche*, *Visualisierung* und *interaktive Exploration* aufgeteilt. Diese werden in den folgenden Abschnitten sowohl auf abstrakter Ebene definiert als auch auf praktischer Ebene mit Hilfe des *RelFinders*[10] umgesetzt.

5.2.1 Einleitung

Die steigende Komplexität unserer Umwelt resultiert insbesondere aus der steigenden Komplexität der darin existierenden Zusammenhänge und Abhängigkeiten (vgl. Kap. 1). In vielen Bereichen sind nicht einmal mehr Experten dazu in der Lage, für eine bestimmte Menge an Elementen, alle zwischen diesen Elementen bestehenden Zusammenhänge im Kopf zu behalten. Die Nichtberücksichtigung von bestimmten Zusammenhängen kann jedoch in bestimmten Situationen fatale Folgen haben. Um nur zwei Beispiele aus der Finanzwelt und der Medizin zu nennen: Die Nichtberücksichtigung

---

[10] Erste Beschreibungen des RelFinders finden sich in [HHL+09], [LHS+09], [LHSZ10], [HLS10] und [LHD10].

von wichtigen Zusammenhängen zwischen Unternehmen bei der Erstellung einer Anlagestrategie für Aktien kann für einen Broker desaströs sein. Noch gravierender sind jedoch die möglichen Auswirkungen von außer Acht gelassenen Wechselwirkungen zwischen bestimmten Inhaltsstoffen von verschriebenen Medikamenten.

Häufige Gründe, warum relevante Zusammenhänge übersehen und daher bei der Entscheidungsfindung nicht berücksichtigt werden, sind

1. eine zu große Zahl an Zusammenhängen, die mittels des menschlichen Gehirns nicht mehr verarbeitbar ist,

2. Zusammenhänge, die keiner erkennbaren Logik folgen,

3. indirekte Zusammenhänge, die nur schwer durch rein kognitive Prozesse ableitbar sind.

Wie bereits erwähnt, bietet das Semantic Web die Möglichkeit, Zusammenhänge automatisch aufzufinden und den Menschen damit bei der Berücksichtigung wichtiger Zusammenhänge zu unterstützen. Die auf diese Weise gefundenen Relationen sind dabei eine ideale Ergänzung menschlicher Fähigkeiten, da durch die Unterstützung des Computers auch Zusammenhänge berücksichtigt werden können, die auf Grund der beschränkten Kapazität des Gehirns ansonsten möglicherweise nicht berücksichtigt würden.

Mit dem RelFinder wird in diesem Abschnitt eine Anwendung präsentiert, die auf dem Modell der interaktiven Angleichung aufbaut und Nutzer beim Auffinden von Zusammenhängen unterstützt. Das Auffinden von Zusammenhängen ist dabei in vier Teilaufgaben untergliedert: 1) Objekt-Zuordnung, 2) Relationssuche, 3) Visualisierung und 4) interaktive Exploration. Im ersten Schritt, der Objekt-Zuordnung, werden eingegebene Wörter eindeutigen Objekten des Semantic Web zugeordnet. Unterstützt wird diese Aufgabe durch Autovervollständigung und semi-automatische Disambiguierung. Ausgehend von diesen Objekten wird daraufhin automatisch nach Relationen gesucht und diese dem Nutzer angezeigt. Ähnlich wie bei gFacet wird dabei zwischen Ergebnismenge und Facetten unterschieden, wobei im Gegensatz zu gFacet Ergebnismenge und Facetten räumlich klar getrennt sind und nur die Relationen in der Ergebnismenge als Graph visualisiert werden. Zur Filterung werden vier verschiedene Facetten angeboten, von denen sich zwei auf die Graph-Topologie beziehen und zwei auf die Beschreibung der Semantik. Neben der Kontrolle der in der Graph-Visualisierung angezeigten Relationen können die Facetten auch eingesetzt werden, um Knoten und Kanten entsprechend ihrer topologischen und semantischen Eigenschaften im Graphen hervorzuheben. Darüberhinaus lassen sich einzelne Knoten in der Ergebnismenge selektieren, um auf diese Weise weiterführende Informationen angezeigt zu bekommen.

5.2.2 Prozessdefinition

Basierend auf dem Modell der interaktiven Angleichung wird in diesem Abschnitt der Prozess der interaktiven Suche nach Zusammenhängen im Semantic Web definiert. Die Definition erfolgt auf einer abstrakten Ebene, unabhängig von einer konkreten Implementation oder einer bestimmten Domäne. Der Prozess wird entsprechend der Anfangsbuchstaben seiner Teilschritte (nämlich **O**bjekt-Zuordnung, **R**elationssuche, **V**isualisierung und **I**nteraktive Exploration) als *ORVI*-Prozess bezeichnet. Angewendet werden kann der ORVI-Prozess in jeder Situation, in der die Zusammenhänge zwischen bestimmten Elementen von Interesse sind.

Um den ORVI-Prozess durchzuführen, werden die Labels (textuelle Bezeichner) von mindestens zwei Elementen benötigt.[11] Dabei ist die Auswahl der Elemente ausdrücklich nicht Teil des Prozesses, da je nach Anwendungsbereich die unterschiedlichsten Verfahren denkbar sind; so können Elemente manuell ausgewählt werden, Ergebnis einer automatischen Text-Analyse sein oder aus einem beliebigen semi-automatischen Selektionsprozess resultieren.

---

[11]Im Gegensatz zu bestehenden Arbeiten, bei denen nur nach Zusammenhängen zwischen zwei Elementen gesucht werden kann, unterstützt der ORVI-Prozess auch die Suche nach Zusammenhängen zwischen mehr als zwei Elementen.

Neben der Auswahl der Elemente muss auch entschieden werden, auf welchem Datenbestand der Prozess ausgeführt werden soll. Diese Entscheidung ist ebenfalls nicht Teil des generellen Prozesses, da sie sehr stark von der jeweiligen Domäne und den Nutzerzielen abhängt. So mag es in bestimmten Fällen sinnvoll sein, öffentlich zugängliche Datenbestände zu verwenden (wie sie z.B. von DBpedia oder dem LOD-Projekt angeboten werden). In anderen Fällen kann es hingegen angebracht sein, von Firmen erstellte oder nur privat verfügbare Datenbestände zu nutzen. Auch ist anzunehmen, dass in vielen Fällen der Datenbestand durch Experten festgelegt werden wird und nicht vom Nutzer selbst ausgewählt werden kann. Dies ist insbesondere für unerfahrene Nutzer eine gute Lösung, da sie oftmals nicht in der Lage sind, die Eignung unterschiedlicher Datenbestände für die Durchführung ihrer Aufgabe zu beurteilen.

Sobald die Elemente sowie der Datenbestand ausgewählt worden sind, können die vier Schritte des ORVI-Prozesses nacheinander ausgeführt werden. Diese vier Schritte werden im Folgenden überblicksartig vorgestellt (vgl. Abb. 5.13):

1. **Objekt-Zuordnung**: Um die im Datenbestand existierenden Verbindungen für die Suche nach Zusammenhängen einsetzen zu können, müssen die ausgewählten Elemente zuerst eindeutigen Objekten in diesem Datenbestand zugeordnet werden. Um dabei den Aufwand für den Nutzer so klein wie möglich zu halten, sollte eine manuelle Auswahl des entsprechenden Objekts nur dann notwendig sein, wenn eine eindeutig automatische Zuordnung nicht möglich ist. Zudem sollte jede Form der manuellen Auswahl durch geeignete Mechanismen unterstützt werden (z.B. durch Autovervollständigung).

2. **Relationssuche**: Nachdem alle ausgewählten Elemente eindeutigen Objekten zugeordnet wurden, wird der Datenbestand mit Hilfe von geeigneten Algorithmen automatisch nach Relationen zwischen diesen Objekten durchsucht. Eine automatische Bewertung der gefundenen Relationen, um die Ergebnismenge so auf ausschließlich relevante Relationen beschränken

Relfinder 163

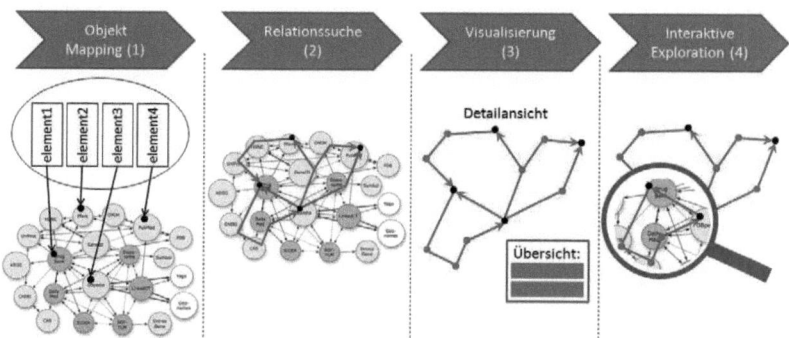

Abbildung 5.13: Der ORVI-Prozess: Ausgewählte Elemente werden Objekten im Datenbestand zugeordnet (1), die im zweiten Schritt als Startpunkte für die Suche nach Relationen zwischen diesen Objekten genutzt werden (2). Die auf diese Weise gefundenen Relationen werden visualisiert (3) und können durch den Nutzer exploriert werden (4).

zu können, ist häufig jedoch nicht möglich, da die hierfür notwendigen Informationen meist nicht bekannt sind [AMHWA+05]. Aus diesem Grund sollte in diesem Schritt möglichst noch keine Filterung auf Grund von Relevanz stattfinden;[12] eine Säuberung der gefundenen Relationen kann jedoch Sinn machen, z.B. um Schleifen zu unterdrücken.[13]

3. **Visualisierung**: Daraufhin werden die gefundenen Relationen dem Nutzer präsentiert. Dabei kann es vorkommen, dass eine große Zahl an Relationen visualisiert werden muss. Auf Grund von Begrenzungen (z.B. hat jeder Display nur eine limitierte Auflösung) lassen sich aber nicht immer alle Relationen in detaillierter Weise darstellen (z.B. in einer Graph-

---

[12] Der Einsatz von Filtern sollte zwar in diesem Schritt so weit wie möglich vermieden werden, lässt sich aber, z.B. wenn Geschwindigkeitsprobleme auftreten oder andere Ressourcen knapp werden, nicht immer vermeiden.

[13] Die Unterdrückung von Ringen bedeutet, dass jedes Objekt nur höchstens einmal in jeder Relation vorkommt [LSA07].

Visualisierung). Daher werden, neben einer detaillierten Darstellung, auch noch Mechanismen benötigt, mit deren Hilfe die gefundenen Relationen anhand unterschiedlicher Dimensionen (z.B. topologischer, statistischer oder semantischer) aggregiert oder gefiltert werden können, um so einen Überblick auch über umfangreiche Ergebnismengen zu ermöglichen.

4. **Interaktive Exploration**: Der letzte Schritt des Prozesses beinhaltet die interaktive Exploration der gefundenen Relationen. Das Hauptziel dabei ist, alle für eine bestimmte Situation relevanten Relationen auszumachen. Um dieses Ziel zu erreichen, werden interaktive Mechanismen und visuelle Hinweise, wie z.B. dynamische Filter und farbliche Hervorhebungen, benötigt, die eine differenzierte Exploration erlauben.

In wie weit zwischen zwei beliebigen Objekten im Semantic Web eine direkte oder indirekte Relation besteht, lässt sich wie folgt definieren:

Definition 7 (direkte Relation). *Zwischen zwei Objekten o_1 und o_2 besteht eine direkte Relation r, wenn entweder (o_1, r, o_2) oder (o_2, r, o_1) ein Tripel in der Datenbasis ist.*

Definition 8 (indirekte Relation). *Zwischen zwei Objekten o_1 und o_2 besteht eine indirekte Relation, wenn ein Objekt o_x existiert, so dass sowohl zwischen o_1 und o_x als auch zwischen o_x und o_2 entweder eine direkte oder eine indirekte Relation besteht. Alle indirekten Relationen zusammen bilden folglich die transitive Hülle für die direkten Relationen.*

5.2.3 RelFinder: Eine Umsetzung des ORVI-Prozesses

Mit dem RelFinder[14] wurde ein Tool entwickelt, das den ORVI-Prozess umsetzt und auf diese Weise eine Möglichkeit bietet, die

---
[14]Eine Demo des RelFinders kann online getestet werden, unter: `http://relfinder.semanticweb.org`

Anwendbarkeit des ORVI-Prozesses und auch dessen Nützlichkeit für die Lösung von realen Aufgaben zu demonstrieren. Wie gFacet (vgl. Abschn. 5.1.3) ist auch der RelFinder in Adobe Flex implementiert und kann daher in jedem Browser mit Flash-Plugin ausgeführt werden. Für den Zugriff auf die semantische Datenbasis werden ebenfalls SPARQL-Anfragen verwendet, die auf der Client-Seite formuliert und an einen SPARQL-Endpoint auf der Server-Seite geschickt werden. Damit lassen sich sowohl lokale als auch über das Web verfügbare Datenbestände für die Suche nach Relationen einsetzen, ohne dass dafür eine Modifikation der Daten notwendig wäre.

Um die Umsetzung des ORVI-Prozesses im RelFinder sowie dessen Anwendungspotential besser verständlich zu machen, wird im Folgenden ein kompletter Durchlauf präsentiert und alle implementierten Funktionen anhand eines Szenarios beschrieben. In diesem Szenario wird die Situation eines Analysten simuliert, der den RelFinder dafür einsetzt, Zusammenhänge und Abhängigkeiten zwischen den Unternehmen BMW, Porsche, Volkswagen und MAN SE besser zu verstehen. Im Hinblick auf Übernahmegerüchte zwischen Porsche und Volkswagen Mitte 2009[15] und den Umwälzungen, die sich dadurch ergeben könnten, benötigt der Analyst ein tieferes Verständnis für die Abhängigkeiten zwischen den vier Unternehmen, um so eine möglichst profitable Anlagestrategie entwickeln zu können.

Objekt-Zuordnung

Die Label der Elemente werden als Strings in Eingabefelder in der linken oberen Ecke der grafischen Benutzungsschnittstelle eingegeben (vgl. Abb. 5.14, A). Initial werden dafür nur zwei Eingabefelder angeboten, es können aber durch Betätigung des add-Buttons leicht weitere Felder hinzugefügt werden. Der Analyst aus dem oben genannten Szenario benötigt z.B. vier Eingabefelder, da er an Zusammenhängen zwischen vier unterschiedlichen Elementen („BMW", „Porsche", „Volkswagen" und „MAN SE") interessiert ist. Entsprechend dem Modell der interaktiven Angleichung wird bei der Ver-

---

[15]Spiegel-Online-Artikel „Machtkampf der Alphatiere" (zuletzt aufgerufen am 28.10.10): http://www.spiegel.de/wirtschaft/0,1518,636572,00.html.

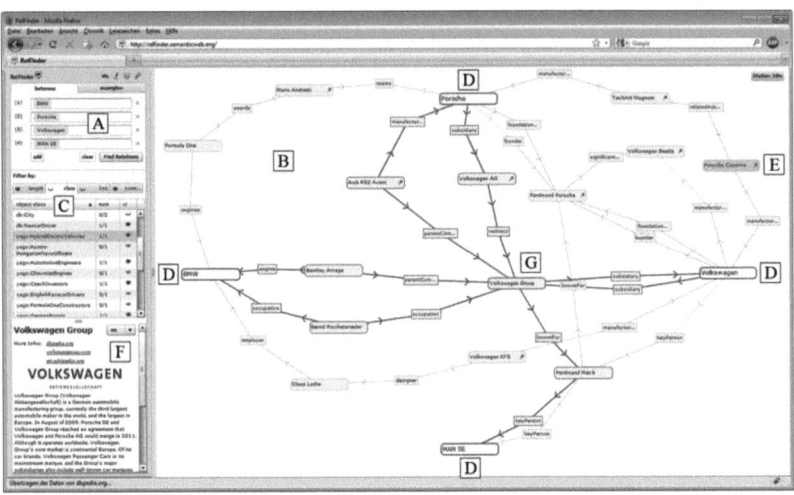

Abbildung 5.14: RelFinder-Screenshot mit, im DBpedia Datensatz gefundenen Zusammenhängen zwischen BMW, Porsche, Volkswagen und MAN SE.

wendung von Worten und Wort-Kombinationen (syntaktisch-lexikalische Ebene) ein Dialog zwischen Mensch und Computer darüber geführt, auf welche Weise die verwendeten Worte verstanden werden sollen (semantische Ebenen), um bei unterschiedlichen Interpretationen eine Angleichung herbeizuführen, der beide Seiten zustimmen können (vgl. Abschn. 3.3.1).

Während der Nutzer die Label der Elemente eingibt, werden bereits möglicherweise passende Objekte in einer Drop-down-Liste unter den entsprechenden Eingabefeldern angezeigt (vgl. Abb. 5.15). Die Vorschläge werden über SPARQL-Anfragen aus ausgewählten Properties[16] im Datenbestand herausgesucht und, soweit diese In-

---

[16] Über spezielle Formulare lassen sich der zu durchsuchende Datenbestand sowie die Properties, die zur Suche von Vorschlägen zur Autovervollständigung genutzt werden sollen (als Standard wird hierfür das Property `rdfs:label` verwendet), festlegen.

formationen zur Verfügung stehen, entsprechend ihrer Popularität[17] sortiert. Wenn die Server-Seite eine Sortierung nach Popularität nicht unterstützt, wird auf Client-Seite die *Jaro-Winkler-Distanz* [Win99] eingesetzt, um die Vorschläge sinnvoll zu sortieren.

Dabei ist der Nutzer nicht gezwungen, die Vorschläge auch anzunehmen. Dennoch muss jedes Element einem Objekt im Datenbestand zugeordnet werden, bevor die Suche nach Zusammenhängen starten kann. Der RelFinder verwendet dafür eine semi-automatische Strategie. Soweit die Zuordnung klar ist, wird diese automatisch durchgeführt, um so den Nutzer zu entlasten. Immer wenn eine eindeutige Zuordnung nicht möglich ist, muss der Nutzer die Auswahl treffen. Eine automatische Zuordnung wird danach nur in zwei Fällen durchgeführt:

1. Wenn der eingegebene String exakt mit dem Property (z.B. dem Label) eines Objekts übereinstimmt und der Wert, der zur Sortierung der Objekte verwendet wird, im Vergleich mit den anderen Werten einen gewissen Schwellenwert nicht unterschreitet.[18]

2. Wenn der Abstand zwischen der Bewertung des ersten Objekts und der des zweiten Objekts in der Sortierung größer ist, als ein bestimmter Schwellenwert.

Um ein optimales Ergebnis zu erzielen, müssen beide Schwellenwerte für den jeweiligen Datenbestand angepasst worden sein (beide Schwellenwerte sind relative Werte).

Im Szenario lassen sich z.B. die Eingaben von „BMW" und „Porsche" automatisch entsprechenden Objekten in der DBpedia-Datenbasis zuordnen, da sie den ersten Fall abdecken (nämlich eine exakte Übereinstimmung mit dem Label eines Objekts plus die Top-Position bei der Sortierung und einen ausreichend hohen Popula-

---

[17]Der Relfinder nutzt zur Sortierung den `count`-Befehl, der jedoch noch nicht zum SPARQL-Standard gehört und daher nicht von allen SPARQL-Endpoints unterstützt wird.

[18]Diese Methode funktioniert nur bei einer Sortierung nach Popularität (über den `count`-Befehl).

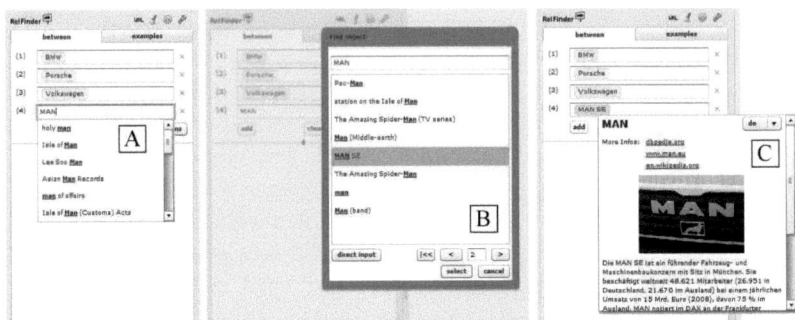

Abbildung 5.15: Die interaktive Objekt-Zuordnung wird unterstützt durch Autovervollständigung (A), detaillierte Vorschlagslisten (B) und zusätzliche Informationen über die zugewiesenen Objekte, z.B. in Form von Auszügen aus Wikipedia-Artikeln (C).

ritätswert). Für „Volkswagen" wird das Objekt mit einer direkten Übereinstimmung zwar nur auf Position zwei der Liste geführt, liegt mit seinem Wert gegenüber dem Erstplatzierten (der Volkswagen Gruppe[19]) aber über dem notwendigen Schwellenwert und kann daher ebenso automatisch zugewiesen werden. Dagegen kann „MAN" nicht automatisch zugewiesen werden, da kein Objekt in DBpedia genau dieses Label hat und der Popularitätswert des Objekts an erster Stelle den dafür notwendigen Schwellenwert nicht überschreitet.

Wenn keine automatische Zuweisung möglich ist, wird die manuelle Zuweisung durch eine, in einem Pop-up-Fenster angezeigte erweiterte Liste an Vorschlägen unterstützt (vgl. Abb. 5.15, B). Diese bietet zusätzlich zu den vorgeschlagenen Objekten noch Links zu weiterführenden HTML-Seiten[20] sowie die Möglichkeit der direkten

---

[19]In dem Szenario wurden die Vorschläge entsprechend ihrer Popularität sortiert (mit Hilfe des `count`-Befehls). Dies führte dazu, dass das Objekt mit dem Label „Volkswagen Gruppe" einen höheren Popularitätswert hatte als das Objekt mit dem Label „Volkswagen".

[20]Laut W3C soll zu jedem Objekt im Semantic Web eine entsprechende HTML-Seite angegeben werden, auf der alle zu diesem Objekt gehörenden Informationen in einer für den Menschen lesbarer Form zugreifbar sind.

Eingabe und Validierung von Objekt-URIs.[21] Darüber hinaus ist es mit Hilfe des Pop-up-Fensters auch möglich, z.B. automatische Zuweisungen, die vom Nutzer im Nachhinein als falsch identifiziert wurden, zu korrigieren. Zum besseren Verständnis und damit auch zur besseren Überprüfbarkeit der zugewiesenen Objekte lassen sich zusätzliche Informationen, wie z.B. ein Auszug aus dem entsprechenden Wikipedia-Artikel (vgl. Abb. 5.15, C), als Maus-Over-Effekt neben dem Objekt einblenden.

Somit bietet der RelFinder bereits bei der Objekt-Zuordnung wichtige Funktionen, um die interaktive Angleichung auf der syntaktisch-lexikalischen und semantischen Ebene zu unterstützen. Automatische Verfahren werden eingesetzt, um dem Nutzer Arbeit zu ersparen, wenn die Bedeutung einer Eingabe offensichtlich erscheint. Auf der anderen Seite werden unterschiedliche Hilfefunktionen angeboten, sobald eine klare automatische Zuweisung nicht mehr möglich ist. So findet iterativ und mit möglichst geringem Nutzeraufwand eine Einigung zwischen Mensch und Computer darüber statt, welche Bedeutungen die eingegebenen Wörter repräsentieren sollen. Die auf diese Weise gefundenen semantischen Objekte bilden dann die *Startobjekte* für die nachfolgende Suche nach Relationen.

Relationssuche

Die Suche nach Relationen kann in unterschiedlicher Weise realisiert werden. Der RelFinder nutzt einen Algorithmus, der in [LSA07] zum ersten Mal vorgestellt und in [HHL+09] weiterentwickelt wurde. Dieser sucht Relationen nach gewissen konfigurierbaren Parametern, die auch in anderen, vergleichbaren Algorithmen Verwendung finden [AMHWA+05, KJ07].

Die wichtigsten Parameter *Länge* und *Richtungswechsel* werden im Folgenden definiert.

Definition 9 (Länge). *Die Länge einer Relation wird definiert durch die Anzahl an Objekten, die sich zwischen den zwei Startobjekten*

---

[21] Soweit die URI des gewünschten Objekts bereits im Vorfeld bekannt ist, kann diese auch direkt in das Eingabefeld eingetragen werden.

dieser Relation befinden. Danach haben direkte Relationen die Länge 0 und indirekte Relationen mindestens die Länge 1 (da sich immer mindestens ein Objekt zwischen den zwei Startobjekten befindet).

Definition 10 (Richtungswechsel). *Die Richtungswechsel einer Relation werden definiert durch die Zahl der in dieser Relation enthaltenen Tripel, die aufeinander folgen aber nicht in dieselbe Richtung zeigen.*[22] *Danach haben direkte Relationen immer 0 Richtungswechsel (da sie nur aus einem Tripel bestehen) und indirekte Relationen mit $x + 1$ Tripeln maximal x Richtungswechsel. So hat z.B. die Relation $s1 \to o1 \to o2 \leftarrow o3 \to s2$ zwischen den Startobjekten $s1$ und $s2$ genau 2 Richtungswechsel.*

Wie bereits im ORVI-Prozess definiert, ist das generelle Ziel dieses Prozessschrittes die Extraktion so vieler Relationen wie möglich, denn jede dieser Relationen ist, je nachdem in welcher Situation sich der Nutzer befindet, möglicherweise wichtig und relevant. Dieses Ziel sollte bei der Wahl der Parameter nicht aus den Augen verloren werden. Leider spielen oftmals aber auch noch andere Faktoren, wie Vorgaben für Antwortzeiten oder Ressourcenbeschränkungen, eine wichtige Rolle. Um daher die Parameter immer optimal an die Gegebenheiten anpassen zu können, lassen sich Länge und Richtungswechsel der zu suchenden Relationen im RelFinder frei konfigurieren. Darüber hinaus können auch noch beliebige Properties angegeben werden, die bei der Suche nach Relationen ignoriert werden sollen (z.B. da ihre Semantik nicht wichtig ist).

Das RelFinder-System unter http://relfinder.semanticweb.org, das auch im vorliegenden Szenario Anwendung findet, ist so konfiguriert, dass es nur nach Relationen sucht, die maximal die Länge 2 und höchstens einen Richtungswechsel haben. Des Weiteren werden die Properties `wikilink` der DBpedia-Ontology, `subject` der SKOS-Ontology und `type` der RDF-Ontology bei der Suche nach Relationen ignoriert, da damit ausschließlich Hyperlinks und Klassenzugehörigkeiten repräsentiert werden. Mit dieser Konfiguration wurden, für die vier Startobjekte aus der Automobilindustrie,

---

[22] Jeder Tripel hat durch seine Struktur (Subjekt-Prädikat-Objekt) eine eindeutige Richtung (vgl. Abschn. 2.1.1).

alles in allem 64 Relationen gefunden (26 der Länge 1 und 38 der Länge 2), die 37 unterschiedliche Typen von Properties und Objekte aus 23 unterschiedlichen ontologischen Klassen enthielten (davon 16 Klassen der *YAGO*[23], 4 der *OpenCyc-Ontologie*[24] und 3 der DBpedia-Ontologie). Die nächste Herausforderung besteht nun laut ORVI-Prozess in der geeigneten Visualisierung dieser Ergebnisse.

Visualisierung

Die gefundenen Relationen werden im RelFinder sowohl durch einen Graphen (Abb. 5.14, B) als auch durch Attribute in vier verschiedenen Facetten visualisiert (Abb. 5.14, C).

Graph-Visualisierung: In der Graph-Visualisierung werden Objekte als Knoten und Verbindungen zwischen den Objekten als gerichtete, beschriftete Kanten repräsentiert.[25] Die Knoten, die Startobjekte repräsentieren (vgl. Abschn. 5.2.3), sind durch einen stärkeren Rand gekennzeichnet (Abb. 5.14, D) und werden an festen Punkten in einem Oval positioniert. Die gefundenen Objekte und deren Verbindungen, die in den Relationen zwischen den Startobjekten enthalten sind, spannen einen Graphen zwischen den fixierten Knoten und werden durch ein kräftebasiertes Layout automatisch positioniert [FR91].

Da die automatische Positionierung jedoch nicht immer optimal ist, kann der Nutzer die Knoten auch nach seinen individuellen Vorstellungen arrangieren. Dafür zieht er einzelne Knoten mit der Maus an eine bestimmte Position und fixiert diese Knoten auf diese Weise dort dauerhaft. Ähnlich wie bei Facet Graphs (vgl. Facet Graphs in Abschn. 5.1.3) wird der ausgewählte Knoten wie durch eine Pinnadel an einer bestimmten Stelle festgepinnt. Durch Drücken des Pinnadel-Symbols (Abb. 5.14, E)) eines fixierten Knotens wird

---

[23] Yet Another Great Ontology (YAGO): http://www.mpi-inf.mpg.de/yago-naga/yago/
[24] OpenCyc-Ontologie: http://www.cyc.com/opencyc/
[25] Die Beschriftungen der Kanten werden eigentlich ebenfalls als Knoten repräsentiert. Dies dient aber nur einer Verbesserung des automatischen Layouts.

dieser freigegeben und damit wieder dem automatischen Layout-Algorithmus unterstellt.

Da eine Graph-Visualisierung jedoch schnell unübersichtlich wird (vgl. Abschn. 2.4.2) können nicht immer alle gefundenen Relationen im Graphen angezeigt werden. Daher ist es z.B. bei einer großen Zahl an gefundenen Relationen notwendig, die als Graph repräsentierten Relationen initial automatisch zu filtern, um so große und unübersichtliche Graph-Visualisierungen zu vermeiden. Gefiltert wird dabei primär über die Länge der Relationen, da dieser Parameter am einfachsten zu verstehen und so die automatische initiale Filterung für den Nutzer am ehesten nachvollziehbar ist. Alle initial vorgenommenen Filterungen werden dabei immer in der Facetten-Visualisierung angezeigt und können durch den Nutzer rückgängig gemacht werden.

Facetten-Visualisierung: In der Facetten-Visualisierung werden die gefundenen Relationen entlang zweier semantischer und zweier topologischer Dimensionen aggregiert.

Die topologischen Dimensionen sind

- die Länge der Relationen (vgl. Def. 9 und Abb. 5.16, links),

- der Konnektivitätslevel der gefundenen Objekte (vgl. Def. 11 und Abb. 5.16, rechts).

Definition 11 (Konnektivitätslevel). *Der Konnektivitätslevel eines gefundenen Objekts wird definiert durch die Anzahl an Startobjekten, die es über Relationen miteinander verbindet. Jedes gefundene Objekt verbindet mindestens 2 Startobjekte (Konnektivitätslevel = 2) und höchstens alle Startobjekte miteinander.*

Die zwei semantischen Dimensionen sind:

- Die Properties, über die die Objekte in den Relationen miteinander verbunden sind (vgl. Abb. 5.16, Mitte).

- Die Klassen der gefundenen Objekte (vgl. Abb. 5.14, C).

Relfinder 173

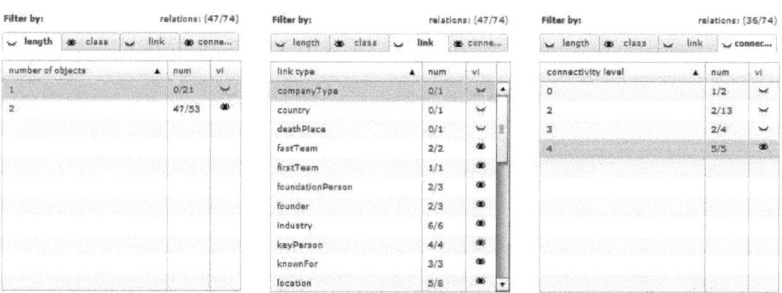

Abbildung 5.16: Die Facetten-Visualisierung erlaubt zum einen den Überblick über alle gefundenen Relationen und zum anderen die Kontrolle der in der Graph-Visualisierung dargestellten Informationen.

Wie in Abb. 5.16 zu sehen, werden die Attribute der Relationen entsprechend der vier Dimensionen in vier Listen organisiert, die über Tabs erreicht werden können. Jeder Eintrag in den Listen enthält eine Kurzbeschreibung (entweder eine Zahl oder ein Label der entsprechenden Klasse oder Property), die Zahl der sichtbaren und die Zahl aller darin aggregierter Relationen sowie ein Augen-Symbol, über das die Sichtbarkeit dieser Relationen kontrolliert werden kann.

Wie bereits beschrieben, können in der Graph-Visualisierung nicht immer alle Relationen gleichzeitig angezeigt werden. Sobald die Anzahl der gefundenen Relationen einen bestimmten Schwellenwert überschreitet, werden automatisch Filter aktiviert, die die Darstellung von Relationen über einer bestimmten Länge verhindern.[26] Die initial ausgeblendeten Relationen sind aber in der Facetten-Visualisierung durch Listeneinträge repräsentiert und können durch die Betätigung des Auge-Symbols im Graphen ein- und ausgeblendet werden. Damit wird durch die Facetten-Visualisierung die Handha-

---

[26] Die gefundenen Relationen werden im Graphen nicht gleichzeitig gezeichnet, sondern entsprechend ihrer Länge nacheinander (erst direkte Relationen, dann Relationen der Länge 1 und so weiter). Bei einer automatischen Filterung werden dann längere Relationen einfach nicht mehr angezeigt.

bung auch großer Mengen an gefundenen Relationen möglich, wohingegen die Graph-Visualisierung die detaillierte Darstellung einer beschränkten Menge an Relationen erlaubt.

Interaktive Exploration

Die gefundenen Relationen können durch Interaktion mit den Facetten, aber auch durch Interaktion mit den Knoten im Graphen exploriert werden. Wie beschrieben, kann der Nutzer über die Facetten kontrollieren, welche Relationen in der Graph-Visualisierung sichtbar sind. Darüber hinaus lassen sich aber auch Knoten und Kanten mit gemeinsamen Eigenschaften sowie komplette Relationen hervorheben und zusätzliche Informationen zu ausgewählten Objekten anzeigen.

Durch die Selektion eines bestimmten Eintrags in einer Facette werden alle entsprechenden Knoten oder Kanten im Graphen hervorgehoben (z.B. führt die Selektion der Klasse „HybridElectricVehicles" zur Hervorhebung des Knoten „Porsche Cayenne" in Abb. 5.14, E) und durch Betätigung des Augen-Symbols können diese Knoten und Kanten ein- und ausgeblendet werden. Auf diese Weise können beispielsweise alle Relationen einer bestimmten Länge aus dem Graphen entfernt werden (z.B. alle direkten Relationen). Oder es können alle Relationen entfernt werden, die über ein bestimmtes Property laufen (z.B. „companyType"). Auch können nur noch diejenigen Relationen angezeigt werden, die alle Startobjekte miteinander verbinden (über die Konnektivitätslevel) oder die über Objekte bestimmter Klassen verbunden sind.

Wenn in der Graph-Visualisierung ein bestimmter Knoten selektiert wird, führt dies sowohl in den Facetten als auch im Graphen zu unterschiedlichen Hervorhebungen. Erstens werden alle Attribute des entsprechenden Objekts in den Facetten hervorgehoben, um Informationen über dessen Klasse oder Konnektivitätslevel anzuzeigen. Zweitens werden auch noch alle Objekte mit ähnlichen Attributen wie das selektierte Objekt im Graphen hervorgehoben, um so das Verständnis für Zusammenhänge im Graphen zu unterstützen. Und Drittens werden alle Relationen, die über dieses Objekt laufen, als "roter Faden" durch den Graphen visualisiert. Auf diese Weise lässt sich das Nachverfolgen von Relationen erleichtern (z.B. die Relationen, die über „Volkswagen Group" laufen, in Abb. 5.14, G). Darüber hinaus lassen sich zusätzliche Informationen wie ein Bild und eine kurze Beschreibung zum selektierten Knoten im Seitenbereich unter den Facetten einblenden (vgl. Abb. 5.14, F). Damit soll Nutzern die Möglichkeit gegeben werden, eine Erklärung der zwischen den Startobjekten gefundenen unbekannten Objekte zu erhalten und dadurch die Relationen besser verstehen zu können.

Der Analyst aus dem Szenario verwendet die unterschiedlichen Facetten bspw. zur Beschränkung der im Graphen angezeigten Relationen auf die für seine Zwecke relevanten. Dabei nutzt er hauptsächlich die Dimensionen „Klasse" und „Property", um für seine Analyse irrelevante Relationen auf Grund von geografischer (bspw. Firmensitz in der selben Stadt) oder anderer Ähnlichkeiten (wie z.B. das Vorhandensein eines Chief Executive Officer (CEO)) auszublenden. So sind in Abb. 5.16 (Mitte) die Properties „companyType", „deathPlace" und „country" sowie die Klassen „cities" und „countries" auf unsichtbar gestellt und die entsprechenden Relationen in Abb. 5.14 in der Graph-Visualisierung nicht vorhanden. Der Graph ist dadurch auf Relationen beschränkt, die über Personen (z.B., „Bernd Pischetsrieder"), Produkte (z.B., „Porsche Cayenne") oder Organisationen (z.B., „Volkswagen Group") zustande kommen und unterstützt somit die Analyse von Abhängigkeiten zwischen den Automobilkonzernen, die auf Grund persönlicher, finanzieller oder struktureller Verstrebungen existieren. Auf diese Weise erkennt der Analyst, dass die Volkswagen Gruppe eine zentrale Rolle spielt (sie verbindet alle vier Startknoten miteinander) und daher auf alle Fälle berücksichtigt werden muss, wenn eine optimale Handelsstrategie gefunden werden soll.

5.2.4 Evaluation

In der Evaluation wurde das Auffinden von Zusammenhängen nach dem ORVI-Prozess mit den Möglichkeiten zum Auffinden von Zusammenhängen im herkömmlichen Web verglichen. Dabei wurde der

RelFinder als Repräsentant der ersten Gruppe und Google und Wikipedia als Repräsentanten der zweiten Gruppe gewählt.[27]

Design

Die Nutzerstudie bestand aus drei Aufgaben, die mit allen drei Tools (Google, Wikipedia und RelFinder) bewältigt werden mussten. Während in der ersten Aufgabe eine Relation gefunden werden musste, waren es drei Relationen in der zweiten Aufgabe. In der dritten Aufgabe wurde ebenfalls nach drei Relationen gefragt, wobei die Relationen über Objekte einer vorher angegebenen Klasse laufen sollten (z.B. über Personen oder Orte). Dabei wurde nur nach Zusammenhängen zwischen zwei vorgegebenen Elementen gefragt, nicht nach Zusammenhängen zwischen drei und mehr Elementen.[28] Um Lerneffekte zu vermeiden, wurden neben den Elementen auch die Klassen variiert, über die die Relationen bei der dritten Aufgabe laufen sollten.

Die Elemente wurden aus drei thematischen Kategorien gewählt (Personen, Orte und Kultur), wobei jeder Teilnehmer mit Elementen aus allen drei Kategorien konfrontiert wurde. Zur Gewährleistung der generellen Möglichkeit für alle Aufgaben mit allen Tools entsprechende Relationen mit wenig Aufwand finden zu können, wurde eine Vorstudie durchgeführt. Zum Beispiel lautete die dritte Aufgabe in der Kategorie Kultur: „Nennen Sie drei Filme, die Quentin Tarantino mit Samuel L. Jackson verbinden. Geben Sie auch die Art der Relation an." (gegeben waren die Elemente „Quentin Tarantino"

---

[27] Google und Wikipedia wurden aus den folgenden drei Gründen ausgewählt: 1) In einer durchgeführten Befragung nach Tools, die zum Auffinden von Zusammenhängen eingesetzt werden, wurden diese am häufigsten genannt. 2) Beide sind bekannte Vertreter der Klassen der Suchmaschinen und der Wikis. 3) Auf Grund der Bekanntheit musste die Bedienung der Tools nicht erst lange erklärt werden.

[28] Die Anzahl der Elemente, zwischen denen nach Relationen gesucht werden sollte, wurde auf zwei beschränkt, da sich eine Suche zwischen drei und mehr Elementen mit Google und Wikipedia als äußerst schwierig herausgestellt hatte. Auch die Suche nach passenden Beispielen, die mit allen Tools funktionieren, wurde auf diese Weise vereinfacht.

und „Samuel L. Jackson" sowie die Klasse „movie").

Das Zeitlimit für jede Aufgabe war drei Minuten. War ein Teilnehmer nicht in der Lage, eine Aufgabe innerhalb dieser Zeit zu lösen, wurde die Bearbeitung der Aufgabe abgebrochen und zur nächsten Aufgabe übergegangen. Bei der Suche nach der Lösung der Aufgaben waren die Teilnehmer dazu angehalten, Vorkenntnisse so weit wie möglich zu ignorieren. Als Antworten waren ausschließlich Relationen erlaubt, die mit Hilfe der entsprechenden Tools gefunden worden waren. Die Eingabe von weiteren Suchtermen als den vorgegebenen war nicht erlaubt. Zur Suche nach Relationen mit dem RelFinder wurden die DBpedia-Daten verwendet. Außerdem wurde verhindert, dass Wikipedia-Artikel über Google aufgerufen wurden. Darüber hinaus wurden keine weiteren Einschränkungen getroffen, sodass die Teilnehmer ihre eigene Strategie zur Lösung der Aufgaben unter Verwendung der jeweiligen Tools anwenden konnten.[29]

Prozedur

Zwölf Teilnehmer, größtenteils Studenten, nahmen an der Studie teil. Deren Vertrautheit mit Google und Wikipedia war hoch[30] (Google: D=9, S=1.2; Wikipedia: D=8.8, S=1.0)[31].

Die Studie begann mit einer kurzen Einleitung und Erklärung der drei Aufgaben. Danach wurden die drei Tools (Google, Wikipedia und RelFinder) in systematisch variierender Reihenfolge präsentiert. Die Aufgaben mussten mit allen drei Tools bearbeitet werden. Für jede Aufgabe sollte jeder Teilnehmer seine Zufriedenheit mit den gefundenen Relationen angeben.[32] Zusätzlich sollte jeder

---

[29] Die unterschiedlichen Datenbasen zur Suche nach Relationen (DBpedia, Wikipedia-Artikel und die von Google indexierten Web-Seiten) konnten nicht verhindert werden, wurden jedoch nicht als Problem angesehen, da die Lösbarkeit der Aufgaben mit allen drei Tools und innerhalb des Zeitlimits durch die Vorstudie sichergestellt war.

[30] Vertrautheit wurde gemessen auf einer Skala zwischen 1 und 10 (mit 1 = „nicht vertraut" und 10 = „sehr vertraut").

[31] D = Durchschnitt; S = Standardabweichung

[32] Die Zufriedenheit wurde gemessen auf eine Skala zwischen 1 und 10 (mit 1 = „unzufrieden" und 10 = „sehr zufrieden").

Teilnehmer nach Bearbeitung aller drei Aufgaben mit einem Tool bewerten, wie hilfreich dieses Tool beim Auffinden der Relationen war.[33]

Ergebnisse

Abb. 5.17a zeigt für die drei Aufgaben und die drei Tools den durchschnittlichen Prozentsatz der Nutzer, die zu einer richtigen Lösung kamen (oberes Diagramm). In diesem direkten Vergleich bietet der RelFinder die beste Unterstützung. Ein ähnliches Ergebnis zeigen die Zufriedenheitswerte, die nach jeder Aufgabe gemessen wurden (vgl. Abb. 5.17a, unteres Diagramm). Diese Ergebnisse deuten an, dass der ORVI-Prozess, wie er im RelFinder implementiert ist, und das Modell der interaktiven Angleichung im Semantic Web bei der Suche nach Zusammenhängen gegenüber den Möglichkeiten des herkömmlichen Web präferiert wird. Dies spiegelt sich auch in den Antworten auf folgende Frage wieder: „Wenn ich wieder nach Relationen zwischen zwei Elementen suchen müsste, würde ich das folgende Tool verwenden:". Hier nannten acht Teilnehmer den RelFinder und nur zwei Google und zwei Wikipedia.[34]

Das Diagramm in Abb. 5.17b zeigt die Bewertungen der Teilnehmer in den Dimensionen Effizienz, Zufriedenheit und Kontrolle, wie sie für jedes Tool nach Bearbeitung der drei Aufgaben auf einer Fünf-Punkte-Likert-Skala angegeben wurden. Die Unterstützung durch den RelFinder bei der Suche nach Zusammenhängen erreichte im Durchschnitt die besten Werte, wobei die Bewertungen in der Dimension Kontrolle für alle Tools noch am nächsten beieinander liegen. Gerade dies zeigt, dass die Umsetzung der Mensch-Computer-Interaktion im RelFinder äußerst gelungen zu sein scheint, da die Vertrautheit der Teilnehmer mit der Bedienung von Google

---

[33]Die Unterstützung durch die Tools wurde an Hand von zwölf Faktoren auf einer Fünf-Punkte-Likert-Skala bewertet (mit 1 = „stimme nicht zu" und 10 = „stimme voll zu"), die dann auf die Dimensionen *Effizienz*, *Zufriedenheit* und *Kontrolle* projiziert und entsprechend aggregiert wurden.

[34]Die Entscheidung für Google oder Wikipedia war meist mit einer höheren Vertrautheit mit diesem Tool begründet.

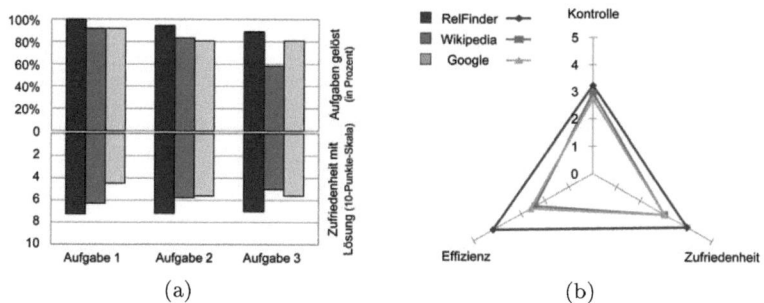

Abbildung 5.17: a) Durchschnittlicher Prozentsatz an richtigen Lösungen und durchschnittliche Zufriedenheit damit (auf einer Skala von 1 bis 10) je Aufgabe und Tool. b) Bewertung der drei Tools entsprechend der drei Dimensionen Kontrolle, Zufriedenheit und Effizienz (gemessen über 12 Faktoren auf einer Fünf-Punkte-Likert-Skala).

und Wikipedia im Vergleich zum RelFinder deutlich höher war. Diese Interpretation wird unterstützt durch den Wert, den der RelFinder in der Dimension Zufriedenheit erlangen konnte. Den größten Unterschied gab es in der Dimension Effizienz: Der RelFinder wurde als sehr viel effizienter bewertet als die anderen beiden Tools.

5.2.5 Diskussion

Als Ergebnis lässt sich festhalten, dass der RelFinder in der Nutzerstudie sehr gut abgeschnitten hat. Dies ist insofern nicht verwunderlich, da er genau für die Art von Aufgaben entwickelt wurde, die in der Studie untersucht worden sind. Dennoch zeigen die Ergebnisse die hohe Anwendbarkeit dieses Ansatzes, dessen großes Potential und die Vorteile, die im Vergleich zu Ansätzen des herkömmlichen Web erreicht werden können. Interessanterweise wurde der RelFinder als sehr effizient eingeschätzt, obwohl die Ergebnispräsentation im RelFinder auf Grund des zusätzlichen Schritts der Objekt-

Zuordnung und der aufwändigeren Suche nach Relationen länger dauert als bei Google und Wikipedia. Dieser zusätzliche Aufwand scheint sich jedoch unmittelbar bezahlt zu machen und wird, nachdem dies vom Nutzer erkannt ist, auch entsprechend honoriert. Diese Erkenntnisse sprechen für die generelle Eignung des Semantic Web bei der Unterstützung der Suche nach Zusammenhängen. Sie sprechen aber auch für den generellen Erfolg einer Nutzer-zentrierten und interaktiven Ausrichtung und damit für die Vorteile des Modells der interaktiven Angleichung im Semantic Web.

Verwandte Arbeiten

Der Hauptunterschied zu verwandten Arbeiten besteht in dem hohen Maß an Interaktivität, welche sowohl im ORVI-Prozess als auch im RelFinder eine entscheidende Rolle spielt. Das Auffinden von Zusammenhängen wird dabei als iterativer und hochgradig interaktiver Prozess verstanden. Hingegen haben verwandte Arbeiten primär die automatische Suche nach Relationen im Semantic Web und deren Optimierung im Blick und bemühen sich daher fast ausschließlich um die Verbesserung der Anfragestrategien und die dafür benötigten Algorithmen. Hierzu finden sich z.B. im *Semantic Discovery (SemDis)-Projekt*[35] wichtige Arbeiten, die sich schwerpunktmäßig mit der Entwicklung von Metriken zur automatischen Relevanzbestimmung von gefundenen Relationen beschäftigen. Die Autoren unterscheiden dabei zwischen einer semantischen und einer statistischen Metrik, die sich in unterschiedlicher Weise zu einem sogenannten *SemRank*-Wert kombinieren lassen [AMS05].

Wie bereits im Abschn. 2.2.2 über die Probleme beim automatischen Zugriff auf semantische Daten beschrieben, führen rein automatische Ansätze jedoch oftmals nicht zu den gewünschten Ergebnissen. Bei der automatischen Suche nach Zusammenhängen spielen dabei, neben den generellen Problemen bei der Formulierung der Anfrage und der Interpretation der Ergebnisse, vor allem die folgenden zwei Punkte eine wichtige Rolle:

---

[35]SemDis-Projekt: `http://lsdis.cs.uga.edu/projects/semdis/`

1. Auf Grund der oftmals hohen Zahl an im Semantic Web bestehenden Zusammenhängen, kann die Präsentation aller automatisch gefundenen Relationen zu einer Überforderung des Nutzers führen.

2. Eine automatische Priorisierung und Filterung der gefundenen Relationen schlägt häufig fehl, da die Vorkenntnisse und die Situationen von Nutzer zu Nutzer zu stark variieren und eine automatische Berücksichtigung dieser Faktoren noch nicht zufriedenstellend möglich ist.

So werden z.B. beim *DBpedia Relationship Finder* [LSA07], aus dem die Idee für den RelFinder entstanden ist, die gefundenen Relationen einfach als Textzeilen untereinander geschrieben und keine weitere Interaktion mit den Textzeilen unterstützt. Weder findet eine Aggregation doppelt in den Relationen vorkommender Objekte statt (wie in der Graph-Visualisierung des RelFinders der Fall), noch können die Relationen entlang unterschiedlicher Dimensionen aggregiert werden, um somit einen Überblick über alle gefundenen Ergebnisse zu ermöglichen (wie in der Facetten-Visualisierung umgesetzt). Wenn daher viele Relationen gefunden werden, führt dies zu sehr langen Listen, die nur schwer überblickt und kognitiv verarbeitet werden können.

Einen anderen Ansatz verfolgt *SPARQLeR* [KJ07], der zusätzliche Sprachkonstrukte für SPARQL anbietet, die für die Suche nach Relationen eingesetzt werden können. Unglücklicherweise werden diese Konstrukte nicht von den Standard-SPARQL-Endpoints unterstützt und konnten daher nicht im RelFinder verwendet werden. Weitere verwandte Arbeiten finden sich in den Bereichen des automatischen Erlernens, Erweiterns und Zusammenführens von Ontologien. Diese beschäftigen sich jedoch vorrangig mit Relationen auf konzeptueller Ebene [SdM08] und sind daher für die Suche nach Relationen auf Objektebene nur bedingt geeignet. Auch weiter entfernte Arbeiten zur Identifikation von Zusammenhängen in nicht semantischen Datensätzen, wie beispielsweise in Textdokumenten [RKS06, CWT+08], liefern nur wenig Verwertbares für die interaktive Suche nach Zusammenhängen im Semantic Web.[36]

Zur generellen Definition des Prozesses der Informationssuche existieren bereits viele verwandte Arbeiten. Zu den bekanntesten gehört das von Shneiderman definierte Mantra zur visuellen Informationssuche [Shn96]: Overview first, zoom and filter, then details-on-demand. Ein weiterer bekannter Prozess ist der von Kuhlthau definierte *Information Seeking Process (ISP)* [Kuh93], der aus den sechs Teilschritten Initiierung, Selektion, Exploration, Fokussierung, Zusammenstellung und Präsentation besteht. Es existiert aber noch keine Definition des Prozesses der interaktiven Suche nach Zusammenhängen im Semantic Web, der den gesamten Durchlauf von der Objekt-Zuordnung bis zur interaktiven Exploration auf allgemeiner Ebene beschreibt. Mit der Vorstellung des ORVI-Prozesses wird diese Lücke geschlossen und mit dem RelFinder dessen Anwendbarkeit und die damit verbundenen Vorteile anhand einer konkreten Anwendung demonstriert.

5.3 Auffinden relevanter Informationen im Projekt SemSor

Motiviert durch die Schwierigkeiten bei der automatischen Überführung von natürlichsprachlichen Texten in semantischen Daten (vgl. Abschn. 2.2.1) wurden in Kapitel 4 dieser Arbeit interaktive Ansätze vorgestellt, die eine Zusammenarbeit von Mensch und Computer bei der Überführung von Daten ohne explizite Bedeutung in semantische Daten unterstützen. Allerdings gibt es Fälle, in denen diese Ansätze nicht greifen. Zum Beispiel kann beim Zugriff auf sehr aktuelle Informationen keine Zeit mehr für die Umwandlung sein oder der Aufwand hierfür auf Grund der Menge an Daten zu groß werden.

In diesen Fällen werden Methoden benötigt, die zwar eine automatische Überführung erlauben, diese aber nur in Fällen durchführen, bei denen eine automatische Interpretation (z.B. auf Grund der

---

[36]Ein Überblick über verschiedene Formen von Zusammenhängen findet sich in [SR07].

Kontextinformationen[37]) eine hohe Wahrscheinlichkeit hat, korrekt zu sein. Im Gegensatz zu einer vollständigen Überführung in semantische Daten, werden hierbei nur einzelne Teilbereiche der Informationen semantisch annotiert (vgl. Abschn. 2.1.5). Entsprechende Dienste zur automatischen semantischen Annotation von natürlichsprachlichen Texten werden z.b. von *Calais*[38] oder *AlchemyAPI*[39] angeboten. Durch die nur teilweise durchgeführte semantische Annotation ergeben sich jedoch gewisse Nachteile beim gezielten Zugriff auf die Daten, welche aber durch andere Methoden abgefedert werden können.

Im Folgenden wird das Projekt *Semantic Sensor (SemSor)* vorgestellt, das zum Ziel hat, die in Leitständen und Krisenstäben tagtäglich zu treffenden Einschätzungen in komplexen und schwer zu überblickenden Situationen durch die gezielte Bereitstellung von öffentlich-verfügbaren Informationen zu erleichtern.[40] Hierzu werden verschiedene Quellen des Web 2.0 angezapft und die darüber erhaltenen Informationen möglichst gezielt zur Verfügung gestellt. Auf Grund der großen Menge an im Web 2.0 verfügbaren Informationen und der Notwendigkeit, Informationen schnell zugreifbar zu machen, bleibt aber keine Zeit, um die Web 2.0 Inhalte interaktiv in semantische Daten zu überführen. Daher findet in SemSor eine automatische semantische Annotation der Inhalte statt. Durch die Zuweisung von eindeutigen semantischen Objekten können dann Technologien aus dem Semantic Web und der KI eingesetzt werden, um das schnelle Auffinden und Integrieren von, für eine bestimmte Situation relevanten Informationen zu ermöglichen.

5.3.1 Einleitung

In Leitständen und Krisenstäben müssen in kurzer Zeit Gefahren erkannt und weitreichende Entscheidungen getroffen werden. Als

---
[37]Kontext bezeichnet in der Kommunikationstheorie alle Elemente einer Kommunikationssituation, die das Verständnis einer Äußerung bestimmen [Buß08].
[38]Calais: http://www.opencalais.com/
[39]AlchemyAPI: http://www.alchemyapi.com/
[40]Erste Beschreibungen der Idee finden sich in [HSE09] und [HTE11].

Grundlage für die Entscheidungsfindung dienen Einschätzungen der vorherrschenden Situation. Eine solche Einschätzung kann jedoch nur dann situationsangemessen sein, wenn alle relevanten Informationen zugreifbar sind und in ein umfassendes Gesamtbild integriert wurden. So werden beispielsweise für die Einschätzung von Gefahrensituationen Informationen wie zeitliche und örtliche Ausdehnung, Ursache der Gefahr, Anzahl der Opfer, Art und Umfang von Verletzungen und möglicherweise noch weitere Details benötigt. Da sich eine Situation laufend verändern kann, müssen sich auch die Informationen über diese laufend aktualisieren, um den Entscheidungskontext aktuell zu halten. Nur ein aktuelles und umfassendes Gesamtbild erlaubt eine situationsangemessene Einschätzung und damit eine optimale Reaktion zur Minimierung von Schäden.

In vielen Fällen sind jedoch weder alle für eine Situationseinschätzung relevanten Informationen zugreifbar, noch befinden sich diese auf dem aktuellen Stand. Das ist der Fall, weil Einschätzungen oftmals aus der Entfernung getroffen werden müssen, d.h. die einschätzende Person nicht vor Ort ist oder sich Situationen zeitlich und räumlich über einen größeren Bereich erstrecken und dadurch nicht alle relevanten Informationen immer vollständig einsehbar sind: Ereignisse können sich z.B. innerhalb von Gebäuden, Menschenmengen oder Fahrzeugen abspielen. Die Schwierigkeit liegt jedoch nicht nur im Bereich des Informationszugangs sondern auch im Bereich der Informationsauswahl und der Integration unterschiedlicher Informationen in ein Gesamtbild. Vor allem bei zeitkritischen, komplexen und schwer einsehbaren Situationen sind daher Fehleinschätzungen möglich.

Insbesondere in Krisensituationen ist ein entschiedenes und schnelles Handeln auf Grundlage einer umfassenden und aktuellen Einschätzung der Situation von größter Wichtigkeit. Wichtige Informationen zu bestimmten Themen, insbesondere zu aktuelle Ereignissen, die viele Menschen betreffen, sind in der heutigen Zeit jedoch oftmals zuerst im Web 2.0 vorhanden und werden erst viel später von den Massenmedien wie Zeitung und Fernsehen aufgegriffen. Daher ist die Einbeziehung von Informationen aus dem Web 2.0, z.B. um aufkommende Krisen frühzeitig zu erkennen oder um im konkreten Krisenfall geeignete Entscheidungen treffen zu können, entscheidend [HP09b].

5.3.2 Verwandte Arbeiten

Die generelle Idee einer Kombination von Web 2.0 und Semantic Web wurde bereits in [Gru08] beschrieben und auch schon in verschiedenen konkreten Anwendungen umgesetzt, z.B. innerhalb des *WeKnowIt*-Projekts[41]. Auch gibt es bereits einige Anwendungen, die diese Idee zur Unterstützung der Analyse von Krisensituationen verwenden [BLF08, Ire09]. In diesen Anwendungen werden die gefundenen Einträge oftmals auf Karten angeordnet, um den Nutzern damit einen Überblick über räumliche Ausdehnungen zu ermöglichen, z.B. über die Ausbreitung eines Feuers auf der *Interactive Fire Map*[42], oder um aus der Fülle gefundener Informationen mit Hilfe von geografischen Filtern die relevanten Informationen extrahieren zu können [JIF09]. Auch auf zeitliche Aspekte ausgelegte Repräsentationen, z.B. zur Verdeutlichung der Reihenfolge, in der Web 2.0 Einträge getätigt wurden, kombiniert mit Kartendarstellungen sind weit verbreitet [LP09]. Keiner dieser Ansätze verwendet jedoch KI-Ansätze, wie z.B. *Spreading Activation*, um aus der riesigen Menge an annotierten Web 2.0 Einträgen die in einer bestimmten Situation relevanten herauszufinden.

Die Theorie des Spreading Activation in semantischen Graphen wurde das erste Mal in [CL75] vorgestellt. Beim Spreading Activation werden anfänglich mehrere Startknoten mit einer initialen Aktivierungsenergie belegt, die dann über die Kanten im Graphen iterativ zu benachbarten Knoten weitergegeben wird. Die Kanten können mit Gewichten versehen werden, um so die Weitergabe von Energie zu steuern. Dieser Ansatz kann z.B. in Personalisierungs- und Empfehlungssystemen genutzt werden, um z.B. auf einer Webseite dargestellte Inhalte an den momentanen Kontext eines Nutzers

---

[41]WeKnowIt-Projekt: http://www.weknowit.eu.
[42]Interactive Fire Map: http://www.signonsandiego.com/firemap/.

anzupassen. Neben dem konkreten Informationsbedürfnis des Nutzers können auf diese Weise Kontextinformationen wie der Ort, die Zeit, das Nutzerprofil oder die Wetterbedingungen eingesetzt werden, um das Spreading Activation an die vorherrschende Situation anzupassen [HZ08]. Zusätzlich ist es möglich, die Nutzeraktionen automatisch zu interpretieren und davon Änderungen der Kantengewichte und initialen Aktivierungen abzuleiten, um so dynamisch auf individuelle Vorlieben und Interessen eingehen zu können. Dafür muss der semantische Graph allerdings in einer Weise abgespeichert sein, die eine individuelle und ständige Veränderung von Parametern im Graph ermöglicht, damit die Anpassungen der Gewichte und der Aktivierungen auch durchgeführt werden können. Die in Abschn. 2.1.3 vorgestellten semantischen Graphen liegen allerdings alle auf externen Servern und es ist nur einer kleinen und festgelegten Gruppe von Entwicklern erlaubt, die Graphen auch zu verändern. Die Erzeugung von lokalen Kopien der semantischen Graphen löst zwar das Schreibproblem, erfordert aber leistungsstarke Server und schafft Probleme bei der Aktualisierung der Daten.

In diesem Abschnitt wird daher ein Ansatz vorgestellt, der Spreading Activation in externen semantischen Datensätzen durchführt und dadurch sowohl Platz als auch Rechenkapazität spart. Dafür werden Datensätze in der LOD-Cloud (vgl. Abschn. 2.1.3) per SPARQL-Anfragen (vgl. Abschn. 2.1.4) angesprochen, um damit das Spreading Activation anzustoßen und semantisch relevante Objekte in den Datensätzen zu finden. Neben den geringen Systemanforderungen gibt es jedoch noch zwei weitere wichtige Vorteile einer ausgelagerten Spreading Activation:

1. Die Datensätze sind immer auf dem aktuellsten Stand; es gibt keine lokalen Kopien der Datensätze, die umständlich immer wieder aktualisiert werden müssen.

2. Es werden semantische Relationen jeder Art und von beliebiger thematischer Zugehörigkeit verwendet, um relevante Informationen zu aktivieren; es gibt keine im Voraus festgelegte Menge an semantischen Objekten und Relationen, z.B. nur

Daten einer bestimmten Domäne, innerhalb der das Spreading Activation ablaufen muss, sondern es können alle Datensätze in der LOD-Cloud verwendet werden. Dadurch können auch im Voraus nicht absehbare Themen und Zusammenhänge bei der Suche berücksichtigt werden und somit die Analyse bestmöglich unterstützten.

5.3.3 Projekt SemSor

Im SemSor-Projekt wird zum einen auf die Beschaffung aktueller und umfassender Informationen aus dem Web 2.0 gesetzt und zum anderen auf ein schnelles Auffinden und Integrieren von, für eine bestimmte Situation relevanten, Informationen durch die Verwendung von Technologien aus dem Semantic Web. Die hierdurch erlangten Informationen werden über eine interaktive Visualisierung Nutzern zur Verfügung gestellt, um sowohl Geschwindigkeit als auch Qualität von Einschätzungen von komplexen und schwer zu überblickenden Situationen zu verbessern und dadurch ein optimal auf die Situation angepasstes Handeln zu ermöglichen.

Wie in Abb. 5.18 dargestellt, werden hierfür kontinuierlich registrierte *Newsfeeds*, *Blogs* und *Mikroblogging*-Dienste, wie z.B. Twitter[43], nach neuen Informationen gescannt (Abb. 5.18, A), diese semantisch annotiert (Abb. 5.18, B) und für einen möglichen späteren Zugriff bereithalten. Sobald nun ein konkreter Ausgangspunkt für eine Situationseinschätzung vorliegt, z.B. ein eingegangener Notruf, wird dieser semantisch annotiert und dadurch, genau wie die gesammelten Inhalte aus dem Web 2.0, auf eindeutige Objekte im Semantic Web projiziert (Abb. 5.18, C). Die definierten Verbindungen zwischen den Objekten im Semantic Web ermöglichen es nun in einem weiteren Schritt, relevante Informationen aus den gesammelten Inhalten automatisch über Spreading Activation zu identifizieren (Abb. 5.18, D) und kombiniert anzuzeigen (Abb. 5.18, E). Dabei muss sowohl die Information als auch die Art der Darstellung an den jeweiligen Personenkreis, die Situation und das Ausgabege-

---

[43]Twitter: http://twitter.com/.

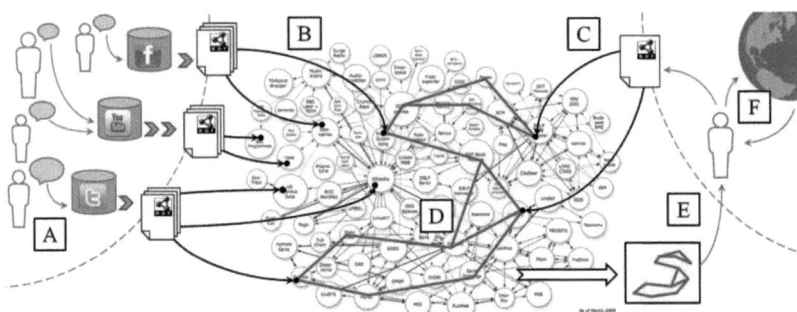

Abbildung 5.18: Im Web 2.0 werden laufend aktuelle Informationen eingesammelt (A) und semantisch annotiert (B). Sobald eine Situationseinschätzung notwendig ist, wird eine Anfrage formuliert, diese ebenfalls semantisch annotiert (C) und so relevante Informationen über die Verbindungen im Semantic Web aktiviert (D). Die Ergebnisse werden angezeigt (E) und können zusammen mit Erkenntnissen aus anderen Quellen (F) zu einer iterativen Verbesserung der Anfrage führen.

rät angepasst sein. Zum Beispiel ermöglichen es Großbildschirme in den Leitstellen, einen schnellen Überblick über alle Geschehnisse zu bekommen, wohingegen Einsatzkräfte vor Ort auf ihren tragbaren Geräten nur wenige Informationen in komprimierter Form anzeigen können.

Neue Erkenntnisse, die auf Grund der Visualisierung relevanter Informationen oder externer Quellen, z.B. offizieller Berichte, gewonnen wurden (Abb. 5.18, F), können zu einer veränderten, semantischen Definition des Ausgangspunkts für die Situationseinschätzung führen (Abb. 5.18, C). Durch einen veränderten Ausgangspunkt werden andere Informationen als relevant identifiziert (Abb. 5.18, D) und angezeigt, was wiederum zu neuen Erkenntnissen und damit zu einer iterativen Verbesserung der Einschätzung einer Situation führen kann.

Verteilte heterogene Informationsquellen

Vor allem bei der Einschätzung von Situationen, in denen aktuelle Ereignisse eine entscheidende Rolle spielen, diese aber durch bestehende Informationskanäle nicht aufgefangen werden können, bieten verteilte, heterogene Informationsquellen des Web 2.0 einen möglichen Ausweg. Internetseiten, Blogs, Diskussionsforen, soziale Netzwerke und Mikroblogging-Dienste ermöglichen jedem Bürger, in einer Art Bürgerjournalismus aktuelle Ereignisse, Meinungen und Kommentare über das Internet zu verbreiten. Dadurch werden viele unterschiedliche Perspektiven auf aktuelle Ereignisse zugänglich, die bei der Einschätzung von Situationen bisher keine Berücksichtigung fanden, möglicherweise aber relevante Informationen liefern können.

Ein aktuelles und sehr trauriges Beispiel ist der Amoklauf von Winnenden. Hier wurden, zum ersten Mal in dieser Form in Deutschland, massiv Informationen zu einer aktuellen Gefahrensituation von Bürgern vor Ort über den Mikroblogging-Dienst Twitter bereitgestellt.[44] Solche, bereits verfügbaren Informationsquellen anzuzapfen, um die darüber aufgefangenen Informationen dann zur Begrenzung und Vermeidung von Schaden in konkreten Gefahrensituationen einzusetzen, ist das Ziel des hier vorgestellten Ansatzes.

Semantische Annotation

Um auf die große Menge an aufgefangenen Informationen sinnvoll zugreifen zu können, werden diese automatisch semantisch annotiert (vgl. Abschn. 2.1.5). Durch die Annotation werden den, in den aufgefangenen Informationen verwendeten Zeichenketten automatisch eindeutige Bedeutungen zugewiesen, z.B. ein bestimmtes Datum, ein bestimmter Ort oder bestimmtes Objekt einer anderen Domain. Als Quelle für diese Referenzen dienen dabei bestehende, über das Internet via SPARQL-Anfragen frei zugängliche semantische Datensätze der LOD-Cloud, wie z.b DBpedia oder GeoNames.

---

[44] Artikel zur Nutzung von Twitter beim Amoklauf von Winnenden (zuletzt aufgerufen am 19.11.2010): http://www.tagesspiegel.de/weltspiegel/das-erste-twitter-ereignis-in-deutschland/1471214.html

5.3.4 Interaktiver Zugriff

Angefangen von einem eingehenden Notruf, über den Ausbruch einer neuartigen Krankheit, bis zur Nachricht über den Beginn eines Krieges, lassen sich unterschiedliche Ereignisse aufführen, die ein entschiedenes und schnelles Handeln auf Grundlage einer umfassenden und aktuellen Einschätzung der Situation notwendig machen. Um hierfür auf relevante Informationen aus dem Web 2.0 zugreifen zu können, wurde im SemSor-Projekt eine grafische Benutzungsschnittstelle entwickelt (vgl. Abb. 5.19), die sowohl das Formulieren von eindeutigen Anfragen als auch die Suche nach wichtigen Informationen und die interaktive Exploration der Ergebnisse unterstützt. Die Benutzungsschnittstelle wurde entsprechend dem Modell der interaktiven Angleichung im Semantic Web entworfen und ermöglicht so einen Dialog zwischen Mensch und Computer auf syntaktisch-lexikalischer und semantischer Ebene.

Dabei ähnelt der beim interaktiven Zugriff auf die annotierten Web 2.0 Inhalte ablaufende Prozess sehr stark dem in Abschn. 5.2 vorgestellten ORVI-Prozess. Zuerst müssen die Elemente, die den Ausgangspunkt der Suche definieren, eindeutigen Objekten des Semantic Web, den sogenannten Startobjekten, zugeordnet werden (vgl. Abb. 5.19, A, B). Ausgehend von diesen Startobjekten werden dann noch weitere, semantisch verwandte Objekte über die Verknüpfungen im Semantic Web aktiviert und alle mit den aktivierten Objekten annotierten Web 2.0 Informationen zusammengesammelt. Diese Informationen werden dann als Ergebnismenge visualisiert (vgl. Abb. 5.19, C, D) und können durch den Nutzer interaktiv exploriert und gefiltert werden (vgl. Abb. 5.19, E, F, G).

Neben den Ähnlichkeiten zum ORVI-Prozess gibt es im Projekt SemSor allerdings auch zwei wichtige Unterschiede:

1. Es geht nicht um die Frage, in welcher Weise bestimmte, vom Nutzer definierte Elemente in Beziehung zueinander stehen (wie beim RelFinder der Fall), sondern um das Auffinden, für eine bestimmte Situation relevanter Informationen aus dem Web 2.0.

SemSor 191

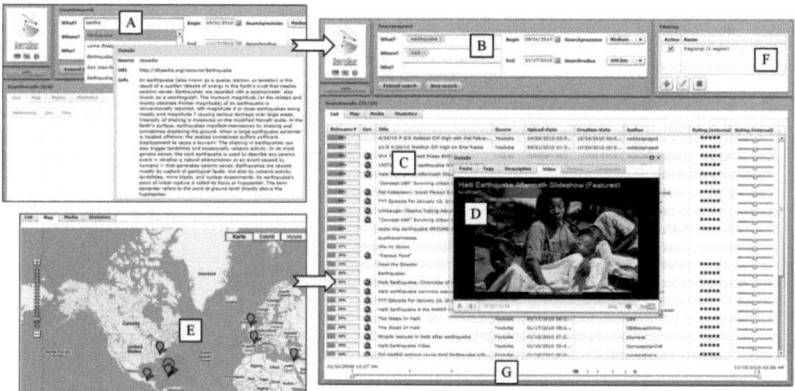

Abbildung 5.19: Suchbegriffe werden interaktiv semantischen Objekten zugeordnet (A und B), die dann als Startobjekte für die Suche dienen. Die gefundenen Informationen werden in unterschiedlichen Visualisierungen repräsentiert (C, D, E) und können vom Nutzer gefiltert und exploriert werden (E, G, F).

2. Die Suche erfolgt in Texten, Bildern und Videos aus dem Web 2.0, die automatisch durch semantische Objekte annotiert wurden, und damit nicht in, sondern mit Hilfe von semantischen Daten (wie z.B. DBpedia).

Definition des Ausgangspunkts für die Situationseinschätzung

Um für ein konkretes Ereignis, wie z.B. das Erdbeben auf Haiti 2010, relevante Informationen zu finden, muss dieses, genau wie die im Web 2.0 aufgefangenen Informationen auch, zuerst semantisch annotiert, also eindeutigen Objekten im Semantic Web zugeordnet werden. Die Benutzungsschnittstelle von SemSor unterstützt dabei die Objekt-Zuordnung auf ähnliche Weise wie es bei RelFinder und gFacet der Fall ist: Nachdem Text in ein Eingabefeld eingetragen wurde (z.B. „earthquake" und „haiti"), werden entsprechend vorhandene Interpretationen des Textes als Liste sowie weiterführende Informationen unter dem Eingabefeld angezeigt und können durch den Nutzer ausgewählt werden (vgl. Abb. 5.19, A). Dadurch entsteht in einer syntaktisch-lexikalischen und semantischen Angleichung zwischen Nutzer und Computer ein gemeinsames Verständnis für die Bedeutung der Begriffe und damit die Möglichkeit für den Nutzer, sein Informationsbedürfnis klar zu formulieren. Zusätzlich unterstützen unterschiedliche Eingabefelder die differenzierte Beantwortung der W-Fragen (Was, Wo, Wer, Wie und Warum) und damit eine klare Kategorisierung der eingegebenen Informationen (vgl. Abb. 5.19, B).

Spreading Activation im Semantic Web

Ausgehend von der semantischen Definition des Ausgangspunkts, findet eine Aktivierung entlang bereits im Semantic Web existierender, definierter Verbindungen statt, um auf diese Weise relevante Informationen ausfindig zu machen. Der generelle Ansatz ähnelt dabei dem RelFinder-Ansatz (vgl. Abschn. 5.2): nämlich Verbindungen zu finden, die zwischen den im Web 2.0 aufgesammelten Informationen und den angegebenen Startobjekten bestehen. Das konkrete Vorgehen ist allerdings ein anderes. Ausgehend von den Startobjekten wird mit Hilfe einer Breitensuche nach Ressourcen gesucht, die zur Annotation der Web 2.0 Inhalte verwendet wurden. Die auf diese Weise gefundenen Web 2.0 Inhalte werden dann auf Grundlage unterschiedlicher Kriterien, wie Länge der Verbindung zu einem der Startobjekte, zeitlicher, örtlicher und thematischer Zugehörigkeit, in unterschiedliche Wichtigkeitsklassen eingeteilt und dementsprechend angezeigt.

Damit funktioniert die Aktivierung von relevanten Informationen in SemSor ähnlich wie beim Spreading Activation in neuronalen Netzen [CL75]. Hier bekommen ebenfalls ausgewählte Knoten (vgl. Startobjekte in SemSor) initial eine Aktivierung und geben diese über ihre Verbindungen zu anderen Knoten im Netzwerk weiter. Im Gegensatz zur Aktivierung in SemSor wird aber beim Spreading Activation in neuronalen Netzen die Aktivierungsenergie mit jeder Weitergabe schwächer, bis ein bestimmter Schwellenwert unterschritten wird und keine Weitergabe von Energie mehr erfolgt. Diese Aktivierungsenergien werden in jedem Knoten im Netz aufsummiert und dienen später als Kriterium bei der Auswahl relevanter Knoten. Darüber hinaus kann neben unterschiedlich starken Anfangsaktivierungen im neuronalen Netz auch für jede Verbindung ein Gewicht festgelegt werden, das die Stärke der darüber laufenden Aktivierungsenergie bestimmt (bzw. den Grad der Abschwächung). So kann eine Verbindung als wichtig definiert werden, die dann viel Energie weiterleitet, und eine andere Verbindung als unwichtig, mit einer geringen Weitergabe von Energie.

In SemSor erfolgt die Aktivierung von relevanten Web 2.0 Informationen über extern gespeicherte und via SPARQL-Endpoints zugreifbare semantische Datensätze in der LOD-Cloud. Dadurch verringert sich zwar enorm der Umfang der semantischen Daten, die in lokalen Datenbanken gespeichert werden müssen, dafür können aber beispielsweise Relationen in den externen Datensätzen nicht mit Gewichten versehen werden, da in den meisten Fällen die hierfür notwendigen Schreibrechte fehlen. Auch eine Aufsummierung der Aktivierungsenergie für jeden Knoten in den externen Datensätzen fällt schwer. Daher erfolgt die Aktivierung der Web 2.0 Inhalte in SemSor, wie im Folgenden aufgeführt, nur indirekt und im Nachhinein:

1. Ausgehend von den Startobjekten (vgl. Abb. 5.20a, A) werden alle Verbindungen zu anderen Objekten in den externen Datensätzen bis zu einer bestimmten Länge (vgl. Definition 9) verfolgt (vgl. Abb. 5.20a, B und C).

2. Sobald eine Verbindung zu einem Objekt gefunden wurde, das bereits zur Annotation von Web 2.0 Einträgen verwendet wird, dient diese Verbindung zur Aktivierung dieser Einträge (vgl. Abb. 5.20a, D).

3. Nun wird im Nachhinein auf Grund der in der gefundenen Verbindung enthaltenen Properties und Klassen analysiert, wie

stark die mit diesem Objekt annotierten Web 2.0 Einträge aktiviert werden.

4. Die Aufsummierung der Aktivierungen erfolgt dann nur bei den Web 2.0 Einträge selbst, um die finalen Aktivierungsenergien dann später als Grundlage für die Selektion der Ergebnismenge zu verwenden.

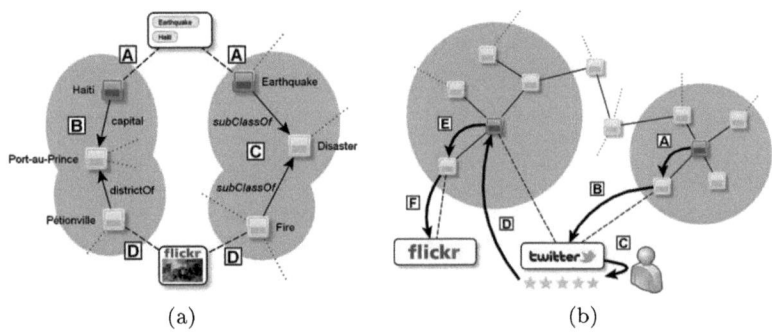

(a) (b)

Abbildung 5.20: a) Ausgehend von den Startobjekten (A) werden entlang der Kanten (B und C) Objekte gesucht, mit denen Web 2.0 Einträge annotiert sind (D). b) Durch die Bewertung gefundener Web 2.0 Einträge durch den Nutzer (A, B und C) werden automatisch neue Startobjekte für die nächste Aktivierung hinzugefügt (D) und dadurch neue Web 2.0 Einträge gefunden (E und F).

Visualisierung, Erkenntnisgewinn und Aktualisierung

Noch während die Spreading Activation läuft, kommen bereits erste Web 2.0 Einträge als Ergebnisse zurück und werden in unterschiedlichen Repräsentationen (z.B. Tabellen-, Karten- und Statistik-Repräsentation) dargestellt. Innerhalb der Repräsentationen können einzelne Web 2.0 Einträge per Doppelklick in einem Pop-up-Fenster geöffnet und so z.B. Videos abgespielt werden (Abb. 5.19, D). So wird es möglich, aus einem Web 2.0 Eintrag neben Meta-Informationen wie dem Titel, Schlüsselwörtern und Zeitangaben auch noch weitere, detailliertere Informationen zu extrahieren und dadurch weitere Erkenntnisse über die Situation vor Ort zu gewinnen.

Solche Erkenntnisse können dann beispielsweise dafür genutzt werden, Filter zu formulieren, um so die Menge an gefundenen Web 2.0 Daten in geeigneter Weise auf relevante Daten einzugrenzen. Die Definition von zeitlichen Vorgaben erfolgt dabei über zwei Schieberegler auf einem Zeitstrahl (vgl. Abb. 5.19, G) und die Definition von geografischen Vorgaben über eine Karte (vgl. Abb. 5.19, E). Beide Repräsentationen zeigen dabei die Verteilung der Web 2.0 Informationen über die zeitliche sowie über die geografische Dimension und erlauben es somit, Brennpunkte auszumachen und Einsatzkräfte entsprechend zu koordinieren.

Soweit das Suchergebnis noch nicht für eine Analyse der vorherrschenden Situation ausreicht, kann die Suchanfrage iterativ noch beliebig verändert und erweitert werden. Z.B. lassen sich einzelne Web 2.0 Einträge auf einer diskreten Skala mit einer Bewertung versehen und auf diese Weise die darin gefundenen semantischen Objekte bei der nächsten Aktivierung als Startobjekte verwenden (vgl. Abb. 5.20b). Oder es können zusätzliche Schlüsselwörter per Drag&Drop in die Suchfelder gezogen werden, um so die Suche zu verbreitern. Durch die verschiedenen Möglichkeiten, die Ergebnismenge sowohl zu vergrößern als auch zu filtern, wird der Zugriff auf die enormen Informationsmengen im Web 2.0 kontrollierbar und es lassen sich somit Informationen extrahieren, auf deren Basis dann Entscheidungen getroffen werden, die insbesondere in Krisensituationen Schäden zu vermeiden helfen.

5.4 Visualisieren von Zusammenhängen mit dem ChainGraph

Im Semantic Web werden Zusammenhänge zwischen Ressourcen mit Hilfe von Properties beschrieben (vgl. Abschn. 2.1.1). Auf diese

Weise lässt sich z.B. die Stadt Port-au-Prince über das Property `capital` mit dem Land Haiti verbinden. Ebenso ist es möglich, Beziehungen auf Klassenebene zu definieren, um so z.B. spezifische Klassen, wie Earthquake und Fire, über das Property `subClassOf` von abstrakteren Klassen, wie Disaster, abzuleiten (vgl. Abb. 5.20a). Sind zwei oder mehr Ressourcen über das selbe Property mit der selben Ressource verbunden – wie Earthquake und Fire über `subClassOf` mit Disaster – spricht man auch von einem gemeinsamen *Merkmal* (vgl. Def. 12).

Definition 12 (gemeinsames Merkmal). *Zwei Ressourcen r_1 und r_2 haben ein gemeinsames Merkmal m_x, mit $m_x = (p_y, z)$, wenn die Ressourcen-Kollektion sowohl (r_1, p_y, z) als auch (r_2, p_y, z) als Tripel enthält; wobei z sowohl Ressource als auch Literal sein kann.*

Für das Erdbeben-Beispiel ist das gemeinsame Merkmal (*subClassOf, Disaster*). Gemeinsame Merkmale zwischen Ressourcen deuten dabei häufig auf wichtige Zusammenhänge hin: Z.B. kann ein Feuer als Folge eines Erdbebens ausgebrochen sein oder eine wichtige Verbindung zwischen zwei Personen über einen gemeinsamen Bekannten bestehen. Wie sich aus den Beispielen ablesen lässt, kann die Identifikation solcher gemeinsamen Merkmale dabei helfen, interessante Zusammenhänge, Unterschiede und Abhängigkeiten zwischen Ressourcen zu entdecken. Allerdings ist es auf Grund der verwendeten Repräsentationsformen bei der Darstellung von semantischen Daten oftmals schwierig, alle wichtigen Zusammenhänge auch wirklich zu erkennen. Beispielsweise sind Tabellen und Matrizen zwar hilfreich, um semantische Daten anhand ihrer Merkmale zu sortieren und zu filtern, für die übersichtliche Darstellung von multidimensionalen Zusammenhängen sind sie aber weniger geeignet.

Zur Visualisierung von Zusammenhängen auf Grund von gemeinsamen Merkmalen sind Graphen oftmals besser geeignet und werden daher auch schon häufig in Anwendungen eingesetzt (vgl. Abschn. 2.4.2). Eine Graph-Visualisierung von Ressourcen und deren gemeinsamen Merkmalen wird gewöhnlich in zwei Schritten erzeugt: Zuerst wird eine Graph-Repräsentation erstellt, in der jede

ChainGraph 197

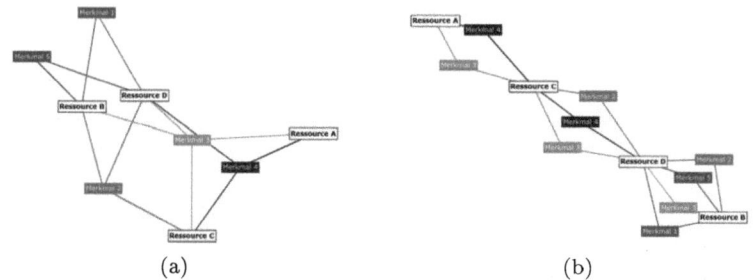

(a) (b)

Abbildung 5.21: a) Herkömmliche Graph-Visualisierung und b) ChainGraph-Visualisierung der gleichen Ressourcen-Kollektion.

Ressource und jedes Merkmal durch Knoten repräsentiert und über Kanten miteinander verbunden wird. Danach wird diese Graph-Repräsentation in einem zweiten Schritt auf den Bildschirm gezeichnet; meist unter Verwendung bestimmter Zeichen-Algorithmen. Abb. 5.21a zeigt, wie eine solche herkömmliche Graph-Visualisierung aussehen könnte: Dargestellt ist eine kleine Kollektion aus vier Ressourcen, die über fünf verschiedene Merkmale miteinander verbunden sind.[45] Der Graph ist mit Hilfe eines kräftebasierten Algorithmus [FR91] gezeichnet und verwendet unterschiedlich eingefärbte Merkmalknoten und entsprechend eingefärbte Kanten zur besseren Lesbarkeit.

Auch wenn eine herkömmliche Graph-Visualisierung einen guten Überblick über die Zusammenhänge innerhalb einer Ressourcen-Kollektion bietet, stößt diese Form der Darstellung an ihre Grenzen wenn mehrere Ressourcen über mehrere gemeinsame Merkmale verbunden sind. Für solche stark vernetzten Kollektionen lassen sich häufig die folgenden Nachteile bei einer herkömmlichen Graph-Visualisierung beobachten:

- Verbindungen auf Grund gemeinsamer Merkmale sind häufig

---

[45] Man spricht hierbei auch von einem bipartiten Graphen mit den Ressourcen als den einen Knotentyp und den Merkmalen als den anderen.

nur schwierig zu identifizieren und zu verfolgen und erschweren damit ein Verständnis für die Zusammenhänge zwischen den Ressourcen.

- Nah beieinander liegende und sich überlappende Kanten können zusätzlich die Nachvollziehbarkeit von Zusammenhängen behindern.

Diese Probleme können nur zum Teil durch eine Optimierung der Algorithmen zum Zeichnen der Graphen kompensiert werden. Für eine wirkliche Lösung muss auch der vorgelagerte Schritt, nämlich die Erstellung der Graph-Repräsentation, berücksichtigt werden. Aus dieser Einsicht entstand die Idee für den *ChainGraph*[46], der speziell entwickelt wurde, um die oben genannten Probleme zu vermeiden und so das Verständnis für die Zusammenhänge in Ressourcen-Kollektionen auf Grund gemeinsamer Merkmale zu unterstützen. Damit stellt der ChainGraph eine Alternative zur herkömmlichen Graph-Visualisierung dar.

In den folgenden Abschnitten wird der ChainGraph-Ansatz detailliert vorgestellt. Dafür wird in Abschn. 5.4.1 zuerst die generelle Idee des ChainGraphen erklärt, bevor in Abschn. 5.4.2 der Algorithmus zur Erstellung einer ChainGraph-Visualisierung sowie Möglichkeiten der Optimierung vorgestellt werden. Daraufhin werden in Abschn. 5.4.3 zwei Einsatzmöglichkeiten und in Abschn. 5.4.4 Ergebnisse aus einer ersten Evaluation präsentiert. Es folgt eine Diskussion über die Vorteile und Limitationen dieses Ansatzes in Abschn. 5.4.5.

5.4.1 ChainGraph – Die generelle Idee

Der ChainGraph basiert auf der Idee, Merkmal-Knoten in der Graph-Repräsentation zu multiplizieren. Jedes Merkmal, das mehr als zwei Ressourcen gemeinsam hat, wird von mehreren Knoten im Graph

---

[46]Erste Beschreibungen des ChainGraphen finden sich in [HL09] und [LHT+09].

repräsentiert, um so alle Verbindungen im Graph auf binäre Verbindungen zu reduzieren. Auf diese Weise umgeformt, bildet der ChainGraph quasi eine Aggregation von einfachen Pfaden, welche als *Chains* bezeichnet werden und eine spezielle Form der Interpretation verlangen.

Abb. 5.21b zeigt einen ChainGraph, der die selbe Ressourcen-Kollektion visualisiert wie der herkömmliche Graph in Abb. 5.21a: Alle Merkmal-Knoten entlang einer Chain repräsentieren exakt das gleiche Merkmal und nicht unterschiedliche. Entsprechend haben auch alle Ressourcen, die über eine Merkmal-Chain miteinander verbunden sind, das entsprechende Merkmal gemeinsam und stehen somit in einem Zusammenhang. Dabei ist die Reihenfolge der Ressourcen in einer Chain irrelevant für deren Interpretation da alle Relationen innerhalb einer Chain transitiv sind. Eine Veränderung der Reihenfolge in einer Chain ändert folglich nicht deren Semantik, sie kann aber die Lesbarkeit des Graphen beeinflussen (mehr dazu in Abschn. 5.4.2).

Wie man durch einen Vergleich der beiden Graph-Visualisierungen in Abb. 5.21 feststellen kann, umgeht der ChainGraph die oben angesprochenen Limitationen einer herkömmlichen Graph-Visualisierung durch die folgenden vorteilhaften Eigenschaften:

- Merkmal-Knoten werden entlang von Chains angeordnet, die weitestgehend parallel zueinander laufen und so die Anzahl und die Art der gemeinsamen Merkmale unmittelbar sichtbar machen.

- Die Verfolgung von gemeinsamen Merkmalen wird durch die geringe Graph-Dichte und die wenigen Überschneidungen im Graph besser unterstützt als in der herkömmlichen Graph-Visualisierung.

Diese Vorteile treffen auf so gut wie jeden ChainGraphen zu, nicht nur den in Abb. 5.21b. Jedoch ist, neben der Verwendung unterschiedlicher Farben sowie einem kräftebasierten Algorithmus zum Zeichnen des Graphen, die Reihenfolge der Ressourcen in den

Chains entscheidend für die Qualität der Visualisierung. Zusammen mit möglichen Limitation des ChainGraphen, die z.B. aus der Multiplikation von Knoten und der daher notwendigen speziellen Interpretation resultieren, wird die Frage nach der optimalen Reihenfolge der Ressourcen innerhalb der Chains im Folgenden diskutiert. Zuerst erfolgt allerdings eine formale Definition des ChainGraphen sowie dessen Erstellungsprozesses aus einer gegebenen Ressourcen-Kollektion.

5.4.2 Erstellung einer ChainGraph-Visualisierung

Wie bereits in der Einleitung erwähnt, wird die herkömmliche Graph-Visualisierung einer Ressourcen-Kollektion üblicherweise in zwei Schritten erstellt:

1. Eine Graph-Repräsentation wird generiert.

2. Die Graph-Repräsentation wird gezeichnet.

Verglichen damit unterscheidet sich die Erstellung einer Chain-Graph-Visualisierung nur im ersten Schritt, der Generierung der Graph-Repräsentation. Beim ChainGraph besteht dieser erste Schritt aus zwei Teilschritten (vgl. Abb. 5.22) und läuft wie folgt:

1. Eine ChainGraph-Repräsentation wird generiert:

    (a) Die Chains werden gebildet.

    (b) Eine Überführung in einen ChainGraph findet statt.

2. Die ChainGraph-Repräsentation wird gezeichnet.

Der zweite Schritt, das Zeichnen des Graphen, bleibt gleich. Hier können auch für den ChainGraph bestehende Algorithmen, wie z.B. ein kräftebasiertes Layout, ohne spezielle Anpassungen verwendet werden.

ChainGraph 201

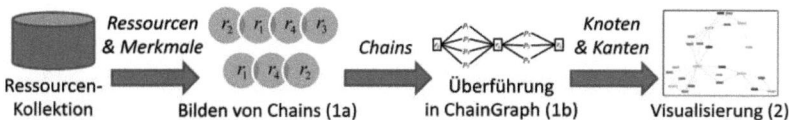

Abbildung 5.22: Erstellung einer ChainGraph-Visualisierung: Ausgehend von einer Ressourcen-Kollektion wird zuerst entsprechend der gemeinsamen Merkmale darin eine Menge von Chains gebildet, diese in einen ChainGraph überführt und dieser dann gezeichnet.

Bilden von Chains

Ausgehend von einer gegebenen Menge an Ressourcen $R = \{r_1, ..., r_l\}$, einer gegebenen Menge an gemeinsamen Merkmalen $M = \{m_1, ..., m_k\}$ und einer gegebenen Abbildung $f : R \to \mathcal{P}(M)$, die jeder Ressource gewisse Merkmale zuweist, kann eine Menge von Chains $C = \{c_1, ..., c_n\}$ gebildet werden. Jede Chain $c \in C$ ist über die Abbildung $g : C \leftrightarrow M$ genau einem Merkmal zugeordnet (vgl. Abb. 5.23) und enthält eine geordnete Menge genau derjenigen Ressourcen, die dieses Merkmal teilen; sodass gilt:

$$\forall c \in C : \forall r \in R : (g(c) \in f(r) \to r \in c) \land (g(c) \notin f(r) \to r \notin c)$$

Die Ordnung der Ressourcen in jeder Chain wird definiert durch eine Abbildung o, die a) irreflexiv, b) asymmetrisch und c) transitiv ist und daher eine totale Ordnung beschreibt. Für eine bestimmte Chain c_x ist die Menge der darin möglichen Ordnungen $O_x = \{o_{x_1}, ..., o_{x_k}\}$ und die Anzahl unterschiedlicher Ordnungen $k = |c_x|!$; wobei zu jeder Zeit in einer Chain immer nur eine Ordnung $o_x \in O_x$ gelten kann. Die Auswahl für diese Ordnung erfolgt im einfachsten Fall zufällig und bildet die initiale Konfiguration $\delta_{init} = (o_1 \in O_1, ..., o_n \in O_n)$.

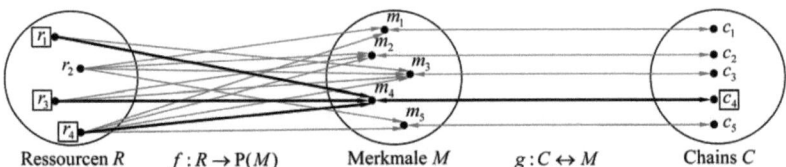

Abbildung 5.23: Ressourcen haben bestimmte Merkmale, welche über eine bijektive Abbildung den Chains zugeordnet sind ($|C| = |M|$). Jede Chain enthält nun eine geordnete Menge genau der Ressourcen, die das mit dieser Chain verbundene Merkmal teilen (z.B. sind in c_4 die Ressourcen r_1, r_3, und r_4 enthalten).

Überführung in ChainGraph

Für die Überführung in einen ChainGraph werden alle Ressourcen in R als Knoten repräsentiert und entsprechend der Ordnungen in den Chains über Kanten und Merkmal-Knoten miteinander verbunden; Algorithmus 1 beschreibt das Vorgehen. Werden Merkmale von mehr als zwei Ressourcen geteilt, werden sie durch mehrere Knoten im ChainGraph repräsentiert. In Abb. 5.21b wird das Merkmal 3 beispielsweise von drei Knoten repräsentiert, um so alle vier Ressourcen, die dieses Merkmal teilen, in einer Chain verbinden zu können.

Optimierung der Ordnungen in den Chains

Die Reihenfolge der Ressourcen in den Chains, also deren Ordnung, ist hochgradig relevant für die Qualität der ChainGraph-Visualisierung. Abb. 5.24 zeigt zwei alternative ChainGraph-Visualisierungen der in Abb. 5.23 beschriebenen Ressourcen-Kollektion. Im Gegensatz zur klaren und konsistenten Darstellung der Ressourcen und deren Merkmale im linken ChainGraph, ist der rechte ChainGraph tendenziell verwirrend und schwierig zu lesen. Der Unterschied zwischen beiden ChainGraphen resultiert ausschließlich aus den unterschiedlichen Reihenfolgen der Ressourcen in den

Algorithm 1 Überführung in ChainGraph

1: $Knoten = R$
2: $Kanten = \emptyset$
3: **for all** $c \in C$ **do**
4:    $r_{prior} = null$
5:    **for all** $r \in c$ **do**
6:      **if** $r_{prior} \neq null$ **then**
7:         $neuerMerkmalKnoten = newKnoten(g(c))$
8:         $Knoten = Knoten \cup neuerMerkmalKnoten$
9:         $neueKante1 = (r_{prior}, neuerMerkmalKnoten)$
10:       $neueKante2 = (neuerMerkmalKnoten, r)$
11:       $Kanten = Kanten \cup neueKante1 \cup neueKante2$
12:      **end if**
13:      $r_{prior} = r$
14:    **end for**
15: **end for**
16: $ChainGraph = (Knoten, Kanten)$

Chains, der Konfiguration, welche für den linken ChainGraph $\delta_{optimal}$ und für den rechten ChainGraph δ_{random} ist.

Als generelle Regel gilt: je ähnlicher sich die Ordnungen in den Chains sind, umso besser ist die resultierende ChainGraph-Visualisierung. Zum Beispiel verbinden die zwei Chains c_3 und c_4 die Ressourcen r_1, r_3, und r_4 im linken ChainGraph beide in der Reihenfolge (r_4, r_3, r_1), wohingegen sich die Reihenfolge der Ressourcen in c_3 von der in c_4 im rechten ChainGraph unterscheidet: $c_3 = (r_1, r_2, r_3, r_4)$ und $c_4 = (r_3, r_1, r_4)$. Auf Grund der unterschiedlichen Reihenfolgen kreuzen sich in der rechten Visualisierung die Kanten stärker und laufen nicht parallel, was die in Abschn. 5.4.1 beschriebenen Vorteile des ChainGraphs stark einschränkt.

Um dies zu vermeiden wird ein Such-Algorithmus benötigt, der die optimalen Ordnungen in den Chains findet (die Konfiguration $\delta_{optimal}$) und so die optimale ChainGraph-Visualisierung garantiert. Hierfür muss aber zuerst ein Ähnlichkeitsmaß definiert werden, das die Ordnungen in zwei Chains miteinander vergleichbar macht.

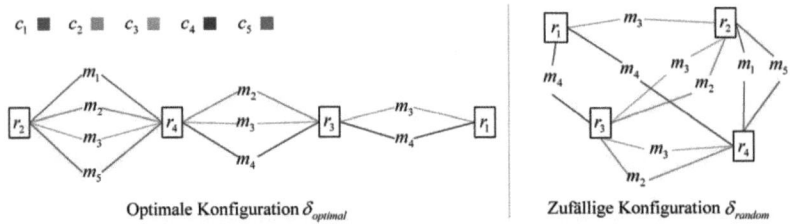

Optimale Konfiguration $\delta_{optimal}$ Zufällige Konfiguration δ_{random}

Abbildung 5.24: Eine optimale ChainGraph-Visualisierung (links) unterscheidet sich von einer zufälligen Visualisierung (rechts) nur durch die Reihenfolge der Ressourcen in den Chains (der Konfiguration δ).

Ähnlichkeitsmaß: Generell hängt die Ähnlichkeit zwischen zwei Chains von den darin enthaltenen Ressourcen und deren Ordnungen ab. Um einen eindeutigen Wert für die Ähnlichkeit zweier Chains zu bekommen, werden die Chains in Isogramme übersetzt. Jede Chain ist dabei ein Wort über dem Alphabet R, die Ressourcen sind die Buchstaben darin und die Reihenfolge der Buchstaben wird vorgegeben durch die Ordnung der Ressourcen in der Chain. Daraus ergeben sich zum Beispiel für die Chains $c_3 = (r_1, r_2, r_3, r_4)$ und $c_4 = (r_3, r_1, r_4)$ aus der zufälligen Konfiguration in Abb. 5.24 die Isogramme $iso(c_3) = r_1 r_2 r_3 r_4$ und $iso(c_4) = r_3 r_1 r_4$.

Durch die Übersetzung der Chains in Isogramme ist es in einem zweiten Schritt möglich die *Levenshtein-Distanz* [Lev66] anzuwenden, um so die Ähnlichkeit zwischen beiden Isogrammen zu berechnen. Die Levenshtein-Distanz wird definiert durch die minimale Anzahl an Operationen, die benötigt wird, um ein Isogramm in ein anderes Isogramm zu transformieren. Mögliche Operationen dafür sind das Ersetzen, Einfügen und Löschen von einzelnen Buchstaben. Somit ist die Levenshtein-Distanz zwischen den Isogrammen $iso(c_3) = r_1 r_2 r_3 r_4$ und $iso(c_4) = r_3 r_1 r_4$ drei, da die folgenden drei

Operationen durchgeführt werden müssen, um $iso(c_3)$ in $iso(c_4)$ zu transformieren:

1. $iso(c_3) = r_1r_2r_3r_4 \to r_1r_3r_4$ (Löschen von r_2)

2. $r_1r_3r_4 \to r_1r_4$ (Löschen von r_3)

3. $r_1r_4 \to r_3r_1r_4 = iso(c_4)$ (Einfügen von r_3)

Dagegen wird in der optimalen Konfiguration nur eine Operation benötigt, um das Isogramm $iso(c_3)$ in $iso(c_4)$ zu übersetzten:

1. $iso(c_3) = r_2r_4r_3r_1 \to r_4r_3r_1 = iso(c_4)$ (Löschen von r_2)

Ein Ähnlichkeitsmaß sim der Ordnungen aller Chains C, mit $|C| = n$, für eine bestimmte Konfiguration δ_x ist nun einfach die Summe aller Levenshtein-Distanzen ld zwischen allen möglichen Isogramm-Paaren:

$$sim(\delta_x) = \frac{1}{1 + \sum_{k=1}^{n-1}\sum_{l=k+1}^{n} ld(iso(c_k), iso(c_l))}$$

Entsprechend haben somit beispielsweise zwei oder mehr Chains, die exakt die selben Ressourcen in exakt der selben Reihenfolge verbinden, die Ähnlichkeit 1, da alle Levenshtein-Distanzen 0 sind.

Exakte Lösung: Eine exakte Lösung für die optimale Konfiguration $\delta_{optimal}$ für einen ChainGraph C_x erfordert die Berechnung aller Ähnlichkeiten zwischen allen Chains für alle möglichen Konfigurationen. Die Komplexität einer solchen Berechnung lässt sich näherungsweise wie folgt bestimmen:

Für eine Menge an Chains C, mit $|C| = n$, und einer Menge an Ressourcen R, mit $|R| = l$, ist die maximale Anzahl an unterschiedlichen Konfigurationen $n * l!$, da jede Ressource nur ein Mal in jeder Chain auftauchen kann und damit die maximale Anzahl an Ressourcen je Chain l ist.

Um das Maß der Ähnlichkeit *sim* zwischen den Chains einer Konfiguration δ zu bekommen, müssen n^2 Levenshtein-Distanzen berechnet werden. Laut [SIPS01] lässt sich die Komplexität der Berechnung einer Levenshtein-Distanz zwischen zwei Isogrammen der Länge l in die *Komplexitätsklasse*[47] $O(l^2)$ einordnen. Somit kann die Gesamtkomplexität einer exakten Berechnung der optimalen Konfiguration $\delta_{optimal}$ durch die folgenden Komplexitätsklassen annäherungsweise beschrieben werden: $O(n*l!*n^2*l^2) = O(l^2*n^3*l!) \approx O(n^3*l!)$.

Damit wächst die Komplexität polynomial mit der Anzahl der Chains n, also mit der Anzahl an gemeinsamen Merkmalen, und faktoriell mit der maximalen Länge der Chains l, also der maximalen Anzahl an Ressourcen, die ein bestimmtes Merkmal teilen. Auf Grund dieser Komplexitätsklasse für die Berechnung einer exakten Lösung ist speziell für größere Ressourcen-Kollektionen mit sehr vielen gemeinsamen Merkmalen eine heuristische Lösung notwendig.

Heuristische Lösung: Um den Aufwand für die Berechnung einer optimalen Ordnung und damit einer optimalen ChainGraph-Visualisierung zu senken, wurde eine Heuristik entwickelt, die in den meisten Fällen mit deutlich weniger Aufwand ein ähnliches Ergebnis liefern kann. Dabei wird ein alternativer Ansatz für die Erstellung einer ChainGraph-Visualisierung verwendet. Bei diesem Ansatz sind die Chains C anfänglich leer und die Ressourcen R werden erst Schritt für Schritt hinzugefügt. Dafür sind für jeden Schritt zwei Fragen zu beantworten: Welche Ressource wird als nächstes hinzugefügt und wo wird sie hinzugefügt? Um eine optimale Visualisierung zu erhalten, sollen Ressourcen, die viele Merkmale gemeinsam haben, eng beieinander positioniert werden. Dies gilt bereits bei den ersten beiden Ressourcen, die hinzugefügt werden: gestartet wird mit den beiden Ressourcen, die die meisten gemeinsamen Merkmale haben (vgl. Algorithmus 2, Zeile 1 und 2).

Neben der Anzahl an gemeinsamen Merkmalen gibt es noch wei-

---

[47] Die Komplexitätsklassen werden verwendet, um das asymptotische Verhalten von Funktionen und Folgen zu beschreiben [Knu76].

Algorithm 2 Heuristische Lösung

1: $FirstPair = \{a, b \in R \mid \forall c, d \in R : (|f(a) \cap f(b)| \geq |f(c) \cap f(d)|)\}$
2: $addToChains(FirstPair, C)$
3: $Unbound = R - FirstPair$
4: **while** $Unbound \neq \emptyset$ **do**
5:     $next = null$
6:     $maxConstraintLevel = -1$
7:     **for all** $x \in Unbound$ **do**
8:         **if** $constraintLevel(C, x) > maxConstraintLevel$ **then**
9:             $next = x$
10:             $maxConstraintLevel = constraintLevel(C, x)$
11:         **end if**
12:     **end for**
13:     $addToChains(next, C)$
14:     $Unbound = Unbound - next$
15: **end while**

tere Faktoren, die bei der Auswahl der nächsten Ressource berücksichtigt werden sollten. Diese Faktoren lassen sich in einem heuristischen Wert, dem *constraintLevel*, zusammenbringen, mit dessen Hilfe dann für jede noch nicht hinzugefügte Ressource berechnet werden kann, wann sie hinzugefügt werden sollte (je höher der Wert desto höher die Priorität diese Ressource als nächstes hinzuzufügen). Bei einer gegebenen Menge an Chains C berechnet sich der *constraintLevel* (cL) einer Ressource x wie folgt:

$$cL(C, x) = \frac{numSharedAttrs(C, x)}{(minNumConnectedRes(C, x) + |Alternatives(C, x)|)^2}$$

Die darin berücksichtigten Faktoren sind:

1. $numSharedAttrs(C, x)$: Anzahl an gemeinsamen Merkmalen zwischen der Ressource x und den bereits hinzugefügten Res-

sourcen in C. Wenn eine Ressource viele Merkmale teilt, sollte sie möglichst bald hinzugefügt werden, damit die Chains möglichst parallel verlaufen (d.h., je mehr gemeinsame Merkmale, desto höher der *constraintLevel*).

2. *minNumConnectedRes*(C, x): Minimale Anzahl an Ressourcen in C mit der die Ressource x verbunden werden würde. Wenn nur Verbindungen zu wenigen unterschiedlichen Ressourcen gezeichnet werden müssen (idealerweise nur zu einer Ressource), entstehen Stränge mit vielen parallelen Chains (vgl. Abb. 5.21b), die eine klarere Anordnung unterstützen (d.h., je weniger unterschiedliche Verbindungen, desto höher der *constraintLevel*).

3. *Alternatives*(C, x): Anzahl an Alternativen, die Ressource x mit der gleichen *minNumConnectedRes*(C, x) hinzuzufügen. Wenn nur wenige Alternativen bestehen, sollte die Ressource möglichst bald hinzugefügt werden (d.h., je weniger Alternativen, desto höher der *constraintLevel*).

Nachdem eine Ressource hinzugefügt wurde, wird der *constraintLevel* für alle noch nicht hinzugefügten Ressourcen neu berechnet (vgl. Algo. 2, Zeilen 7-12) und die Ressource mit dem höchsten *constraintLevel* als nächste Ressource ausgewählt und hinzugefügt (vgl. Zeile 13).

Die Komplexität dieser heuristischen Lösung lässt sich wie folgt annähern: Die zwei Schleifen in Algo. 2 (die while-Schleife in Zeile 4 und die for-Schleife in Zeile 7) lassen sich in die Komplexitätsklasse $O(l^2)$ einsortieren (mit $l = |R|$). Um den *constraintLevel* für eine bestimmte Ressource x berechnen zu können, müssen die Faktoren *numSharedProps*(C, x), *minNumConnectedRes*(C, x), und *Alternatives*(C, x) bestimmt werden, was mit einer Komplexität von $O(n * l)$ angenähert werden kann (mit $n = |C|$). Zusammengenommen lässt sich die heuristische Lösung folglich annähern durch: $O(l^2 * n * l) = O(n * l^3)$. Dabei wächst die Komplexität nur linear mit der Anzahl an Chains n und polynomial mit der Anzahl an Ressourcen l. Auch wenn die heuristische Lösung unter Umständen nur ein lokales Optimum $\delta'_{optimal}$ zurückliefert, bietet die geringe Komplexität einen enormen Vorteil beim Einsatz von ChainGraph-Visualisierungen in konkreten Anwendungen.

5.4.3 Einsatzmöglichkeiten des ChainGraphen

Um einen Eindruck zu bekommen, wie der ChainGraph eingesetzt werden kann, werden in diesem Abschnitt zwei konkrete Anwendungsfälle vorgestellt. In dem ersten Fall geht es um die Suche nach Bildern und in dem zweiten Fall um die Analyse von Anforderungen. In beiden Fällen wurde eine interaktive ChainGraph-Visualisierung mit Adobe Flex erstellt, die für die jeweiligen Kontexte zeigt, wie der ChainGraph eingesetzt werden kann, um die Exploration von Zusammenhängen auf Grund gemeinsamer Merkmale visuell zu unterstützen.

Bildersuche

Die erste Anwendung nutzt den ChainGraph zur Visualisierung von Zusammenhängen in einer Kollektion von digitalen Bildern. Die Bilder wurden mit Schlüsselwörtern, sogenannten Tags, annotiert, die hier die Rolle der Merkmale übernehmen.[48] Abb. 5.25 zeigt einen Screenshot der Anwendung mit Bildern von der Stadt Paris.[49] Alle Knoten in dem ChainGraph können per Drag&Drop verschoben und interessante Bilder per Klick auf das Bild vergrößert werden. In welcher Weise der ChainGraph die visuelle Exploration und Suche nach Bildern unterstützt, lässt sich am besten an Hand eines Szenarios beschreiben.

In diesem Szenario sucht eine bestimmte Person nach einem repräsentativen Bild von Paris, das sie gerne als Illustration für einen Text über die französische Metropole einsetzen will. Als erstes schaut sie auf ein Bild, das den Eiffelturm im Sommer zeigt (vgl. Abb. 5.25, 1.). Nachdem sie das Bild vergrößert hat, stellt

---

[48] Eine detaillierte Beschreibung dieses Anwendungsfalls bietet [LHT+09].
[49] Einen Screencast zu diesem Beispiel gibt es unter: http://youtu.be/nVEptKuu7q8.

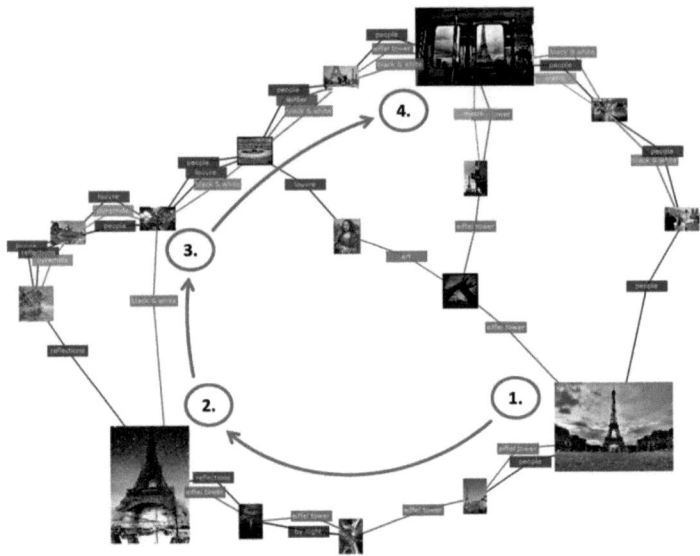

Abbildung 5.25: Verwendung des ChainGraphen zur Visualisierung von Zusammenhängen zwischen Bildern von Paris.

sie fest, dass es nicht das richtige Bild für sie ist; sie findet es etwas langweilig. Daher setzt sie ihre Suche fort, indem sie der Chain mit dem Schlüsselwort „eiffel tower" folgt. Dabei erweckt ein weiteres Bild des Eiffelturms ihre Aufmerksamkeit und sie vergrößert es (vgl. Abb. 5.25, 2.). Ihr gefällt der Schwarz-Weiß-Stil des Bildes und sie beschließt nach weiteren Schwarz-Weiß-Bilder zu suchen. Daher verfolgt sie nun die Chain, die mit „black&white" beschriftet ist. Dabei bemerkt sie, dass eine andere Chain, bezeichnet mit „people", auf die „black&white"-Chain trifft und danach parallel zu ihr läuft (vgl. Abb. 5.25, 3.). Diese beiden parallel laufenden Chains weiter zu verfolgen, scheint ihr eine gute Idee zu sein, da Menschen auf Bildern diese lebhafter und interessanter machen und sie somit näher an ihr Ziel bringt. Schließlich erreicht sie auf diese Weise ein

Schwarz-Weiß-Bild von Passagieren in der Pariser Metro (vgl. Abb. 5.25, 4.). Da das Bild auch Teil der „eiffel tower"-Chain ist, befindet sich das Symbol von Paris auch auf dem Bild; sichtbar im Hintergrund durch die Fenster der Metro. Nachdem sie das Bild vergrößert hat ist sie sich sicher, dass dies das richtige Bild für ihre Zwecke ist und fügt es als Illustration in ihren Text über Paris ein.

Wie durch dieses Szenario gezeigt wurde, eignet sich der Chain-Graph zur Unterstützung von explorativen Suchprozessen [Mar06]. Initial vage Nutzerbedürfnisse können durch die Exploration und das Verfolgen von bestimmten Chains iterativ verfeinert werden. In Fällen, in denen viele Ressourcen mehr als ein Merkmal gemeinsam haben, laufen die entsprechenden Chains häufig parallel und erleichtern somit die Exploration von ähnlichen Ressourcen bis die geeignetste Ressource gefunden ist.

Anforderungsanalyse

Die zweite Anwendung nutzt den ChainGraph für die Analyse von Anforderungen. Die Identifikation von Abhängigkeiten und Zusammenhängen zwischen Anforderungen ist bei der Entwicklung von Software eine wichtige Aktivität, um z.B. mögliche Konflikte frühzeitig erkennen und beseitigen zu können. Visuelle Tools können hierbei maßgebliche Unterstützung bieten [SLP+05]. Der Chain-Graph wurde in diesem Kontext eingesetzt, um Zusammenhänge zwischen Anforderungen auf Grund von gemeinsamen Merkmalen zu analysieren.[50] Ein spezielles Interesse lag dabei auf Zusammenhängen, die auf Grund von Gemeinsamkeiten bei den zugewiesenen Schlüsselwörtern bestehen. Ähnlich wie bei dem ersten Anwendungsfall war auch hier die Prämisse, dass wenn zwei oder mehr Anforderungen mit den gleichen Schlüsselwörtern ausgezeichnet wurden möglicherweise ein Zusammenhang zwischen diesen Anforderungen besteht.

Abb. 5.26 zeigt wie der ChainGraph verwendet werden kann, um Zusammenhänge zwischen Anforderungen auf Grund von gemein-

---

[50]Eine detaillierte Beschreibung dieses Anwendungsfalls findet sich in [HLLZ08].

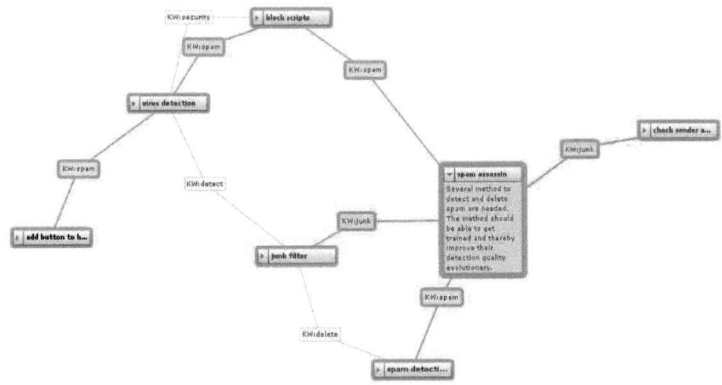

Abbildung 5.26: Verwendung des ChainGraphen zur Visualisierung von Zusammenhängen zwischen Anforderungen.

samen Schlüsselwörtern anzuzeigen. Die Überschriften der Anforderungen sind in dicker Schrift angezeigt und werden als Knoten-Label verwendet. Die längeren Beschreibungen der Anforderungen können bei Bedarf ausgeklappt werden. Die Merkmal-Knoten bestehen aus dem Property „KW" für Keyword (Schlüsselwort) gefolgt von der Ressource, hier dem gemeinsamen Schlüsselwort.

Die Anwendung unterstützt die interaktive Hervorhebung von bestimmten Zusammenhängen. In Abb. 5.26 wurden beispielsweise die Chains mit den Schlüsselwörtern „junk" und „spam" in unterschiedlichen Farben hervorgehoben und dadurch auch die damit annotierten Anforderungen farblich gekennzeichnet. Da Anforderungen von mehreren Schlüsselwörtern annotiert und daher auch von mehreren Chains hervorgehoben werden können, werden unterschiedlich farbliche Ringe um die jeweiligen Anforderungsknoten gelegt. Ähnlich wie bei Facet Graphs (vgl. Abschn. 5.1.3) kann anhand der Ringe abgelesen werden, welche und wie viele der hervorgehobenen Chains diesen Knoten verbinden. Zum Beispiel hat die Anforderung mit der Überschrift „spam assassin" zwei Ringe um den Knoten, da sie mit beiden hervorgehobenen Schlüsselwörtern

(„junk" und „spam") ausgezeichnet wurde.

Beide Anwendungsfälle, die Bildsuche und die Anforderungsanalyse, zeigen schön die Funktionsweise der Chains als Pfad, dem die Augen durch die Ressourcen-Kollektion folgen können. In dieser Terminologie könnte man die Ressourcen-Knoten als Kreuzungen bezeichnen, auf denen der Nutzer den eingeschlagenen Pfad verlassen kann, um einem anderen Pfad zu folgen. Ähnlich wie bei der Idee des *Information Scent* [CPCP01] können Nutzer so lange Pfade (Chains) wechseln oder verfolgen, bis sie die Ressource finden, nach der sie gesucht haben.

Beide Implementationen geben auch einen Eindruck von den umfangreichen Möglichkeiten ChainGraph-Visualisierungen in unterschiedlichen Anwendungskontexten einzusetzen. Neben unterschiedlichen Methoden zur farblichen Hervorhebung, bieten sich auch interaktive Funktionalitäten wie das Filtern oder Zoomen im Chain-Graph zur explorativen Suche in größeren Ressourcen-Kollektionen an.

5.4.4 Evaluation

Um den ChainGraph zu evaluieren, wurde er mit der herkömmlichen Graph-Visualisierung verglichen. Durch diese Vergleichsstudie sollten erste Erkenntnisse über die Verständlichkeit und Effektivität von ChainGraph-Visualisierungen gewonnen werden.

Design

Für den Vergleich wurden drei unterschiedliche Ressourcen-Kollektionen erstellt, die jeweils sowohl von einem ChainGraph als auch von einem herkömmlichen Graphen visualisiert wurden (macht sechs Graph-Visualisierungen insgesamt). In allen drei Ressourcen-Kollektionen war sowohl die Anzahl der Ressourcen als auch die Anzahl der Merkmale gleich (jeweils sechs), nur die Häufigkeit der Zuweisung von Merkmalen zu Ressourcen variierte (d.h. die Anzahl an gemeinsamen Merkmale). Der Anstieg an gemeinsamen Merkmalen führt in

214   *Zugriff auf semantische Daten*

der herkömmlichen Graph-Visualisierung zu einem dichteren Graphen und im ChainGraph zu einer Erhöhung der Gesamtanzahl an Knoten.

Für die sechs Ressourcen und die sechs Merkmale ist die kleinste Anzahl an gemeinsamen Merkmalen, die noch eine Verbindung aller Ressourcen zulässt, zwölf (wenn jedes der sechs Merkmale genau von zwei Ressourcen geteilt wird). Dieser Extremfall wurde allerdings nicht bei der Evaluation berücksichtigt, da für diesen Fall beide Graph-Visualisierungen, sowohl der ChainGraph als auch der herkömmliche Graph, genau gleich ausgesehen hätten. Auch der andere Extremfall, nämlich dass alle Ressourcen alle Merkmale teilen, wurde in der Evaluation nicht verwendet, da in diesem Fall keine besonderen Zusammenhänge ausgemacht werden können (alles ist mit allem verbunden).

Aus diesem Grund wurden drei Ressourcen-Kollektionen mit 18, 24 und 30 zufällig ausgewählten gemeinsamen Merkmalen genommen. Dabei wurde darauf geachtet, dass jede Ressource mindestens ein Merkmal hatte und jedes Merkmal mindestens zwei Ressourcen zugewiesen war. Die entsprechenden drei Ressourcen-Kollektionen werden in Tabelle 5.27 aufgeführt.

	1	2	3	4	5	6	1	2	3	4	5	6	1	2	3	4	5	6	
A	x	x		x					x	x	x		x	x	x	x	x		A
B		x	x	x	x		x	x		x		x		x	x	x	x		B
C	x				x		x	x	x		x	x	x	x	x	x	x		C
D			x	x	x		x		x	x		x				x	x	x	D
E	x	x	x	x						x	x		x	x		x		x	E
F		x		x			x	x	x	x	x	x	x	x			x	x	F
	(a)						(b)						(c)						

Abbildung 5.27: Verbindungsmatrizen der drei Ressourcen-Kollektionen für die Evaluation: a) mit 18, b) mit 24 und c) mit 30 Verbindungen (gemeinsamen Merkmalen). Die Zahlen in der horizontalen Reihe stehen für die sechs Merkmale und die Buchstaben in der linken und rechten vertikalen Spalte für die Ressourcen.

Die ChainGraphen wurden mit Hilfe des heuristischen Ansatzes erstellt (vgl. Abschn. 5.4.2). Um die Graphen zu zeichnen, wurde ein kräftebasierter Algorithmus [FR91] verwendet und die *Abstoßungskräfte*[51] jeweils so eingestellt, dass die Graph-Visualisierungen ästhetisch ansprechend aussahen (mit nicht zu langen oder zu kurzen Kanten). Dies führte, verglichen mit dem herkömmlichen Graph, zu geringeren Abstoßungskräften für den ChainGraphen. Abb. 5.28 zeigt sowohl die herkömmliche Graph-Visualisierung als auch die ChainGraph-Visualisierung der Ressourcen-Kollektion mit 24 gemeinsamen Merkmalen (vgl. Tab. 5.27, (b)) wie sie in der Evaluation verwendet wurden.

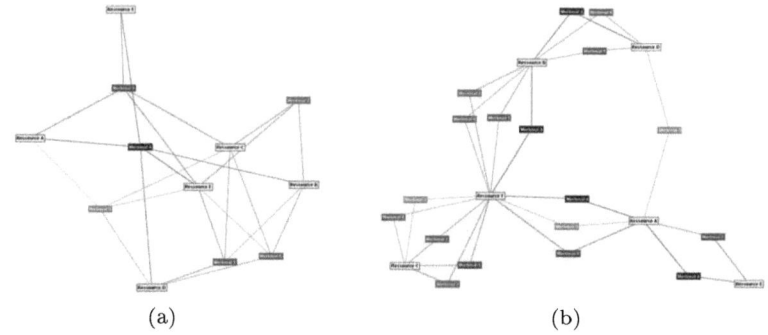

(a) (b)

Abbildung 5.28: a) Herkömmlicher Graph und b) ChainGraph-Visualisierung der Ressourcen-Kollektion mit 24 gemeinsamen Merkmalen (vgl. Tab. 5.27, (b))

Entsprechend der Motivation für den ChainGraph-Ansatz wurden die folgenden drei Aufgaben gestellt:

1. Finden Sie das Ressourcen-Paar, das die meisten gemeinsamen Merkmale aufweist.

2. Finden Sie alle Merkmale, die von den Ressourcen x und y geteilt werden.

---

[51] Je stärker die Abstoßungskräfte, desto stärker werden die Knoten im kräftebasierten Layout voneinander weg gedrückt.

3. Finden Sie alle Merkmale, die von den Ressourcen x, y und z geteilt werden (die Ressourcen x und y in Aufgabe 2 sowie x, y und z in Aufgabe 3 wurden zufällig aus der Ressourcen-Kollektion ausgewählt).

Dies ergab ein 2x3x3 within-subject Design mit den Variablen *Graph-Typ* (herkömmlicher Graph vs. ChainGraph), *Graph-Dichte* (18, 24, 30 gemeinsame Merkmale) und *Aufgabe* (1, 2, 3).

Durchführung

Zwölf Probanden mit einem Durchschnittsalter von 29 Jahren (Standardabweichung S = 6,2) nahmen an der Evaluation teil, die meisten davon männliche Doktoranden der Informatik. Die generelle Vertrautheit mit Graphen wurden mit einem Mittelwert von 7,7 (S = 2,6) auf einer 10-Punkte-Skala (1 = „nicht vertraut" und 10 = „sehr vertraut") angegeben. Alle Probanden hatten normale oder zu normal korrigierte Sehstärken und keine Farbenblindheit.

Die Graph-Visualisierungen wurden auf einem 17-Zoll-TFT-Monitor mit einer Auflösung von 1280 x 1024 Pixeln angezeigt. Beide Graph-Typen wurden separat vorgestellt und durch ein Beispiel erklärt. Die Reihenfolge der Vorstellungen wurde gewechselt, um Lerneffekte zu vermeiden. Dadurch begann die eine Gruppe mit einer Serie von herkömmlichen Graph-Visualisierungen und die andere Gruppe mit einer Serie von ChainGraph-Visualisierungen. Die Graphen und Aufgaben wurden hintereinander angezeigt, sodass immer nur ein Graph sichtbar und eine Aufgabe zu erfüllen war. Ein Wechsel zwischen den zwei Graph-Typen erfolgte somit für beide Gruppen genau bei der Hälfte der Evaluation und verlangte somit nur einmal einen Wechsel in der Art und Weise wie die Graphen interpretiert werden mussten.

Nach der ersten Hälfte der Evaluation, also nachdem für alle drei Graph-Dichten alle drei Aufgaben mit dem ersten Graph-Typ erfüllt waren, sollte ein erster Fragebogen ausgefüllt werden. Ebenso nach der zweiten Hälfte der Evaluation. Dabei sollten beide Graph-Typen anhand von 23 vorgegebenen Sätzen auf einer 5-Punkte-Likert-Skala bewertet werden. Alle Sätze und deren Bewertungen wurden dann auf die vier Dimensionen *Attraktivität, Kontrolle, Verständlichkeit* und *Effektivität* aggregiert (je 5-7 Sätze auf eine Dimension). Am Ende sollten beide Graph-Typen dann nochmal direkt miteinander verglichen werden. Um durch die Benennung der Graphen als Chain-Graph und herkömmlichen Graph keinen Einfluss auf die Probanden auszuüben, wurden die Graphen während der gesamten Evaluation neutral mit „Graph A" und „Graph B" bezeichnet. Neben den Angaben in den Evaluationsbögen wurde auch noch die Zeit festgehalten, die zur Erfüllung der Aufgaben benötigt wurde, sowie die Richtigkeit der Antworten aufgeschrieben (wie viele der als Antwort genannten Knoten korrekt und wie viele nicht korrekt waren).

Ergebnisse

Insgesamt war das Abschneiden des ChainGraphen in der Evaluation sehr positiv. Neun der zwölf Probanden gaben an, diesen Graph-Typen für die Lösung der gestellten Aufgaben zu präferieren. Die Probanden verstanden schnell, wie der ChainGraph zu interpretieren war, und hatten keine Schwierigkeiten, ihn zu nutzen. Der erhöhte Platzbedarf des ChainGraphen wurde zwar als möglicher Nachteil erkannt, öfter beschwert wurde sich aber über die große Anzahl an sich überschneidenden Kanten im herkömmlichen Graphen. Besonders positiv wurde die parallele Anordnung der Chains und die generelle Klarheit des ChainGraphen hervorgehoben; die farbliche Unterscheidung der Merkmale wurde als hilfreich zur Lösung der Aufgaben empfunden. Auch in den Fragebögen erreichte der ChainGraph tendenziell bessere Ergebnisse: Abb. 5.29a zeigt die Bewertung durch die Probanden entsprechend der vier Dimensionen *Attraktivität, Kontrolle, Verständlichkeit* und *Effektivität* (höherer Wert = bessere Bewertung).

Die positiven Bewertungen durch die Probanden scheinen jedoch primär von der ersten Aufgabe zu stammen. In Abb. 5.29b wird dies klar ersichtlich: Der ChainGraph schneidet bei der ersten Aufgabe bezüglich der benötigten Zeit und der Korrektheit deutlich besser ab. Diese Feststellung spricht stark für die Nützlichkeit des

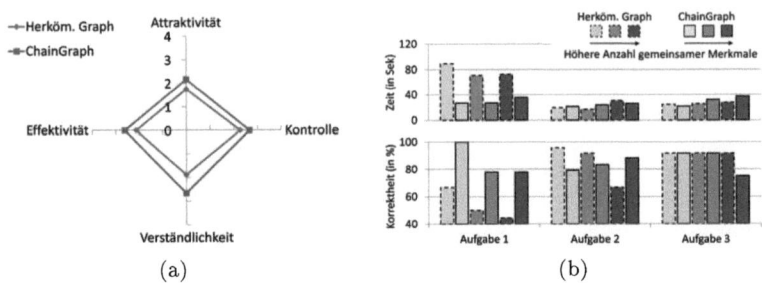

Abbildung 5.29: Ergebnisse der Evaluation: a) Bewertungen der Probanden für beide Graph-Typen entsprechend der vier Dimensionen, b) Zeit und Korrektheit der Antworten auf die drei Aufgaben-Typen entsprechend der drei Graph-Dichten für die zwei Graph-Typen.

ChainGraphen bei der Identifikation von Ressourcen, die über viele gemeinsame Merkmale in einem starken Zusammenhang stehen. Weitere Feststellungen und Bewertungen bedürfen aber einer profunderen Evaluation mit einer größeren und heterogenen Gruppe von Probanden und zusätzlichen Aufgaben.

5.4.5 Diskussion

Der ChainGraph sollte nicht als eine generelle Alternative zur herkömmlichen Graph-Visualisierung verstanden werden. Vielmehr bietet der ChainGraph eine spezialisierte Form der Visualisierung für einen ganz speziellen Zweck, nämlich der visuellen Exploration von gemeinsamen Merkmalen.

Verwandte Arbeiten

Wie bereits in Abschn. 2.4.2 erwähnt, existieren bereits diverse Ansätze, um Graphen in einer verständlichen und lesbaren Art und Weise darzustellen [DBETT94]. Ziele bei der Optimierung von Graph-Visualisierungen sind dabei häufig die Reduktion von sich überkreuzenden Kanten, die Vermeidung von sich überlappenden Knoten oder Kanten sowie eine uniforme Kantenlänge im Graph. Da die Bestimmung eines globalen Optimums bezüglich dieser Ziele jedoch ein NP-vollständiges Problem darstellt, verwenden viele Ansätze heuristische Verfahren, wie z.b. *Simulated Annealing* [DH96], *multidimensionale Skalierung* [KS80] oder kräftebasiertes Layout [FR91], um lokale Optima in deutlich kürzerer Zeit zu berechnen. Ein solches kräftebasiertes Layout wurde z.b. verwendet, um die Graphen in den Abb. 5.28, 5.26, 5.25 und 5.21 zu zeichnen. Das kräftebasierte Layout ist speziell geeignet, um Überlappungen von Knoten zu verhindern, was insbesondere für die Merkmal-Knoten in ChainGraph-Visualisierungen bei parallel verlaufenden Chains wichtig ist.

Im Gegensatz zu diesen Ansätzen, verfolgt der ChainGraph-Ansatz keine weitere Optimierung der Visualisierung beim Zeichnen des Graphen, also beim Positionieren der Knoten und Kanten, sondern bietet eine komplett neue Graph-Repräsentation. In dieser Repräsentation werden Merkmal-Knoten multipliziert und zu Chains zusammengefasst, wenn sie von mehr als zwei Ressourcen geteilt werden. Die generelle Idee einer Multiplikation von Knoten ist allerdings nicht neu. Zum Beispiel wurde sie bereits bei der Optimierung von Netzwerken oder Compilern vorgeschlagen [JC97]. Allerdings gibt es nur wenige Ansätze, die die Vervielfältigung von Knoten bei der Graph-Visualisierung einsetzen. Dem ChainGraphen am ähnlichsten ist dabei der *TensionSplit*-Algorithmus [EN95], der Knoten immer dann multipliziert, wenn die Spannung eines Knoten im kräftebasierten Layout auf Grund von konfligierenden Verbindungen einen bestimmten Schwellenwert überschreitet. Die Idee dahinter ist, dass diese Spannung oftmals zu Kantenkreuzungen führt, die durch eine Multiplikation der Knoten vermieden werden können. Das Problem eines solchen spannungsbasierten Ansatzes ist die Tatsache, dass der Grund für eine Knotenmultiplikation nach der Multiplikation selbst nicht mehr sichtbar ist; nämlich die möglichen Kantenkreuzungen die diese Spannung verursacht hätte. Der strukturbasierte Ansatz des ChainGraphen hingegen multipliziert die Knoten so, dass die Gründe für eine Multiplikation, nämlich die gemeinsamen Merkmale, auch noch in der finalen Graph-Visualisierung klar erkennbar und nachvollziehbar sind.

Limitationen

Der ChainGraph benötigt wegen der Multiplikation von Merkmal-Knoten und deren Anordnung in Chains eine spezielle Art der Interpretation. Dieser Umstand scheint die wichtigste Limitation für die Nutzung des ChainGraphen zu sein, da die Interpretation nicht mehr intuitiv ablaufen kann, wie beim herkömmlichen Graphen, sondern eine Erklärung notwendig ist. Eine weitere Limitation des ChainGraphen ist sein größerer Platzbedarf, der aus der höheren Zahl an darzustellenden Knoten und Kanten resultiert. Diese Limitation wird insbesondere immer dann zum Problem, wenn nur wenig Platz zur Darstellung zur Verfügung steht und Scroll- und Zoom-Funktionen vermieden werden sollen.

Neben diesen beiden Limitationen existieren jedoch keine weiteren Besonderheiten, die eine Verwendung des ChainGraphen einschränken. Im Prinzip kann er für jede Kollektion eingesetzt werden, die Ressourcen mit gemeinsamen Merkmalen oder eine ähnliche Informationsstruktur enthält. Für die Visualisierung von semantischen Daten ist es jedoch wichtig noch einmal zu erwähnen, dass der ChainGraph keine direkten Relationen (vgl. Def. 8), sondern nur eine spezielle Form von indirekten Relationen, nämlich gemeinsame Merkmale (vgl. Def. 12), berücksichtigt. Direkte Relationen (und auch alle durch den ursprünglichen ChainGraph noch nicht berücksichtigten indirekten Relationen) lassen sich natürlich in eine ChainGraph-Visualisierung integrieren; dies könnte jedoch zu Problemen führen, da dann Relationen in ein und demselben Graphen unterschiedlich interpretiert werden müssten.

6 Zusammenfassung und Diskussion

In dem letzten Kapitel dieser Arbeit werden alle vorherigen Kapitel zusammengefasst und Potential und Grenzen des vorgestellten Modells diskutiert.

6.1 Zusammenfassung

In dieser Arbeit wurde erstmals ein allgemeines Modell der Interaktion zwischen Mensch und Computer im Semantic Web aufgestellt. Die Motivation für ein solches Modell und damit für die Arbeit insgesamt wurde aus den Problemen abgeleitet, die momentan bei der Nutzung des Semantic Web zu beobachten sind. Als Ursache für diese Probleme wurden die Schwierigkeiten identifiziert, die bei der Interpretation von Informationen mit impliziter Bedeutung insbesondere auf Seiten des Computers vorherrschen (vgl. Abschn. 2.2). Als Lösung wird eine speziell auf das Semantic Web angepasste Interaktion zwischen Mensch und Computer vorgeschlagen, die es ermöglichen soll, Fehler bei der Interpretation schnell erkennen und beheben zu können. Da jedoch weder bestehende interaktive Ansätze im Semantic Web (vgl. Abschn. 2.4), noch allgemeine Modelle der Mensch-Computer-Interaktion (vgl. Abschn. 2.3.4) eine generelle und umfassende Beschreibung einer solchen Interaktion bereithalten, wurde in dieser Arbeit ein neues Modell zur Beschreibung der Mensch-Computer-Interaktion im Semantic Web aufgestellt.

Als Basis für das neue Modell der Mensch-Computer-Interaktion im Semantic Web wurde das aus dem Mensch-zu-Mensch-Dialog bekannte Konzept der interaktiven Angleichung verwendet (vgl. Kap. 3). Da Menschen dieses Konzept bereits verinnerlicht haben, bestehen weniger Probleme bei der Anwendung dieser Strategie für die Kommunikation mit dem Computer. Durch die interaktive Angleichung auf syntaktisch-lexikalischer und auf semantischer Ebene kann sowohl über die Verwendung von Symbolen und deren Kombinationen als auch über die damit verbundene Semantik Schritt für Schritt Einigkeit erzielt werden. Gleichzeitig erlaubt die schrittweise Angleichung aber auch eine unmittelbare Intervention und Korrektur, sobald Missverständnisse zwischen Mensch und Computer auftauchen. Eine Angleichung auf mentaler Ebene kann allerdings nur indirekt erfolgen, da dem Computer nur die Repräsentationen der Bedeutungen vorliegen; die diesen Repräsentationen zu Grunde liegenden mentalen Modellen aber nur in den Köpfen der Menschen existieren, die diese Repräsentationen erstellt haben.

Um die Tauglichkeit des neuen Modells der interaktiven Angleichung im Semantic Web zu demonstrieren, wurden unterschiedliche prototypische Umsetzungen sowohl für die Erstellung von (vgl. Kap. 4) als auch den Zugriff auf semantische Daten vorgestellt (vgl. Kap. 5) und anhand von Nutzerstudien evaluiert. So wurde in Abschn. 4.1 ein semantisches Wiki beschrieben, das das Modell der interaktiven Angleichung im Semantic Web umsetzt, um große und verteilte Stakeholder-Gruppen dabei zu unterstützen, kollaborativ Anforderungen zu erstellen und zu verbessern. Mit dem InteractiveExtractor wurde in Abschn. 4.2 eine Umsetzung des Modells präsentiert, die eine Extraktion anforderungsrelevanter Informationen aus Dokumentenmengen in semantische Daten unterstützt.

Um einen besseren Zugriff auf semantische Daten zu ermöglichen, wurde in Abschn. 5.1 der Ansatz der Facet Graphs vorgestellt, mit deren Hilfe sich komplexe Informationsbedürfnisse auf semantisch eindeutige Art und Weise formulieren lassen. Durch die Integration auch weit entfernter Aspekte in die Suchanfragen ermöglicht Facet Graphs eine optimale Anpassung der Suchergebnisse an die Bedürfnisse der Nutzer und damit das Auffinden von für eine bestimmte Situation relevanter Informationen. Auch im RelFinder (vgl. Abschn. 5.2) kann der Nutzer durch die semantische und topologische Aggregation der gefundene Information die Darstellung kontrollieren und so die Graph-Visualisierung auf relevante Relationen beschränken. Im Gegensatz dazu bietet die in Abschn. 5.3 vorgestellte Umsetzung eine automatische Annotation von Web 2.0 Inhalten und ermöglicht somit auch die Überführung der sehr umfangreichen Informationsbestände im Web 2.0 in semantische Daten. Mittels Spreading Activation können dadurch für die Einschätzung von Krisensituationen relevante Informationen aus dem Web 2.0 gezielt bereitgestellt werden, um so die Krisenintervention und -prävention zu verbessern. In Abschn. 5.4 wurde dann mit dem ChainGraph eine letzte Umsetzung präsentiert, die Zusammenhänge in semantischen Daten in einer neuen Art der Graph-Visualisierung darstellt. Haben Ressourcen gemeinsame Merkmale, werden sie im ChainGraph über sogenannte Chains miteinander verbunden, die weitestgehend parallel zueinander laufen und so die Anzahl und die Art der gemeinsamen Merkmale unmittelbar sichtbar machen. Durch die Optimierung der Reihenfolgen in den Chains werden Überschneidungen und Ballungen im ChainGraph vermieden, was die Verfolgung von gemeinsamen Merkmalen besser unterstützt als in herkömmlichen Graph-Visualisierungen.

Zusammengenommen erlaubt das neue Modell der interaktiven Angleichung im Semantic Web die Vermeidung von Missverständnissen und Fehlern bei der Interpretation sowohl auf Seiten des Nutzers als auch des Computers. Dadurch kann das größte Problem bei der Nutzung des Semantic Web gelöst werden und ermöglicht damit die Entfaltung des gesamten Potentials, das die Idee des Semantic Web bereithält. Eine ausführliche Diskussion dieses Potentials aber auch der Grenzen des vorgestellten Modells erfolgt im nächsten Abschnitt.

6.2 Diskussion

In diesem Abschnitt wird versucht, eine generelle Einschätzung des Potentials, aber auch der Grenzen des allgemeinen Modells der interaktiven Angleichung im Semantic Web zu liefern. Dabei werden neben den unmittelbaren Vorteilen des Modells auch möglicherweise darauf aufbauende zukünftige Entwicklungen und Anwendungen diskutiert.

6.2.1 Potential

Das größte Potential des vorgestellten Modells ist die Vermittlung eines besseren Verständnisses für die Mensch-Computer-Interaktion, speziell im Semantic Web. Das Modell beschreibt alle für die Interaktion im Semantic Web wichtigen Komponenten und deren Zusammenhänge auf abstrakter und allgemeingültiger Ebene und gibt einen detaillierten Einblick in die dabei ablaufenden Prozesse. Durch die klare Unterteilung in eine syntaktisch-lexikalische, eine semantische und eine Modell-Ebene wird die spezielle Bedeutung einer semantischen Repräsentation auch auf Seiten des Computers für die Interaktion deutlicher. Gleichzeitig werden dadurch die Probleme beim Austausch von Informationen zwischen den Ebenen offensichtlicher und der Lösungsansatz der interaktiven Angleichung im Semantic Web somit nachvollziehbarer. Ein Verständnis für die Problematik, aber auch für die Lösungsidee, sind letztlich wichtige Voraussetzungen für eine erfolgreiche Verwendung, bzw. Umsetzung des Modells der interaktiven Angleichung im Semantic Web für konkrete Aufgaben. Das bei der Umsetzung des Modells entstehende Potential ist jedoch nicht unmittelbar vorhanden, sondern bedarf konkreter Aktivitäten in der Zukunft.

So lassen sich über die in dieser Arbeit beschriebenen Anwendungen hinaus noch viele weitere Umsetzungen des Modells denken. Dabei kann die Entwicklung von Anwendungen in zwei Richtungen vorangetrieben werden: Zum einen können Anwendungen entwickelt werden, die speziell nur entweder die Erstellung von semantischen Daten oder den Zugriff auf diese unterstützen. Zum anderen können aber auch Anwendungen entstehen, die sehr viel stärker als die hier vorgestellten Umsetzungen auf die Kombination beider Tätigkeiten abzielen. Im zweiten Fall verwischen die Grenzen zwischen Erstellung und Zugriff und es erfolgt somit eine starke Annäherung an die generelle Idee der interaktiven Angleichung im Semantic Web. Wie beim Dialog zwischen zwei Menschen, sollen sich auch bei der Mensch-Computer-Interaktion beide Seiten – also sowohl Mensch als auch Computer – interaktiv aneinander angleichen.

Die Verbindung beider Aktivitäten hat die folgenden Vorteile:

- *Natürlichere Informationsweitergabe:* Entgegen einer strikten Trennung zwischen der Erstellung von semantischen Daten – meist durch Experten – und dem Zugriff auf semantische Daten, bietet eine Verbindung beider Tätigkeiten eine viel natürlichere Form der Weitergabe von Information. Genau wie beim Mensch-zu-Mensch-Dialog findet auch beim Mensch-Computer-Dialog im Semantic Web somit auf beiden Seiten eine interaktive Angleichung der eigenen Position statt.

- *Aktuellere Informationen:* Wenn semantische Daten von jedem angepasst und durch neue Daten ergänzt werden können, lassen sich aktuelle Ereignisse und neue Erkenntnisse sehr viel schneller in Umlauf bringen als wenn dies nur einer kleinen Gruppe autorisierter Experten erlaubt ist.

- *Weniger Fehler:* Wenn viele Menschen bei der Überprüfung mithelfen, können Fehler, Inkonsistenzen und falsche Informationen schneller bemerkt und korrigiert werden (kollektive Intelligenz).

- *Umfassendere Informationen:* Wenn viele Menschen bei der Erstellung mithelfen, können sehr viel mehr Informationen in semantische Daten überführt werden.

- *Größere Akzeptanz:* Durch die gleichberechtigte Zusammenarbeit steigt die Akzeptanz und das Vertrauen in die erstellten semantischen Daten (vgl. Wikipedia). Die Interessen von einzelnen können nur sehr bedingt gegen den Willen der Mehrheit durchgesetzt werden. Damit wird Zensur bei konsequenter Umsetzung des Prinzips so gut wie nicht möglich.

Durch die hier beschriebenen Vorteile kann eine Positivspirale in Gang gesetzt werden, die sowohl die Menge und Qualität an semantischen Daten als auch die Anzahl an Anwendungen und damit Nutzern dieser Daten ständig erhöht. Indem mehr semantische Daten in höherer Qualität vorhanden sind, macht die Entwicklung von neuen interaktiven Anwendungen zur Nutzung dieser Daten mehr Sinn und entsprechend steigt die Zahl der Nutzer dieser Anwendungen. Durch eine steigende Zahl an Nutzern erhöht sich wiederum der Umfang, die Qualität und die Aktualität der Daten und schiebt so die positive Entwicklung weiter an.

Mit DBpedia und GeoNames bestehen bereits erste Inseln mit qualitativ hochwertigeren semantischen Daten, jedoch sind diese auf ganz bestimmte und klar umrissene Themen begrenzt. Schritt für Schritt lassen sich mit der Umsetzung des Modells der interaktiven Angleichung im Semantic Web weitere Inseln aufbauen und die Qualität verbessern. Die Inseln können sich dann immer weiter zusammenschließen, wie z.B. in der LOD-Cloud erkennbar, bis eine zusammenhängende Wissensbasis entsteht. Voraussichtlich werden dabei etablierte und häufig genutzte Informationen früher in semantische Daten überführt und erreichen auch schneller eine höhere Qualität. Unbedeutende oder sehr selten genutzte Informationen werden erst später oder vielleicht auch nie in Form von semantischen Daten zur Verfügung stehen.

Wenn in großem Umfang relevante Informationen in hoher Qualität als semantische Daten und damit in maschinenlesbarer Form

Diskussion 227

zur Verfügung stehen, ergeben sich ganz neue und hoch attraktive Einsatzmöglichkeiten. Beispielsweise lassen sich Anwendungen denken, die Menschen eine individuelle und hochwertige Beratung anbieten können, ohne dass menschliches Personal benötigt wird (z.B. im medizinischen Bereich). Über intuitive Benutzungsschnittstellen könnte ein Dialog zwischen Mensch und Computer stattfinden, der es auch ungeübten Nutzern erlaubt, zu hoch komplexen Fragestellungen eine Antwort zu finden. Beispielsweise könnten in noch umfangreicherer Form als heute Dienste von öffentlichen Einrichtungen automatisiert werden. Wenn alle relevanten Informationen, z.B. zum Steuerrecht, in Form von semantischen Daten verfügbar sind, lassen sich sowohl die Steuerberatung als auch die Einreichung und Bearbeitung von Steuerfällen automatisieren, bzw. über Mensch-Computer-Dialoge abwickeln. Allgemein ließen sich durch eine umfassende Automatisierung von Dienstleistungen die folgenden Vorteile erzielen:

- Geringere Kosten.

- Keine zeitlichen Beschränkungen bezüglich der Nutzung der Dienste (wie z.B. Öffnungszeiten von Ämtern).

- Keine Wartezeiten, bzw. schnellere Bearbeitungszeiten.

- Reduktion von menschlichen Fehlern.

- Einheitlicher Qualitätsstandard.

Mittel- und langfristig würde sich durch eine verstärkte Automatisierung von Dienstleistungen im Zuge einer breiten Umsetzung des Modells der interaktiven Angleichung im Semantic Web der Umgang der Menschen mit dem Computer grundsätzlich ändern. Entgegen einer mehr auf die Steuerung und Kontrolle von Computern ausgelegten Interaktion würde sich der Umgang immer stärker einem Dialog, ähnlich dem zwischen zwei Menschen, annähern. Es lassen sich hier auch Mischformen denken, bei denen, sobald die automatisierte Dienstleistung nicht mehr ausreicht, ein echter Mensch in den

Dialog zugeschaltet wird, der auch besonders komplexe oder seltene Problemstellungen lösen kann. Durch das sehr ähnliche Dialogverhalten wären Menschen möglicherweise nicht einmal mehr in der Lage überhaupt den Unterschied zwischen einem Dialog mit einem Menschen und einem Dialog mit einem Computer zu bemerken (vgl. *Turing Test*[1]).

6.2.2 Grenzen

Neben dem großen Potential hat das hier vorgestellte Modell der interaktiven Angleichung im Semantic Web aber auch klare Grenzen. Diese lassen sich unterteilen in technische und inhaltliche Grenzen. Generell sei an dieser Stelle angemerkt, dass die im Folgenden beschriebenen Grenzen nicht alle unverrückbar oder unüberwindbar sind. Manche der Grenzen beziehen sich mehr auf im Moment bestehende Probleme, die aber durchaus in der Zukunft gelöst werden könnten.

Technische Grenzen

Ähnlich wie in Abschnitt 6.2.1, lässt sich auch bei der Beschreibung der technischen Grenzen eine Spirale vorstellen; dieses Mal jedoch eine Negativspirale. Dies hängt damit zusammen, dass der Erfolg des Semantic Web sehr stark an die Qualität und insbesondere den Umfang der zur Verfügung stehenden semantischen Daten gekoppelt ist. Im Moment decken semantische Daten nur einen sehr kleinen Teil der insgesamt existierenden Informationen ab und die Qualität der Daten ist sehr unterschiedlich. Dadurch ist die Entwicklung neuer semantischer Anwendungen, die den Zugriff auf diese Daten unterstützen, bisher nicht sonderlich attraktiv. Wenn aber keine Anwendungen existieren, ist der Nutzen semantischer Daten gering und die Motivation neue Informationen in semantische Daten zu überführen sinkt. Nur wenn für einen kleinen Bereich sowohl hochwertige semantische Daten als auch innovative Anwendungen für den Zugriff

---

[1] Turing Test (Loebner Preis): `http://www.loebner.net/Prizef/loebner-prize.html`.

Diskussion 229

darauf existieren, kann der Nutzen des Semantic Web überzeugen und eine Negativspirale verhindert werden.

Doch auch im Falle einer positiven Entwicklung, werden bestimmte Informationen entweder nie oder erst sehr spät in semantische Daten übersetzt werden. Eine solche Entwicklung ist vergleichbar mit der Entwicklung des WWW. Hier wurden auch erst besonders häufig benötigte und wichtige Informationen online gestellt und erst später, z.B. auf privaten Seiten, unwichtige und von wenigen Menschen benötigte Inhalte. Letztlich finden sich auch im WWW längst nicht alle existierenden Informationen, ohne dass dies die Popularität des WWWs negativ beeinflusst hätte. Wichtig für den Erfolg des Semantic Web ist daher nur, dass eine bestimmte Menge an semantischen Daten erreicht wird, ab der ein Nutzen für viele Menschen erkennbar ist. Wenn dieser Schwellenwert erreicht ist, greift die Positivspirale.

Dateninkonsistenz: Nach dem Modell der interaktiven Angleichung im Semantic Web findet bei den allermeisten Dialogen zwischen Mensch und Computer sowohl eine Angleichung auf Seiten des Menschen als auch eine Angleichung auf Seiten des Computers statt. Dies hat zur Folge, dass die semantischen Daten einem ständigen Änderungsprozess unterzogen werden, der neben vielen positiven Aspekten auch Konsistenzprobleme aufwerfen kann. Um diese Probleme in den Griff zu bekommen müssen neue Ansätze entwickelt und implementiert werden. So wird z.B. ein Mechanismus benötigt, der die Konsistenzprobleme auflöst oder verhindert, die bei parallel ablaufender Bearbeitung ein und derselben semantischen Daten auftreten können. Hierfür könnte man z.B. die in einem Dialog im Gebrauch befindlichen semantischen Daten immer für andere Dialoge sperren. Dadurch würden aber möglicherweise viele andere Dialoge unterbunden und damit die Nützlichkeit der semantischen Daten massiv eingeschränkt. Eine bessere Möglichkeit besteht daher wahrscheinlich in der Erstellung von lokalen Kopien für Teilbereiche der semantischen Daten, die dann nach einem Dialog wieder in das Semantic Web integriert werden müssten. Für die automatische Integration semantischer Daten existieren auch schon viele Lösungsansätze [Ehr07]. Ein Problem bleibt jedoch der Umgang mit Konflikten, die automatisch nicht zu lösen sind und auch von normalen Nutzern nicht immer sinnvoll aufgelöst werden können; unabhängig von der Frage, in wie weit dies normalen Nutzern überhaupt zugemutet werden kann.

Da die Daten im Semantic Web sehr stark untereinander vernetzt sind, haben Änderungen einzelner Daten oftmals große Auswirkungen. Wenn Änderungen daher nicht automatisch eingepflegt werden können, ist eine manuelle Integration der Änderungen oftmals sehr aufwendig und erfordert zum Teil umfangreiche Fachkenntnisse. Zum Beispiel kann das Löschen eines bestimmten Objekts zu erheblichen Problemen bezüglich der Korrektheit und Konsistenz vieler anderer Objekte führen. So kann das Wegfallen eines bestimmten Objekts z.B. den Zusammenbruch von Verbindungen zwischen ganzen Themengebieten zur Folge haben und so wichtige Informationen zerstören. Der Aufbau entsprechender neuer Strukturen zum Erhalt wichtiger Informationen, z.B. im Falle einer Löschung, ist daher oftmals nur durch Experten möglich. Die Abhängigkeit von Experten schränkt die Vorteile des Modells der interaktiven Angleichung im Semantic Web jedoch erheblich ein und sollte daher so weit wie möglich vermieden werden.

Auf der anderen Seite sind Inkonsistenzen jedoch manchmal auch explizit gewünscht oder können nicht zufriedenstellend aufgelöst werden, da entsprechende Differenzen auch in der realen Welt bestehen. Da die Bedeutung von Informationen im Semantic Web eindeutig ist, sind unterschiedliche Meinungen, Widersprüche und Mehrdeutigkeiten nur schwierig abzubilden. In RDF ist dies überhaupt nicht möglich und in OWL nur ansatzweise. Da es aber sowohl unterschiedliche Meinungen in der Welt als auch unklare und sich widersprechende Sachverhalte gibt, müssen hier neue Repräsentationsformen entwickelt werden. Interessant ist auch die Frage, in wie weit überhaupt ein weltweiter Konsens, insbesondere für sehr kritische Informationen, gefunden werden kann.

Diskussion 231

Indirekte mentale Angleichung: Eine sinnvolle Integration von Änderungen ist auch und insbesondere aus dem Grund schwierig, da eine mentale Angleichung im Modell der interaktiven Angleichung im Semantic Web nur indirekt ablaufen kann (vgl. Abb. 3.6). Die semantischen Daten sind nur Repräsentationen der Bedeutung, die Dinge und Ereignisse für bestimmte Menschen haben. Das „wirkliche" Wissen ist damit stets nur in den Köpfen der Menschen enthalten, die die semantischen Repräsentationen erstellt haben (der Experten), und nicht im Semantic Web. Im Grunde können damit auch nur diese Menschen komplexe Veränderungen der semantischen Repräsentationen richtig beurteilen und notwendige Maßnahmen zur Erhaltung wichtiger Bedeutungen einleiten. Da diese Experten aber, wenn überhaupt, nur indirekt erreichbar sind, ergibt sich eine zeitliche Lücke zwischen der Änderung bestimmter semantischer Repräsentationen und deren sinnvoller Integration in den Gesamtbestand an semantischen Daten. Was geschieht jedoch mit den Änderungen bis ein Experte die Integration überwachen kann? Und ist eine solche Überwachung durch Menschen überhaupt möglich, bzw. bezahlbar?

Inhaltliche Grenzen

Die inhaltlichen Grenzen des Modells der interaktiven Angleichung im Semantic Web bestehen hauptsächlich auf Grund der Tatsache, dass dem Computer beim Dialog mit dem Menschen nur Repräsentationen von Bedeutungen zur Verfügung stehen, nie aber die Bedeutung selbst. Nach Searle können Dinge und Ereignisse nur für Lebewesen eine Bedeutung haben, da Bedeutung eine wertende Perspektive voraussetzt [Sea92]. Damit können nach Searle Computer nicht in einer Weise verstehen, wie dies Menschen möglich ist. In seinem Gedankenexperiment, dem *chinesischen Zimmer* [Sea80], versucht Searle diese Erkenntnis durch ein Bild zu vermitteln.

> Im chinesischen Zimmer sitzt nach Searle ein Mensch, dem durch einen Schlitz in der Tür Zettel übergeben werden, auf denen eine Geschichte auf Chinesisch geschrieben steht. Der Mensch in dem Zimmer ist jedoch

der chinesischen Sprache nicht mächtig und versteht somit weder die einzelnen Zeichen noch die gesamte Geschichte. Daraufhin wird noch ein weiterer Zettel mit Fragen zu der Geschichte in das Zimmer hineingereicht. Diese Fragen sind ebenfalls auf Chinesisch und können daher ebenso nicht von dem Menschen im Zimmer verstanden werden.

Im Zimmer befinden sich aber Bücher mit Regeln in einer Sprache, die der Mensch im Zimmer versteht. Die Regeln geben vor, welche chinesischen Zeichen der Mensch im Zimmer auf die Fragen nach außen reichen soll. Abhängig von den Zeichen in der Geschichte und den Zeichen in den Fragen schlägt der Mensch im Zimmer eine bestimmte Regel auf und überträgt die darin abgebildeten Zeichen auf einen Antwortzettel.

Vor der Tür steht ein Chinese, der die Zettel mit der Geschichte und den Fragen in das Zimmer hineingegeben hat und nun die Antworten entgegen nimmt. Er kommt aufgrund der Sinnhaftigkeit der Antworten zu dem Ergebnis, dass sich im Zimmer ein Mensch befindet, der sowohl die Geschichte als auch die Fragen wirklich verstanden hat und daher auch der chinesischen Sprache mächtig sein muss.

Auf Grund der Beschreibung des chinesischen Zimmers ist jedoch klar, dass die Verarbeitung sowohl der Geschichte als auch der Fragen nur auf Zeichen-Ebene stattgefunden hat und weder der Mensch im Zimmer noch die Regelbücher die Geschichte oder die Fragen wirklich verstanden haben. Ähnlich wie beim Turing Test entsteht hier nur von außen der Eindruck, als hätte jemand die übermittelten Worte wirklich verstanden. Dieser Eindruck basiert aber auf einer Projektion der Erfahrung des eigenen Denkens und Verstehens auf das Zimmer, bzw. den Menschen im Zimmer.

In gewisser Weise ist die Interaktion mit dem chinesischen Zimmer vergleichbar mit der Nutzung des Semantic Web. Durch maschinenlesbare Repräsentation von Informationen in Form von se-

Diskussion

mantischen Daten (vergleichbar mit den Regelbüchern) ist es dem Computer möglich (in der Geschichte ist dies der Mensch im Zimmer), einen Dialog mit dem Menschen zu führen, der stark an einen Dialog mit einem Menschen erinnert. Letztlich läuft aber auch hier, also auf Seiten des Computers, nur eine Verarbeitung auf Ebene der Zeichenerkennung ab.

Wie auch im Gedankenexperiment von Searle ist damit jedoch noch nichts darüber ausgesagt, welche Beschränkungen und inhaltliche Grenzen daraus resultieren. Der Turing Test testet auch nicht, ob der Computer wirklich etwas versteht, sondern nur in wie weit der Mensch noch beurteilen kann, ob sein Dialogpartner ein Mensch oder ein Computer ist. Wenn eine Unterscheidung nicht mehr möglich ist, hat der Computer ein dem Menschen gleichwertiges Denkvermögen. Dazu passt die sinngemäße Aussage von Alan Turing, dass wir bei unseren Mitmenschen auch nicht wissen, ob er oder sie wirklich etwas verstehen; aus Höflichkeit nehmen wir dies aber erst einmal an, solange nicht das Gegenteil bewiesen ist [Tur50].

Dennoch besteht ein Unterschied zwischen einem Computer mit Zugriff auf semantische Repräsentationen und einem Menschen als Dialogpartner. So kann der Computer nicht wirklich aus seinem deterministischen Dialogverhalten ausbrechen, um unabhängig von vordefinierten Verbindungen neue Gedankenwege zu beschreiten. Aus diesem Grund sind kreative und neue Ideen und Assoziationen von einem künstlichen Gesprächspartner eigentlich nicht zu erwarten. Dies wird insbesondere immer dann zum Problem, wenn neue Themen zur Sprache kommen, zu denen der Computer noch keine vormodellierte Wissensstruktur zur Verfügung hat. Das bilden einer eigenen Meinung unabhängig von semantischen Repräsentationen ist für den Computer unmöglich, da für ihn nichts eine wirkliche Bedeutung hat und er diese daher auch nicht berücksichtigen kann.

Letztlich bleibt der Computer auch im Semantic Web nur ein Platzhalter, ein Repräsentant, für einen echten Menschen und eine echte Mensch-zu-Mensch-Kommunikation. Das Semantic Web dient dabei als eine Art Puffer bei der Übermittlung von Wissen und Informationen zwischen den Menschen. So wird durch diesen Zwischenpuffer möglicherweise die direkte Weitergabe durch eine indirekte Weitergabe ersetzten, um so eine größere zeitliche, finanzielle und soziale Unabhängigkeit zu erreichen (vgl. Vorteile von automatisierter Dienstleistung in Abschn. 6.2.1). Die Weitergabe von Informationen von Mensch zu Mensch bleibt aber weiterhin der zentrale Antrieb auch für die Weiterentwicklung des Semantic Web; nur, dessen Durchführung wird immer effektiver und effizienter.

Abbildungsverzeichnis

2.1	RDF-Graph zur Repräsentation von Informationen über das Buch „The Glass Palace" und den Autor „Amitav Ghosh".	27
2.2	RDF-Graph zur Repräsentation von Informationen zur französischen Übersetzung mit dem Titel „Le palais des miroirs", sowie der Übersetzerin „Christianne Besse".	28
2.3	Ein aus den RDF-Graphen aus Abb. 2.1 und Abb. 2.2 aggregierter RDF-Graph.	29
2.4	RDF-Graph, in dem die Klasse „Person" zur einheitlichen Auszeichnung von Ressourcen verwendet wird.	31
2.5	RDF-Graph, der durch ein in DBpedia definiertes Objekt erweitert wird.	33
2.6	RDF-Graph, der durch mehrere in DBpedia definierte Objekte und Properties erweitert wird.	34
2.7	Die LOD-Cloud besteht aus RDF-Datensätzen unterschiedlicher Domänen mit insgesamt über 4.2 Milliarden Tripeln.	36
2.8	Der Semantic Web Stack, wie er 2005 von Tim Berners-Lee vorgestellt wurde.	43
2.9	Die Nutzung des Semantic Web beinhaltet die Erstellung semantischer Daten (A, B und C) und den Zugriff darauf (D, E und F).	45

2.10 Um ein bestimmtes Ziel zu erreichen, tätigt der Nutzer eine Eingabe (A), die automatisch mit Hilfe des Semantic Web interpretiert (B) und ausgewertet wird. Daraufhin wird eine entsprechende Ausgabe erzeugt (C), welche wiederum vom Nutzer interpretiert (D) und im Abgleich mit dem Ziel evaluiert wird. 48

2.11 Sowohl die Erstellung von, als auch der Zugriff auf semantische Daten lässt sich in verschiedene Teilaktivitäten untergliedern. Eine erfolgreiche Durchführung dieser Teilaktivitäten lässt sich jedoch in den wenigsten Fällen weder vollständig manuell noch vollständig automatisch bewältigen. Daher werden geeignete interaktive Ansätze benötigt. 51

2.12 a) Teletype ASR 33 von 1965 und b) Sketchpad von 1963. 55

2.13 a) Multimodale Blindenunterstützung [SHSE09] und b) AR-System [ESE06]. 57

2.14 a) Visual Analytics Forschungsbereiche und b) der Erkenntnisprozess bei der Analyse (Quelle: [TC05]). 63

2.15 Der Visual Analytics Prozess (Quelle: [KKEM10]). . 64

2.16 Parallele Tag Cloud zeigt Veränderungen über die Zeit: Textgröße repräsentiert Signifikanz, die Reihenfolge der Tags in den Spalten ist alphabetisch (Quelle: [CVW09]). 65

2.17 Der „gulf of execution" und der „gulf of evaluation" (nach Abb. aus [Nor86]). 68

2.18 Ein Modell der Abstraktionsebenen bei der Mensch-Computer-Interaktion basierend auf einer Abb. aus [ZF88]. 70

2.19 Die um die Ebene „User Interface and Applications" erweiterte Version des Semantic Web Stack, wie sie 2006 von Tim Berners-Lee vorgestellt wurde [BLHH⁺06] (vgl. erste Version des Stack in Abb. 2.8). 73

2.20 Der TopBraid Composer erlaubt die Erstellung semantischer Daten durch direkte Interaktion mit einer Graph-Visualisierung. 75
2.21 Iterativer Prozess des interaktiven Zugriffs auf semantische Daten 77
2.22 a) Eine Ordnerstruktur repräsentiert als Tree-Map und b) eine Ontologie dargestellt als SOM [TXZ$^+$05]. 78
2.23 Graph-Visualisierung von semantischen Daten a) gruppiert entsprechend ihrer ontologischen Klasse [FSH02] und b) integriert in eine Google-Webseite [RGE07]. . 79
2.24 Facettierte Suche: Immer wenn ein Nutzer ein Attribut einer Facette selektiert (1), wird die Ergebnismenge entsprechend gefiltert (2) und daraufhin alle Facetten aktualisiert (3)................. 82
2.25 Facettierter Zugriff auf Nachrichtenartikel über das Tool mSpace (http://mspace.fm/).......... 84

3.1 Eine vereinfachte Darstellung der interaktiven Angleichung (nach [PG04]) zwischen zwei Menschen (A und B) in einem Dialog. 91
3.2 Erste Version eines neuen Modells der Mensch-Computer-Interaktion im Semantic Web mit einer Ebene für semantische Repräsentationen auch auf Seiten des Computers (Semantic Web) sowie interaktiver Angleichung auf syntaktisch-lexikalischer und semantischer Ebene. 96
3.3 Interaktive Angleichung zwischen Nutzer (links) und dem Semantic Web (rechts). 98
3.4 Eine Exploration kann entlang der semantischen Strukturen (der Kontextinformation) erfolgen. 99
3.5 Das klassische semiotische Dreieck ergänzt durch einen zusätzlichen Knoten „Semantische Repräsentation im Semantic Web" sowie entsprechender Verbindungen zu den bestehenden Knoten. 102

3.6 Zweite Version eines neuen Modells der Mensch-Computer-Interaktion im Semantic Web mit Einbeziehung mentaler Modelle auch auf Seiten des Semantic Web und entsprechend einer Angleichung auf mentaler Ebene. 104

4.1 Eine Visualisierung der wichtigsten Klassen und Properties der SWORE mit integrierten Teilen aus anderen Ontologien des Semantic Web (Abb. aus [LR10]). 112

4.2 Screenshot des semantischen Wikis: Anforderungen können sowohl über Klassen einer bestehenden Ontologie (A0/1) als auch über kollaborativ erstellte Klassen (B0/1) strukturiert und exploriert werden. Die Erstellung der Anforderungen wird in unterschiedlicher Weise unterstützt (C1.1). Z.B. werden inhaltlich ähnliche bestehende Anforderungen bei der Erstellung angezeigt, um Dopplungen zu vermeiden (C1.2). 114

4.3 Die Nutzer können die Anforderungen diskutieren, bewerten und über sie abstimmen. 117

4.4 Benutzeroberfläche des InteractiveExtractor 123

4.5 Architektur des InteractiveExtractor 126

5.1 a) Screenshot von Parallax und b) von Tabulator. . . 136

5.2 In gFacet wird die Ergebnismenge durch den Nutzer festgelegt (A) und als initialer Knoten im Graphen repräsentiert (B). Über Drop-down-Listen (C) lassen sich weitere Facetten als neue Knoten hinzufügen, die dann über beschriftete Kanten (E) mit den bestehenden Knoten verbunden werden. 138

5.3 Alle Objekte der Klasse „venue", die über die Property „ground" mit Objekten der Ergebnismenge verbunden sind, bilden eine Facette und können zur Filterung verwendet werden. 143

5.4 Nur Objekte, die mit der Ergebnismenge verbunden sind, sind sichtbar in den Facetten. Das Beispiel zeigt Nationalteams, für die Spieler deutscher Clubs spielen. 144

5.5	Auch hierarchische Facetten, Facetten zweiter und höherer Ordnung, können zur Filterung genutzt werden.	145
5.6	Mehrfachselektionen sind möglich.	147
5.7	Pivot Operation in Humboldt [KD08]: Die für den Pivot ausgewählte *Facette (B)* wird die *neue Ergebnismenge (B)* und entsprechend wird die *aktuelle Ergebnismenge (A)* die *neue Facette (A)*.	148
5.8	Beim Wechsel der Ergebnismenge vom linken Knoten (vgl. Abb. 5.4) auf den mittleren Knoten bleibt in gFacet die dargestellte Struktur unverändert.	149
5.9	Anzahl an richtigen Lösungen für die drei Aufgabentypen (links) und Bewertungen der Aussage „Die Zusammenhänge zwischen den Informationen waren schwierig zu verstehen" (rechts).	151
5.10	Grafische Benutzungsschnittstelle des SmartWeb-Systems mit Standard-Darstellung (links) und semantischer Darstellung (Mitte und rechts).	154
5.11	Verzerrung des Graphen mit a) dem Knoten mit den Begegnungen im Fokus und b) dem Knoten mit den Ereignissen im Fokus.	155
5.12	Server-Client-Architektur zur interaktiven Darstellung von Facet Graphs auf mobilen Endgeräten. Die Layout-Berechnung ist dabei aus Performanz-Gründen auf den Server ausgelagert.	157
5.13	Der ORVI-Prozess: Ausgewählte Elemente werden Objekten im Datenbestand zugeordnet (1), die im zweiten Schritt als Startpunkte für die Suche nach Relationen zwischen diesen Objekten genutzt werden (2). Die auf diese Weise gefundenen Relationen werden visualisiert (3) und können durch den Nutzer exploriert werden (4).	163
5.14	RelFinder-Screenshot mit, im DBpedia Datensatz gefundenen Zusammenhängen zwischen BMW, Porsche, Volkswagen und MAN SE.	166

5.15 Die interaktive Objekt-Zuordnung wird unterstützt durch Autovervollständigung (A), detaillierte Vorschlagslisten (B) und zusätzliche Informationen über die zugewiesenen Objekte, z.B. in Form von Auszügen aus Wikipedia-Artikeln (C). 168

5.16 Die Facetten-Visualisierung erlaubt zum einen den Überblick über alle gefundenen Relationen und zum anderen die Kontrolle der in der Graph-Visualisierung dargestellten Informationen. 173

5.17 a) Durchschnittlicher Prozentsatz an richtigen Lösungen und durchschnittliche Zufriedenheit damit (auf einer Skala von 1 bis 10) je Aufgabe und Tool. b) Bewertung der drei Tools entsprechend der drei Dimensionen Kontrolle, Zufriedenheit und Effizienz (gemessen über 12 Faktoren auf einer Fünf-Punkte-Likert-Skala). 179

5.18 Im Web 2.0 werden laufend aktuelle Informationen eingesammelt (A) und semantisch annotiert (B). Sobald eine Situationseinschätzung notwendig ist, wird eine Anfrage formuliert, diese ebenfalls semantisch annotiert (C) und so relevante Informationen über die Verbindungen im Semantic Web aktiviert (D). Die Ergebnisse werden angezeigt (E) und können zusammen mit Erkenntnissen aus anderen Quellen (F) zu einer iterativen Verbesserung der Anfrage führen. . . . 188

5.19 Suchbegriffe werden interaktiv semantischen Objekten zugeordnet (A und B), die dann als Startobjekte für die Suche dienen. Die gefundenen Informationen werden in unterschiedlichen Visualisierungen repräsentiert (C, D, E) und können vom Nutzer gefiltert und exploriert werden (E, G, F). 191

Abbildungsverzeichnis 241

5.20 a) Ausgehend von den Startobjekten (A) werden entlang der Kanten (B und C) Objekte gesucht, mit denen Web 2.0 Einträge annotiert sind (D). b) Durch die Bewertung gefundener Web 2.0 Einträge durch den Nutzer (A, B und C) werden automatisch neue Startobjekte für die nächste Aktivierung hinzugefügt (D) und dadurch neue Web 2.0 Einträge gefunden (E und F). 194

5.21 a) Herkömmliche Graph-Visualisierung und b) ChainGraph-Visualisierung der gleichen Ressourcen-Kollektion. . 197

5.22 Erstellung einer ChainGraph-Visualisierung: Ausgehend von einer Ressourcen-Kollektion wird zuerst entsprechend der gemeinsamen Merkmale darin eine Menge von Chains gebildet, diese in einen ChainGraph überführt und dieser dann gezeichnet. 201

5.23 Ressourcen haben bestimmte Merkmale, welche über eine bijektive Abbildung den Chains zugeordnet sind ($|C| = |M|$). Jede Chain enthält nun eine geordnete Menge genau der Ressourcen, die das mit dieser Chain verbundene Merkmal teilen (z.B. sind in c_4 die Ressourcen r_1, r_3, und r_4 enthalten). 202

5.24 Eine optimale ChainGraph-Visualisierung (links) unterscheidet sich von einer zufälligen Visualisierung (rechts) nur durch die Reihenfolge der Ressourcen in den Chains (der Konfiguration δ). 204

5.25 Verwendung des ChainGraphen zur Visualisierung von Zusammenhängen zwischen Bildern von Paris. 210

5.26 Verwendung des ChainGraphen zur Visualisierung von Zusammenhängen zwischen Anforderungen. 212

5.27 Verbindungsmatrizen der drei Ressourcen-Kollektionen für die Evaluation: a) mit 18, b) mit 24 und c) mit 30 Verbindungen (gemeinsamen Merkmalen). Die Zahlen in der horizontalen Reihe stehen für die sechs Merkmale und die Buchstaben in der linken und rechten vertikalen Spalte für die Ressourcen. 214

5.28 a) Herkömmlicher Graph und b) ChainGraph-Visualisierung der Ressourcen-Kollektion mit 24 gemeinsamen Merkmalen (vgl. Tab. 5.27, (b)) 215
5.29 Ergebnisse der Evaluation: a) Bewertungen der Probanden für beide Graph-Typen entsprechend der vier Dimensionen, b) Zeit und Korrektheit der Antworten auf die drei Aufgaben-Typen entsprechend der drei Graph-Dichten für die zwei Graph-Typen. 218

Literaturverzeichnis

[ADD10]   AUER, Sören ; DOEHRING, Raphael ; DIETZOLD, Sebastian: LESS - Template-Based Syndication and Presentation of Linked Data. In: *Proceedings of 7th Extended Semantic Web Conference (ESWC '10)* Bd. 6089, Springer, 2010 (Lecture Notes in Computer Science), S. 211–224

[ADL+09]   AUER, Sören ; DIETZOLD, Sebastian ; LEHMANN, Jens ; HELLMANN, Sebastian ; AUMUELLER, David: Triplify: light-weight linked data publication from relational databases. In: *Proceedings of the 18th international conference on World wide web (WWW '09)*. New York, NY, USA : ACM, 2009, S. 621–630

[ADR06]   AUER, Sören ; DIETZOLD, Sebastian ; RIECHERT, Thomas: OntoWiki - A Tool for Social, Semantic Collaboration. In: *International Semantic Web Conference* Bd. 4273, Springer, 2006 (Lecture Notes in Computer Science), S. 736–749

[All83]   ALLEN, James F.: Recognizing Intentions From Natural Language Utterances. In: *Computational Models of Discourse*. MIT Press, 1983, S. 107–166

[AMHWA+05] ALEMAN-MEZA, Boanerges ; HALASCHEK-WIENER, Christian ; ARPINAR, Ismailcem B. ; RAMAKRISHNAN, Cartic ; SHETH, Amit P.: Ranking Complex

Relationships on the Semantic Web. In: *IEEE Internet Computing* 9 (2005), Nr. 3, S. 37–44

[AMS05] ANYANWU, Kemafor ; MADUKO, Angela ; SHETH, Amit P.: SemRank: ranking complex relationship search results on the semantic web. In: *WWW*, 2005, S. 117–127

[AZ97] ACCOT, Johnny ; ZHAI, Shumin: Beyond Fitts' law: models for trajectory-based HCI tasks. In: *Proceedings of the SIGCHI conference on Human factors in computing systems (CHI '97)*. New York, NY, USA : ACM, 1997, S. 295–302

[BB79] BURTON, Richard R. ; BROWN, John S.: An investigation of computer coaching for informal learning activities. In: *International Journal of Man-Machine Studies* 11 (1979), January, Nr. 1, S. 5–24

[BC08] BUITELAAR, Paul (Hrsg.) ; CIMIANO, Philipp (Hrsg.): *Frontiers in Artificial Intelligence and Applications*. Bd. 167: *Ontology Learning and Population: Bridging the Gap between Text and Knowledge*. Amsterdam : IOS Press, 2008

[BHH+05] BUTLER, Mark ; HUYNH, David F. ; HYDE, Ben ; LEE, Ryan ; MAZZOCCHI, Stefano: *Longwell RDF Browser*. http://simile.mit.edu/longwell/, 2005. – [Online; accessed 13-October-2010]

[Bil05] BILGIC, Mustafa: Explaining Recommendations: Satisfaction vs. Promotion. In: *In Proceedings of Beyond Personalization 2005: A Workshop on the Next Stage of Recommender Systems Research (at IUI '05)*, 2005, S. 13–18

[BLF99]	BERNERS-LEE, Tim ; FISCHETTI, Mark: *Weaving the Web; The Original Design and Ultimate Destiny of the World Wide Web by Its Inventor (2 Cassettes)*. Harper Audio, 1999
[BLF08]	BORSJE, Jethro ; LEVERING, Leonard ; FRASINCAR, Flavius: Hermes: a semantic web-based news decision support system. In: *Proceedings of the 2008 ACM symposium on Applied computing*. New York, NY, USA : ACM, 2008 (SAC '08), S. 2415–2420
[BLHH+06]	BERNERS-LEE, Tim ; HALL, Wendy ; HENDLER, James A. ; O'HARA, Kieron ; SHADBOLT, Nigel ; WEITZNER, Daniel J.: A framework for web science. In: *Found. Trends Web Sci.* 1 (2006), January, Nr. 1, S. 1–130
[BLHL+08]	BERNERS-LEE, Tim ; HOLLENBACH, James ; LU, Kanghao ; PRESBREY, Joe ; SCHRAEFEL, Monica M. C.: Tabulator Redux: Browsing and Writing Linked Data. In: *1st Workshop about Linked Data on the Web (LDOW '08)*, 2008
[BLK+09]	BIZER, Christian ; LEHMANN, Jens ; KOBILAROV, Georgi ; AUER, Sören ; BECKER, Christian ; CYGANIAK, Richard ; HELLMANN, Sebastian: DBpedia - A crystallization point for the Web of Data. In: *Web Semantics: Science, Services and Agents on the World Wide Web* (2009)
[BMMS91]	BUJA, Andreas ; MCDONALD, John A. ; MICHALAK, John ; STUETZLE, Werner: Interactive data visualization using focusing and linking. In: *Proceedings of the 2nd conference on Visualization*. Los Alamitos, CA, USA : IEEE Computer Society Press, 1991 (VIS '91), S. 156–163

[Boo89]   BOOTH, Paul A. (Hrsg.): *An Introduction to Human-Computer Interaction*. Hove, East Sussex, UK : Lawrence Erlbaum Associates, 1989

[Bro65]   BROOKS, Frederick P.: The Future of Computer Architecture. In: *Proceedings of the IFIP Congress 1965*. Washington, D.C., USA : Spartan Book Co., 1965, S. 87–91

[BST08]   BROWN-SCHMIDT, Sarah ; TANENHAUS, Michael K.: Real-time investigation of referential domains in unscripted conversation: A Targeted Language Game approach. In: *Cognitive Science* 32 (2008), S. 643–684

[BSWZ08]   BRAUN, Simone ; SCHMIDT, Andreas ; WALTER, Andreas ; ZACHARIAS, Valentin: Using the Ontology Maturing Process Model for Searching, Managing and Retrieving Resources with Semantic Technologies. In: *Proceedings of the OTM 2008 Confederated International Conferences, CoopIS, DOA, GADA, IS, and ODBASE 2008. Part II on On the Move to Meaningful Internet Systems*. Berlin, Heidelberg : Springer-Verlag, 2008 (OTM '08), S. 1568–1578

[Buß08]   BUSSMANN, Hadumod: *Lexikon der Sprachwissenschaft*. Kröner, 2008

[CL75]   COLLINS, Allan M. ; LOFTUS, Elizabeth F.: A spreading-activation theory of semantic processing. In: *Psychological Review* 82 (1975), Nr. 6, S. 407 – 428

[Cla96]   CLARK, Herbert H.: *Using Language*. Cambridge University Press, 1996

[CMN83]   CARD, Stuart K. ; MORAN, Thomas P. ; NEWELL, Allen: *The Psychology of Human-Computer Interaction*. 1. Lawrence Erlbaum Associates, 1983

[CO88]	CARROLL, John M. ; OLSON, Judith R.: Mental Models in Human-Computer Interaction. In: *Handbook of Human-Computer Interaction*. Amsterdam, Netherlands : Elsevier Science B. V., 1988, S. 45–65
[CPCP01]	CHI, Ed H. ; PIROLLI, Peter ; CHEN, Kim ; PITKOW, James: Using information scent to model user information needs and actions and the Web. In: *Proceedings of the 2001 SIGCHI Conference on Human Factors in Computing Systems (CHI '01)*. New York, NY, USA : ACM, 2001, S. 490–497
[CVW09]	COLLINS, Christopher ; VIÉGAS, Fernanda B. ; WATTENBERG, Martin: Parallel Tag Clouds to explore and analyze faceted text corpora. In: *IEEE Symposium on Visual Analytics Science and Technology (VAST '09)*, 2009, S. 91–98
[CWT[+]08]	CHAN, Bryan ; WU, Leslie ; TALBOT, Justin ; CAMMARANO, Mike ; HANRAHAN, Pat: Vispedia: Interactive Visual Exploration of Wikipedia Data via Search-Based Integration. In: *IEEE Transactions on Visualization and Computer Graphics* 14 (2008), S. 1213–1220
[DBETT94]	DI BATTISTA, Giuseppe ; EADES, Peter ; TAMASSIA, Roberto ; TOLLIS, Ioannis G.: Algorithms for drawing graphs: an annotated bibliography. In: *Comput. Geom. Theory Appl.* 4 (1994), Nr. 5, S. 235–282
[DFAB98]	DIX, Alan ; FINLEY, Janet ; ABOWD, Gregory ; BEALE, Russell: *Human-computer interaction (2nd ed.)*. Upper Saddle River, NJ, USA : Prentice-Hall, Inc., 1998
[DH96]	DAVIDSON, Ron ; HAREL, David: Drawing graphs nicely using simulated annealing. In: *ACM Trans. Graph.* 15 (1996), Nr. 4, S. 301–331

[DKS07]	DELIGIANNIDIS, Leonidas ; KOCHUT, Krys J. ; SHETH, Amit P.: RDF data exploration and visualization. In: *Proceedings of the ACM first workshop on CyberInfrastructure: information management in eScience (CIMS '07)*. New York, NY, USA : ACM, 2007, S. 39–46
[DSAM06]	DELIGIANNIDIS, Leonidas ; SHETH, Amit ; ALEMAN-MEZA, Boanerges: Semantic Analytics Visualization. In: *Intelligence and Security Informatics* Bd. 3975. Springer, 2006, S. 48–59
[EEH65]	ENGLISH, Bill ; ENGELBART, Douglas C. ; HUDDART, Bonnie: Computer Aided Display Control / Stanford Research Institute. Menlo Park, California, 1965. – Forschungsbericht
[Ehr07]	EHRIG, Marc: *Semantic Web And Beyond Computing for Human Experience*. Bd. 4: *Ontology Alignment: Bridging the Semantic Gap*. Springer, 2007
[EN95]	EADES, Peter ; NETO, Candido Ferreira Xavier de M.: Vertex Splitting and Tension-Free Layout. In: *Proceedings of the Symposium on Graph Drawing (GD '95)* Bd. 1027, Springer, 1995 (LNCS), S. 202–211
[ESE06]	EISSELE, Mike ; SIEMONEIT, Oliver ; ERTL, Thomas: Transition of Mixed, Virtual, and Augmented Reality in Smart Production Environments - An Interdisciplinarty View. In: *Proceedings of the IEEE Conference on Robotics, Automation, and Mechatronics (RAM '06)*, 2006, S. 1–6
[Fit54]	FITTS, Paul M.: The Information Capacity of the Human Motor System in Controlling the Amplitude of Movement. In: *Journal of Experimental Psychology* 47(6) (1954), S. 381–391

[FR91] FRUCHTERMAN, Thomas ; REINGOLD, Edward: Graph Drawing by Force-Directed Placement. In: *Software: Practice and Experience* Bd. 21(11), 1991, S. 1129-1164

[FSH02] FLUIT, Christiaan ; SABOU, Marta ; HARMELEN, Frank van: Ontology-based Information Visualization: Towards Semantic Web Applications. In: *Visualizing the Semantic Web*. Springer-Verlag New York, Inc., 2002, S. 36-48

[GA87] GARROD, Simon C. ; ANDERSON, Anthony: Saying what you mean in dialogue: A study in conceptual and semantic co-ordination. In: *Cognition* 27 (1987), S. 181-218

[GC02] GEROIMENKO, Vladimir (Hrsg.) ; CHEN, Chaomei (Hrsg.): *Visualizing the Semantic Web*. Springer-Verlag New York, Inc., 2002

[GP04] GARROD, Simon C. ; PICKERING, Martin J.: Why is conversation so easy? In: *Trends in Cognitive Sciences* 8 (2004), Nr. 1, S. 8 – 11

[GP09] GARROD, Simon C. ; PICKERING, Martin J.: Joint Action, Interactive Alignment, and Dialog. In: *Topics in Cognitive Science* 1 (2009), Nr. 2, S. 292-304

[Gra98] GRAF, Winfried H.: Readings in intelligent user interfaces. San Francisco, CA, USA : Morgan Kaufmann Publishers Inc., 1998, Kapitel Constraint-based graphical layout of multimodal presentations, S. 263-285

[Gru08] GRUBER, Tom: Collective knowledge systems: Where the Social Web meets the Semantic Web. In: *Web Semantics: Science, Services and Agents on the World Wide Web* 6 (2008), S. 4-13

[GSO+10]	GRANITZER, Michael ; SABOL, Vedran ; ONN, Kow W. ; LUKOSE, Dickson ; TOCHTERMANN, Klaus: Ontology Alignment-A Survey with Focus on Visually Supported Semi-Automatic Techniques. In: *Future Internet* 2 (2010), Nr. 3, S. 238–258
[HB11]	HERVÁS, Ramón ; BRAVO, José: Towards the ubiquitous visualization: Adaptive user-interfaces based on the Semantic Web. In: *Interact. Comput.* 23 (2011), January, S. 40–56
[Hea95]	HEARST, Marti A.: TileBars: Visualization of term distribution information in full text information access. In: *Proceedings of the SIGCHI conference on Human factors in computing systems (CHI '95)*. New York, NY, USA : ACM Press, 1995, S. 59–66
[Hei08]	HEIM, Philipp: *Visualizing RDF Data on a Handheld: Graph-based Visualization of RDF Soccer Data and Interaction Possibilities on a Handheld*. Saarbrücken: Vdm Verlag Dr. Mueller, 2008
[HEZ10]	HEIM, Philipp ; ERTL, Thomas ; ZIEGLER, Jürgen: Facet Graphs: Complex Semantic Querying Made Easy. In: *Proceedings of the 7th Extended Semantic Web Conference (ESWC '10), Part I*, Springer, 2010, S. 288–302
[HHL+09]	HEIM, Philipp ; HELLMANN, Sebastian ; LEHMANN, Jens ; LOHMANN, Steffen ; STEGEMANN, Timo: RelFinder: Revealing Relationships in RDF Knowledge Bases. In: *Proceedings of the 4th International Conference on Semantic and Digital Media Technologies (SAMT '09)*, Springer, 2009, S. 182–187
[HHN85]	HUTCHINS, Edwin L. ; HOLLAN, James D. ; NORMAN, Donald A.: Direct manipulation interfaces. In: *Hum.-Comput. Interact.* 1 (1985), Nr. 4, S. 311–338

[HK09]　　　HUYNH, David F. ; KARGER, David R.: *Parallax and Companion: Set-based Browsing for the Data Web*. http://davidhuynh.net/media/papers/2009/www2009-parallax.pdf, 2009. – [Online; accessed 13-October-2010]

[HKLK97]　　HONKELA, Timo ; KASKI, Samuel ; LAGUS, Krista ; KOHONEN, Teuvo: WEBSOM - Self-Organizing Maps of Document Collections. In: *Neurocomputing*, 1997, S. 101–117

[HKRS08]　　HITZLER, Pascal ; KRÖTZSCH, Markus ; RUDOLPH, Sebastian ; SURE, York: *Semantic Web: Grundlagen*. Berlin : Springer, 2008

[HL09]　　　HEIM, Philipp ; LOHMANN, Steffen: ChainGraph: A New Approach to Visualize Shared Properties in Resource Collections. In: *Proceedings of the 9th International Conference on Knowledge Management and Knowledge Technologies (I-KNOW '08)*, Graz: J.UCS, 2009, S. 106–114

[HLLZ08]　　HEIM, Philipp ; LOHMANN, Steffen ; LAUENROTH, Kim ; ZIEGLER, Jürgen: Graph-based Visualization of Requirements Relationships. In: *Proceedings of the 3rd International Workshop on Requirements Engineering Visualization (REV '08)*. Washington, DC, USA : IEEE, 2008, S. 51–55

[HLS10]　　　HEIM, Philipp ; LOHMANN, Steffen ; STEGEMANN, Timo: Interactive Relationship Discovery via the Semantic Web. In: *Proceedings of the 7th Extended Semantic Web Conference (ESWC '10), Part I*, Springer, 2010, S. 303–317

[HP09a]　　　HONKELA, Timo ; PÖLLÄ, Matti: Concept Mining with Self-Organizing Maps for the Semantic Web.

In: *Advances in Self-Organizing Maps* Bd. 5629. Springer, 2009, S. 98–106

[HP09b] HUGHES, Amanda L. ; PALEN, Leysia: Twitter Adoption and Use in Mass Convergence and Emergency Events. In: *Proceeding of the 6th International ISCRAM Conference*, 2009

[HPK95] HONKELA, Timo ; PULKKI, Ville ; KOHONEN, Teuvo: Contextual relations of words in Grimm tales, analyzed by self-organizing map. In: *Proceedings of International Conference on Artificial Neural Networks, ICANN-95*, Springer, 1995 (Lecture Notes in Computer Science), S. 3–7

[HQW06] HEYER, Gerhard ; QUASTHOFF, Uwe ; WITTIG, Thomas: *Text Mining: Wissensrohstoff Text*. W3L GmbH, 2006 (IT lernen). – XII, 348 S.

[HSE09] HEIM, Philipp ; SCHLEGEL, Thomas ; ERTL, Thomas: Vom Gezwitscher zur umfassenden und aktuellen Situationseinschätzung. In: *Zweiter Workshop Nutzerinteraktion im Social Semantic Web*, 2009, S. 199–205

[HSE10] HEIM, Philipp ; SCHLEGEL, Thomas ; ERTL, Thomas: Starke Kopplung: Interaktion als Schlüssel für das Semantic Web. In: *Mensch und Computer 2010*, Oldenbourg Wissenschaftsverlag, 2010, S. 331–340

[HSE11] HEIM, Philipp ; SCHLEGEL, Thomas ; ERTL, Thomas: A Model for Human-Computer Interaction in the Semantic Web. In: *Proceedings of the International Conference on Semantic Systems (I-SEMANTICS '11)*, ACM, 2011

[HSL+09] HEIM, Philipp ; STEGEMANN, Timo ; LOHMANN, Jürgen Ziegler S. ; CYRIAKS, Haiko ; STOLZ, Horst:

	InteractiveExtractor: Durchgängige Unterstützung bei der Extraktion von anforderungsrelevanten Informationen. In: *Zweiter Workshop Nutzerinteraktion im Social Semantic Web*, 2009, S. 81–87
[HSLA09]	HELLMANN, Sebastian ; STADLER, Claus ; LEHMANN, Jens ; AUER, Sören: DBpedia Live Extraction. In: *Proceedings of the Confederated International Conferences, CoopIS, DOA, IS, and ODBASE 2009 on On the Move to Meaningful Internet Systems*. Berlin, Heidelberg : Springer-Verlag, 2009, S. 1209–1223
[HSZL09]	HEIM, Philipp ; STEGEMANN, Timo ; ZIEGLER, Jürgen ; LOHMANN, Steffen: Semantisch unterstütze Informationsextraktion aus Dokumentenmengen. In: *Mensch und Computer 2009*, Oldenbourg, 2009, S. 415–418
[HTE11]	HEIM, Philipp ; THOM, Dennis ; ERTL, Thomas: SemSor: Combining Social and Semantic Web to Support the Analysis of Emergency Situations. In: *Second Workshop on Semantic Models for Adaptive Interactive Systems (SEMAIS '11)*, 2011
[Huy09]	HUYNH, David F.: *The Nested Faceted Browser*. http://people.csail.mit.edu/dfhuynh/projects/nfb/, 2009. – [Online; accessed 13-October-2010]
[HZ08]	HUSSEIN, Tim ; ZIEGLER, Jürgen: Adapting web sites by spreading activation in ontologies. In: *Proc. of the International Workshop on Recommendation and Collaboration (ReColl '08)*, 2008
[HZ09]	HEIM, Philipp ; ZIEGLER, Jürgen: Graph-basierte facettierte Erstellung von semantischen Suchanfra-

gen. In: *Mensch und Computer 2009*, Oldenbourg Verlag, 2009, S. 113–122

[HZL08] HEIM, Philipp ; ZIEGLER, Jürgen ; LOHMANN, Steffen: gFacet: A Browser for the Web of Data. In: *Proceedings of the International Workshop on Interacting with Multimedia Content in the Social Semantic Web (IMC-SSW '08)*, CEUR-WS, 2008, S. 49–58

[Ire09] IRESON, Neil: Local Community Situational Awareness During An Emergency. In: *Proc. of the IEEE International Conference on Digital Ecosystems and Technologies (DEST '09)*, IEEE, 2009, S. 49–54

[JC97] JANSSEN, Johan ; CORPORAAL, Henk: Making graphs reducible with controlled node splitting. In: *ACM Trans. Program. Lang. Syst.* 19 (1997), Nr. 6, S. 1031–1052

[JIF09] JULIO, Camarero P. ; IGLESIAS FERNÁNDEZ, Carlos A.: Disasters 2.0: Application of Web 2.0 technologies in emergency situations. In: *Proceeding of the 6th International ISCRAM Conference.* Gothenburg, Sweden, 2009

[JS91] JOHNSON, Brian ; SHNEIDERMAN, Ben: Tree-Maps: a space-filling approach to the visualization of hierarchical information structures. In: *Proceedings of the 2nd conference on Visualization (VIS '91).* Los Alamitos, CA, USA : IEEE Computer Society Press, 1991, S. 284–291

[KBH+05] KARGER, David R. ; BAKSHI, Karun ; HUYNH, David F. ; QUAN, Dennis ; SINHA, Vineet: Haystack: A Customizable General-Purpose Information Management Tool for End Users of Semistructured Data.

In: *In Proc. of the Conference on Innovative Data Systems Research (CIDR '05)*, 2005

[KD08] KOBILAROV, Georgi ; DICKINSON, Ian: Humboldt: Exploring Linked Data. In: *1st Workshop about Linked Data on the Web (LDOW '08)*, 2008

[KF88] KASS, Robert ; FININ, Tim: Modeling the user in natural language systems. In: *Comput. Linguist.* 14 (1988), Nr. 3, S. 5–22

[KJ07] KOCHUT, Krys ; JANIK, Maciej: SPARQLeR: Extended Sparql for Semantic Association Discovery. In: *Proc. of the 4th European Semantic Web Conference (ESWC '07)* Bd. 4519, Springer, 2007 (Lecture Notes in Computer Science), S. 145–159

[KKEM10] KEIM, Daniel A. (Hrsg.) ; KOHLHAMMER, Joern (Hrsg.) ; ELLIS, Geoffrey (Hrsg.) ; MANSMANN, Florian (Hrsg.): *Mastering The Information Age - Solving Problems with Visual Analytics*. Eurographics, 2010

[KMOZ08] KEIM, Daniel A. ; MANSMANN, Florian ; OELKE, Daniela ; ZIEGLER, Hartmut: Visual Analytics: Combining Automated Discovery with Interactive Visualizations. In: *Discovery Science* Bd. 5255, Springer, 2008 (Lecture Notes in Computer Science), S. 2–14

[Knu76] KNUTH, Donald E.: Big Omicron and big Omega and big Theta. In: *SIGACT News* 8 (1976), Nr. 2, S. 18–24

[KO07] KEIM, Daniel ; OELKE, Daniela: Literature Fingerprinting: A New Method for Visual Literary Analysis. In: *IEEE Symposium on Visual Analytics Science and Technology (VAST '07)*, 2007, S. 115–122

[Kob90] KOBSA, Alfred: User modeling in Dialog systems: potentials and hazards. In: *AI Soc.* 4 (1990), Nr. 3, S. 214–231

[Koh97] KOHONEN, Teuvo (Hrsg.): *Self-organizing maps*. Secaucus, NJ, USA : Springer-Verlag New York, Inc., 1997

[KS80] KRUSKAL, Joseph B. ; SEERY, Judith B.: Designing Network Diagrams. In: *Proceedings of the 1st General Conference on Social Graphics*, U. S. Department of the Census, 1980, S. 22–50

[Kuh93] KUHLTHAU, Carol C.: *Seeking meaning: a process approach to library and information services*. Ablex Pub. Corp., Norwood, NJ :, 1993

[LC01] LEUF, Bo ; CUNNINGHAM, Ward: *The Wiki Way: Collaboration and Sharing on the Internet*. Addison-Wesley Professional, 2001

[LDHH09] LOHMANN, Steffen ; DIETZOLD, Sebastian ; HEIM, Philipp ; HEINO, Norman: A Web Platform for Social Requirements Engineering. In: *Software Engineering (Workshops)* Bd. 150, GI, 2009 (LNI), S. 309–315

[Lev66] LEVENSHTEIN, Vladimir I.: Binary codes capable of correcting deletions, insertions, and reversals. In: *Soviet Physics Doklady* 10 (1966), Nr. 8, S. 707–710

[Lew69] LEWIS, David K.: *Convention: a Philosophical Study*. Harvard University Press, 1969

[LHA+08] LOHMANN, Steffen ; HEIM, Philipp ; AUER, Sören ; DIETZOLD, Sebastian ; RIECHERT, Thomas: Semantifying Requirements Engineering - The SoftWiki Approach. In: *Proceedings of the 4th Inter-*

national Conference on Semantic Technologies (I-SEMANTICS '08), 2008 (J.UCS), S. 182–185

[LHD10] LOHMANN, Steffen ; HEIM, Philipp ; DIAZ, Paloma: Exploiting the Semantic Web for Interactive Relationship Discovery in Technology Enhanced Learning. In: *IEEE International Conference on Advanced Learning Technologies (ICALT '10)*, IEEE Computer Society, 2010, S. 302–306

[LHS+09] LOHMANN, Steffen ; HEIM, Philipp ; STEGEMANN, Timo ; TETZLAFF, Lena ; ZIEGLER, Jürgen: Entdecken und Explorieren von Zusammenhängen im Semantic Web. In: *i-com - Zeitschrift für interaktive und kooperative Medien, Jg. 8 (2009); Nr. 3* (2009), S. 33–39

[LHSZ10] LOHMANN, Steffen ; HEIM, Philipp ; STEGEMANN, Timo ; ZIEGLER, Jürgen: The RelFinder user interface: interactive exploration of relationships between objects of interest. In: *Proceedings of the 14th international conference on intelligent user interfaces (IUI '10)*, ACM, 2010, S. 421–422

[LHT+09] LOHMANN, Steffen ; HEIM, Philipp ; TETZLAFF, Lena ; ERTL, Thomas ; ZIEGLER, Juergen: Exploring Relationships between Annotated Images with the ChainGraph Visualization. In: *Proceedings of the 4th International Conference on Semantic and Digital Media Technologies (SAMT '09)* Bd. 5887, Springer, 2009 (LNCS), S. 16–27

[Lic60] LICKLIDER, Joseph C. R.: Man-Computer Symbiosis. In: *IRE Transactions on Human Factors in Electronics* HFE-1 (1960), March, S. 4–11

[LP09] LIU, Sophia B. ; PALEN, Leysia: Spatiotemporal Mashups: A Survey of Current Tools to Inform Next

	Generation Crisis Support. In: *Proceeding of the 6th International ISCRAM Conference*. Gothenburg, Sweden, 2009
[LR10]	LOHMANN, Steffen ; RIECHERT, Thomas: Adding Semantics to Social Software Engineering: (Re-)Using Ontologies in a Community-oriented Requirements Engineering Environment. In: *SE 2010 - Workshopband. GI-Edition Lecture Notes in Informatics (LNI)* Bd. P-160, Köllen Verlag, 2010
[LSA07]	LEHMANN, Jens ; SCHÜPPEL, Jörg ; AUER, Sören: Discovering Unknown Connections – the DBpedia Relationship Finder. In: *Proceedings of the 1st SABRE Conference on Social Semantic Web (CSSW '07)*, 2007
[LT07]	LAMBRIX, Patrick ; TAN, He: Journal on data semantics VIII. Berlin, Heidelberg : Springer-Verlag, 2007, Kapitel A tool for evaluating ontology alignment strategies, S. 182–202
[LTL08]	LAMBRIX, Patrick ; TAN, He ; LIU, Qiang: SAMBO and SAMBOdtf Results for the Ontology Alignment Evaluation Initiative 2008. In: *OM* Bd. 431, CEUR-WS.org, 2008
[MAD05]	MOENS, Marie-Francine ; ANGHELUTA, Roxana ; DUMORTIER, Jos: Generic technologies for single- and multi-document summarization. In: *Inf. Process. Manage.* 41 (2005), Nr. 3, S. 569–586
[Mar06]	MARCHIONINI, Gary: Exploratory search: from finding to understanding. In: *Commun. ACM* 49 (2006), Nr. 4, S. 41–46
[MH08]	MILLS, Gregory ; HEALEY, Pat: Semantic negotiation in dialogue: the mechanisms of alignment. In:

	Proceedings of the 9th SIGdial Workshop on Discourse and Dialogue. Columbus, Ohio : Association for Computational Linguistics, June 2008, S. 46–53
[Mor81]	MORAN, Thomas P.: The Command Language Grammar: A Representation for the User Interface of Interactive Computer Systems. In: *International Journal of Man-Machine Studies* 15 (1981), Nr. 1, S. 3–50
[MRS08]	MANNING, Christopher D. ; RAGHAVAN, Prabhakar ; SCHÜTZE, Hinrich: *Introduction to Information Retrieval*. New York, NY, USA : Cambridge University Press, 2008
[Mül04]	MÜLLER, Martin E.: Can user models be learned at all? Inherent problems in machine learning for user modelling. In: *The Knowledge Engineering Review* 19 (2004), Nr. 1, S. 61–88
[MV01]	MAEDCHE, Alexander ; VOLZ, Raphael: The Text-To-Onto Ontology Extraction and Maintenance System. In: *Workshop on Integrating Data Mining and Knowledge Management co-located with the 1st International Conference on Data Mining*, 2001
[Nae05]	NAEVE, Ambjörn: The Human Semantic Web Shifting from Knowledge Push to Knowledge Pull. In: *International Journal on Semantic Web and Information Systems* 1 (2005), Nr. 3, S. 1–30
[Nor83]	NORMAN, Donald A.: Some observations on mental models. In: *Mental models*. Hillsdale, NJ, USA : L. Erlbaum Associates Inc., 1983, S. 7–14
[Nor86]	NORMAN, Donald A.: Cognitive Engineering. In: *User-Centered System Design*. Hillsdale, NJ, USA : L. Erlbaum Associates Inc., 1986, S. 31–61

[NSD+01] NOY, Natalya F. ; SINTEK, Michael ; DECKER, Stefan ; CRUBÉZY, Monica ; FERGERSON, Ray W. ; MUSEN, Mark A.: Creating Semantic Web Contents with Protégé-2000. In: *IEEE Intelligent Systems* 16 (2001), Nr. 2, S. 60–71

[OHB11] OSSENBRUGGEN, Jacco van ; HILDEBRAND, Michiel ; BOER, Victor de: Interactive Vocabulary Alignment. In: *Proceedings of the International Conference on Theory and Practice of Digital Libraries 2011*, Springer, 2011

[PBKL06] PIETRIGA, Emmanuel ; BIZER, Christian ; KARGER, David ; LEE, Ryan: Fresnel: A Browser-Independent Presentation Vocabulary for RDF. In: *The Semantic Web - ISWC 2006* Bd. 4273. Springer Berlin / Heidelberg, 2006, Kapitel 12, S. 158–171

[PG04] PICKERING, Martin J. ; GARROD, Simon C.: Toward a mechanistic psychology of dialogue. In: *Behavioral and Brain Sciences* 27 (2004), Nr. 02, S. 169–190

[Pie02] PIETRIGA, Emmanuel: IsaViz: a Visual Environment for Browsing and Authoring RDF Models. In: *Proceedings of the 11th World Wide Web Conference (WWW '02)*. Honolulu, Hawaii, USA : World Wide Web Consortium, 2002

[PN05] PALMÉR, Matthias ; NAEVE, Ambjörn: Conzilla - A Conceptual Interface to the Semantic Web. In: *Proceedings of the 13th International Conference on Conceptual Structures (ICCS '05)* Bd. 3596, Springer, 2005 (Lecture Notes in Computer Science), S. 136–151

[Ran33] RANGANATHAN, Shiyali R.: *Colon Classification.* Madras Library Association, 1933

[RGE07]	ROTARD, Martin ; GIERETH, Mark ; ERTL, Thomas: Semantic lenses: Seamless augmentation of web pages with context information from implicit queries. In: *Computers & Graphics* 31 (2007), Nr. 3, S. 361 – 369
[RKS06]	RAMAKRISHNAN, Cartic ; KOCHUT, Krys ; SHETH, Amit P.: A Framework for Schema-Driven Relationship Discovery from Unstructured Text. In: *International Semantic Web Conference (ISWC '06)*, 2006, S. 583–596
[SB92]	SARKAR, Manojit ; BROWN, Marc H.: Graphical fisheye views of graphs. In: *Proceedings of the SIGCHI conference on Human factors in computing systems*. New York, NY, USA : ACM, 1992 (CHI '92), S. 83–91
[SdM08]	SABOU, Marta ; D'AQUIN, Mathieu ; MOTTA, Enrico: *Relation Discovery from the Semantic Web.* 2008
[Sea80]	SEARLE, John R.: Minds, brains, and programs. In: *Behavioral and Brain Sciences* 3 (1980), S. 417–424
[Sea92]	SEARLE, John R.: *The rediscovery of the mind.* Cambridge, MA, USA : MIT Press, 1992
[SH07a]	SONNTAG, Daniel ; HEIM, Philipp: A Constraint-Based Graph Visualisation Architecture for Mobile Semantic Web Interfaces. In: *Proceedings of the second International Conference on Semantic and Digital Media Technologies (SAMT '07)*, Springer, 2007, S. 158–171
[SH07b]	SONNTAG, Daniel ; HEIM, Philipp: Semantic Graph Visualisation for Mobile Semantic Web Interfaces. In: *Advances in Artificial Intelligence (KI '07)* Bd.

	4667. Berlin, Heidelberg : Springer, 2007 (Lecture Notes in Computer Science), S. 506–509
[SH07c]	STOICA, Emilia ; HEARST, Marti A.: Automating Creation of Hierarchical Faceted Metadata Structures. In: *In Proceedings of the Human Language Technology Conference (NAACL/HLT '07)*, 2007, S. 244–251
[Sha59]	SHACKEL, Brian: Ergonomics for a Computer. In: *Design* 120 (1959), S. 36–39
[Shn83]	SHNEIDERMAN, Ben: Direct Manipulation: A Step Beyond Programming Languages. In: *IEEE Computer* 16 (1983), S. 57–69
[Shn96]	SHNEIDERMAN, Ben: The Eyes Have It: A Task by Data Type Taxonomy for Information Visualizations. In: *IEEE Symposium on Visual Languages* 0 (1996), S. 336–343
[SHSE09]	SIEMONEIT, Oliver ; HUBIG, Christoph ; SCHMITZ, Bernhard ; ERTL, Thomas: Mobiquitous Devices and Perception of Reality. A Philosophical Enquiry into Mobile and Ubiquitous Computing Devices that Alter Perception Using the Example of TANIA - A Tactile Acoustical Indoor and Outdoor Navigation and Information Assistant for the Blind, Deafblind, and Visually-impaired Users. In: *Proceedings of the 5th Asia-Pacific Computing and Philosophy Conference (APCAP '09)*, 2009, S. 123–130
[SIPS01]	SIM, Jeong S. ; ILIOPOULOS, Costas S. ; PARK, Kunsoo ; SMYTH, W. F.: Approximate periods of strings. In: *Theor. Comput. Sci.* 262 (2001), Nr. 1-2, S. 557–568

[SK06]	SCHRAEFEL, Monica M. C. ; KARGER, David: The Pathetic Fallacy of RDF. In: *International Workshop on the Semantic Web and User Interaction (SWUI '06)*, 2006
[SLP+05]	SOLHEIM, Helge ; LILLEHAGEN, Frank ; PETERSEN, Sobah A. ; JORGENSEN, Havard ; ANASTASIOU, Maria: Model-Driven Visual Requirements Engineering. In: *Proceedings of the 13th IEEE International Conference on Requirements Engineering (RE '05)*. Washington, DC, USA : IEEE, 2005, S. 421–428
[SM07]	STEFANER, Moritz ; MÜLLER, Boris: Elastic lists for facet browsers. In: *Proceedings of the 18th International Conference on Database and Expert Systems Applications (DEXA '07)*. Washington, DC, USA : IEEE Computer Society, 2007, S. 217–221
[SNM+02]	STOREY, Margaret-Anne ; NOY, Natasha F. ; MUSEN, Mark ; BEST, Casey ; FERGERSON, Ray ; ERNST, Neil: Jambalaya: an interactive environment for exploring ontologies. In: *Proceedings of the 7th international conference on Intelligent user interfaces (IUI '02)*. New York, NY, USA : ACM, 2002, S. 239–239
[Sou05]	SOUZA, Clarisse S.: *The Semiotic Engineering of Human-Computer Interaction (Acting with Technology)*. The MIT Press, 2005
[SR07]	SHETH, Amit P. ; RAMAKRISHNAN, Cartic: Relationship Web: Blazing Semantic Trails between Web Resources. In: *IEEE Internet Computing* 11 (2007), Nr. 4, S. 77–81
[SS10]	SIORPAES, Katharina ; SIMPERL, Elena: Human Intelligence in the Process of Semantic Content Creation. In: *World Wide Web* 13 (2010), S. 33–59

[SSO+05] SCHRAEFEL, Monica M. C. ; SMITH, Daniel A. ; OWENS, Alisdair ; RUSSELL, Alistair ; HARRIS, Craig ; WILSON, Max: The evolving mSpace platform: leveraging the semantic web on the trail of the memex. In: *Proceedings of the sixteenth ACM conference on Hypertext and hypermedia (HYPERTEXT '05)*. New York, NY, USA : ACM, 2005, S. 174–183

[SSSS09] SCHENK, Simon ; SAATHOFF, Carsten ; STAAB, Steffen ; SCHERP, Ansgar: SemaPlorer-Interactive semantic exploration of data and media based on a federated cloud infrastructure. In: *Web Semant.* 7 (2009), Nr. 4, S. 298–304

[Sut63] SUTHERLAND, Ivan E.: *Sketchpad: A man-machine graphical communications system*, MIT, Diss., 1963

[TB10] TVAROŽEK, Michal ; BIELIKOVÁ, Mária: Generating Exploratory Search Interfaces for the Semantic Web. In: *Human-Computer Interaction* Bd. 332. Springer Boston, 2010, S. 175–186

[TC05] THOMAS, James J. ; COOK, Kristin A.: *Illuminating the Path: The Research and Development Agenda for Visual Analytics*. National Visualization and Analytics Ctr, 2005

[TH09] THAI, VinhTuan ; HANDSCHUH, S.: Reordered tilebars for visual text exploration. In: *IEEE Symposium on Visual Analytics Science and Technology (VAST '09)*, 2009, S. 225–226

[Tur50] TURING, Alan M.: Computing Machinery and Intelligence. In: *Mind* LIX (1950), S. 433–460

[TXZ+05] TU, Kewei ; XIONG, Miao ; ZHANG, Lei ; ZHU, Haiping ; ZHANG, Jie ; YU, Yong: Towards Imaging Large-Scale Ontologies for Quick Understanding and

Analysis. In: *Proceedings of the Fourth International Semantic Web Conference (ISWC '05), LNCS 3729/2005*, 2005, S. 702–715

[VCPK09] VUILLEMOT, R. ; CLEMENT, T. ; PLAISANT, C. ; KUMAR, A.: What's being said near "Martha"? Exploring name entities in literary text collections. In: *IEEE Symposium on Visual Analytics Science and Technology, 2009 (VAST '09)*, 2009, S. 107–114

[VKV+06] VÖLKEL, Max ; KRÖTZSCH, Markus ; VRANDECIC, Denny ; HALLER, Heiko ; STUDER, Rudi: Semantic Wikipedia. In: *Proceedings of the 15th international conference on World Wide Web (WWW '06)*. New York, NY, USA : ACM, 2006, S. 585–594

[VSR09] VIG, Jesse ; SEN, Shilad ; RIEDL, John: Tagsplanations: Explaining recommendations using tags. In: *Proceedings of the 13th international conference on intelligent user interfaces (IUI '09)*. New York, NY, USA : ACM, 2009, S. 47–56

[WBB08] WANG, Wei ; BARNAGHI, Payam M. ; BARGIELA, Andrzej: Search with Meanings: An Overview of Semantic Search Systems. In: *International Journal of Communications of SIWN* 3 (2008), S. 76–82

[WE98] WESTERMANN, Rüdiger ; ERTL, Thomas: Efficiently using graphics hardware in volume rendering applications. In: *Proceedings of the 25th annual conference on computer graphics and interactive techniques (SIGGRAPH '98)*. New York, NY, USA : ACM, 1998, S. 169–177

[Win99] WINKLER, William E.: The state of record linkage and current research problems / Statistical Research Division, U.S. Bureau of the Census. 1999. – Forschungsbericht

[WJF+06]   WONG, Pak C. ; JR., George C. ; FOOTE, Harlan ; MACKEY, Patrick ; THOMAS, Jim: Have Green - A Visual Analytics Framework for Large Semantic Graphs. In: *IEEE Symposium on Visual Analytics Science And Technology (VAST '06)*, 2006, S. 67–74

[Won09]   WONG, Wilson Y.: *Learning Lightweight Ontologies from Text across Different Domains using the Web as Background Knowledge*, University of Western Australia, Diss., 2009

[YSLH03]   YEE, Ka-Ping ; SWEARINGEN, Kirsten ; LI, Kevin ; HEARST, Marti A.: Faceted metadata for image search and browsing. In: *Proceedings of the SIGCHI conference on Human factors in computing systems (CHI '03)*. New York, NY, USA : ACM, 2003, S. 401–408

[ZF88]   ZIEGLER, Jürgen ; FÄHNRICH, Peter: Direct Manipulation. In: *Handbook of Human-Computer Interaction*. Amsterdam, Netherlands : Elsevier Science B. V., 1988, S. 123–133

[Zie96]   ZIEGLER, Jürgen: Interactive techniques. In: *ACM Computing Surveys (CSUR)* 28 (1996), Nr. 1, S. 185–187

[ZR98]   ZWAAN, Rolf A. ; RADVANSKY, Gabriel A.: Situation Models in Language Comprehension and Memory. In: *Psychological Bulletin* 123 (1998), Nr. 2, S. 162–185

[ZWTY10]   ZHANG, Kang ; WANG, Haofen ; TRAN, Duc T. ; YU, Yong: ZoomRDF: semantic fisheye zooming on RDF data. In: *Proceedings of the 19th international conference on World wide web (WWW '10)*. New York, NY, USA : ACM, 2010, S. 1329–1332

i want morebooks!

Buy your books fast and straightforward online - at one of world's fastest growing online book stores! Environmentally sound due to Print-on-Demand technologies.

Buy your books online at
www.get-morebooks.com

Kaufen Sie Ihre Bücher schnell und unkompliziert online – auf einer der am schnellsten wachsenden Buchhandelsplattformen weltweit! Dank Print-On-Demand umwelt- und ressourcenschonend produziert.

Bücher schneller online kaufen
www.morebooks.de

VDM Verlagsservicegesellschaft mbH
Heinrich-Böcking-Str. 6-8   Telefon: +49 681 3720 174   info@vdm-vsg.de
D - 66121 Saarbrücken   Telefax: +49 681 3720 1749   www.vdm-vsg.de

Printed by Books on Demand GmbH, Norderstedt / Germany